中公新書 1913

柿崎一郎著

物語 タイの歴史

微笑みの国の真実

中央公論新社刊

はじめに

タイは、東南アジアの大陸部、インドシナ半島の真ん中に位置する国である。その形はタイに由緒ある動物である象の頭部に似ており、北部が頭、東北部が耳、そして南のマレー半島に長く延びる南部が鼻にあたる。国土面積は五一・三万平方キロメートルと日本の約一・五倍あるが、人口は約六三〇〇万人と半分程度である。

タイは太平洋側のタイ湾とインド洋側のアンダマン海の二大洋に面しており、西隣はミャンマー（ビルマ）、東北はラオス、東はカンボジア、そして南はマレーシアと国境を接している。通常、北部、東北部、中部、南部の四地域に区分するが、北部と中部は地理的な地域区分と行政的な地域区分が若干異なっており、中部下部のうちタイ湾東岸部を東部として区別する場合もある。地理的には北部が山地、東北部が平原、中部は上部が平原、下部はデルタとなり、南部は海岸から脊梁《せきりよう》山脈までを含む島嶼《とうしよ》部的な地形となる。

タイを訪問する日本人は年間約一三〇万人に達し、タイを訪れる外国人では南隣のマレーシアに次いで第二位となっている。彼らの訪問地は、首都バンコクのみならず北部の古都チエンマイ、南部の海浜リゾートのプーケットなど多方面に及んでおり、海や山といった自然景勝地から、遺跡などの歴史遺産、伝統芸能や食事などの文化、さらにはショッピングと多様な魅力が彼らを惹《ひ》きつけている。日本からタイへは多くの航空会社が運航していることから、時期を選べば非常に安く航空券やツアーを購入できることもあり、いわゆるバックパッカーの目的地としてもタイは重宝されている。

観光地としてのタイが一方で存在するのに対し、他方でタイは「日本の工場」としての機能も果たしている。焼鳥に代表されるように、タイで加工された食品が数多く日本に輸入され、我々に多様で安価な食品を提供している。食品に限らずタイから輸入される雑貨や工業製品も多く、家電量販店に並ぶ日本のメーカーの製品の中に、タイ製のものを探すのは難しいことではない。これらの製品の生産や流通のためにタイに駐在する日本人の数も増加しており、その数は長期滞在者のみでも三万人以上にのぼる。

また、日本においても、タイと関わる機会が増加している。一九九〇年代にブームとなったエスニック料理の代表格がまさにタイ料理であり、日本全国各地にタイ料理店が広まった。その辛さはとくに有名であり、本来はカレーの類であるが世界の三大スープなどと認識されている「トムヤムクン」が代表的な例であろう。エスニック雑貨の人気も高まり、それを扱う店には必ずといってよいほどタイ北部の少数民族の刺繡《ししゅう》やアクセサリーが並んでいる。日本で働くタイ人も増加しており、二〇〇七年現在、合法、不法滞在合わせて五万人程度のタイ人が日本で生活している。彼らは「3K」と呼ばれるきつい、汚い、危険な労働条件の職場や、繁華街の風俗産業で働いており、少ない収入の大半をタイの家族に送金して生計を支えている。日本人と結婚するタイ人も増加しており、タイに行かずとも我々の身近なところでタイの息吹は感じられる。

このように我々日本人にとって身近な国となったタイは、国際社会からも途上国の経済発展の「優等生」と高く評価された。一九九七年のアジア通貨危機でその評価はやや下がったものの、タイは一九六〇年代以降一貫して高い経済成長率を維持し、とくに一九八〇年代後半以降その急速な経済発展は国際社会の注目の的となった。二〇〇四年の一人当たり国内総生産（GDP）は二六二一ドルと日本の一四分の一でしかないが、東南アジア（ASEAN諸国）全体の平均値約一四六七ドルと比べると一・八倍となり、しかもタイの周辺諸国と比較するとその数値は抜きん出ている。「優等生」であるがゆえに、タイは日本企業が多数進出する「日本の工場」になり、日本からの観光客も増加する身近な国へと変貌《へんぼう》したのである。

日本との関係も、六〇〇年の長きにわたっている。『日・タイ交流六〇〇年史』という書籍が示すように、一五世紀に繁栄した琉球《りゅうきゅう》王国の中継交易時代から数えると、現在にいたるまで六〇〇年間の関係が存在する。鎖国時代に両者の関係は断絶していたかに見えたが、実際にはタイから日本へのモノの流入は続いており、タイの船が「唐船《からぶね》」として長崎に入港していた。そして明治に入ると正式な国交樹立を模索するようになり、一八八七年の「修好条約締結方ニ関スル日暹《にっせん》宣言書」によってそれが達成された。二〇〇七年はこの国交樹立からちょうど一二〇年となり、日タイ修好一二〇周年としてさまざまな行事が執り行われている。

本書は、この我々にとって身近な国となった「優等生」タイの歴史を通時的に概観してみることを目的とする。タイの歴史について書かれた書籍は少なからず存在するものの、タイの歴史のみを一冊で簡潔にまとめた日本語で書かれた本は、いまのところ存在しない。およそ一国の歴史のすべてを限られた紙面で語ることはできないが、タイの子どもたちが学校で学ぶような「教科書的」な歴史を描写することを、本書では試みている。

ただし、本書の視点は必ずしも「教科書的」な歴史をすべて肯定する形で設定したものではない。詳しくは、序章を参照されたい。

物語　タイの歴史

——微笑みの国の真実

目次

タイ全図（現在）

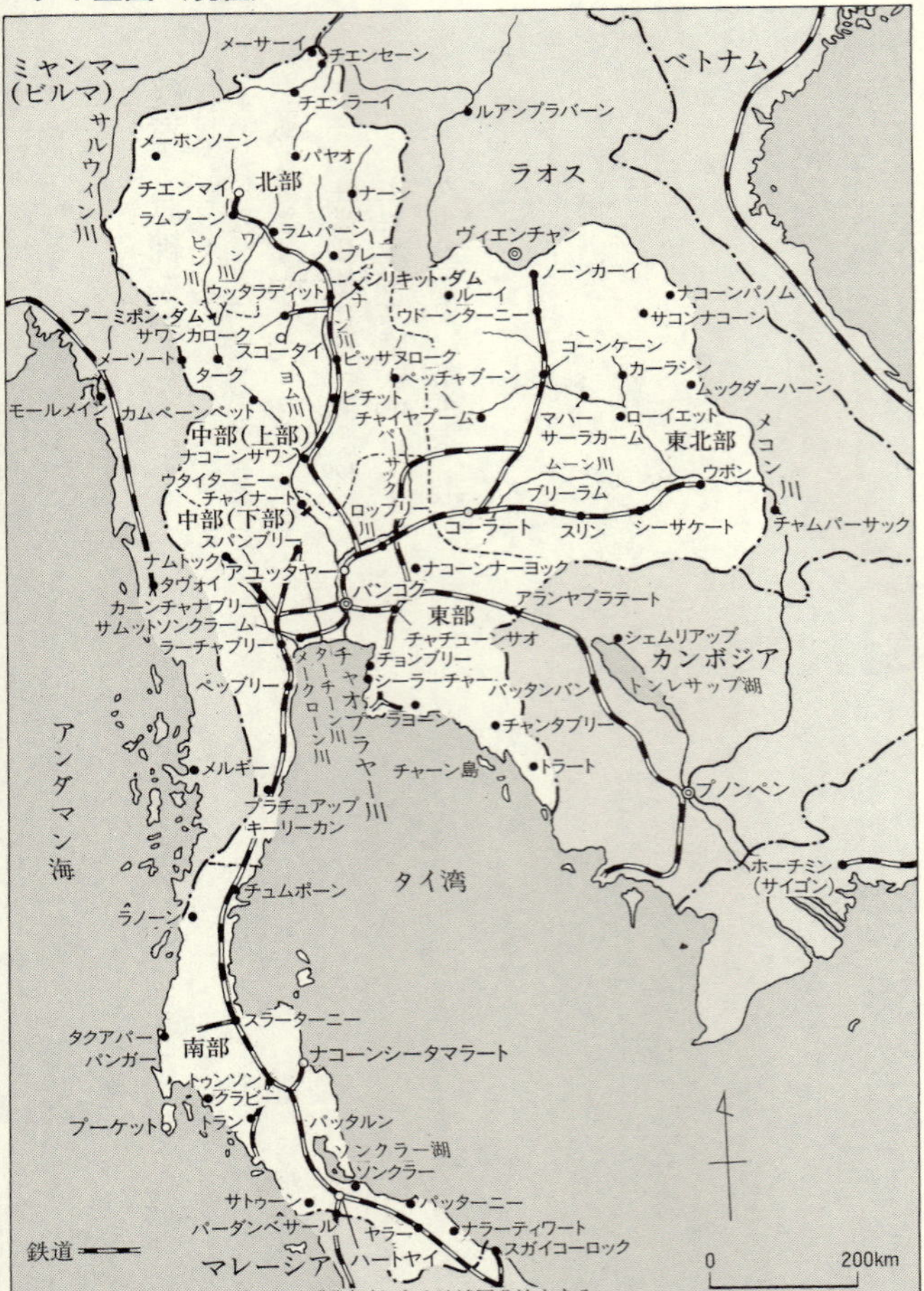

注：中部（上部）と北部を合わせて「北部」とする地域区分法もある。

序章　歴史への誘《いざな》い

「優等生」タイのクーデタ

日本人の身近になったタイであるが、二〇〇六年九月、「優等生」タイに似つかわしくないニュースが世界中を駆け巡り、国際社会を驚嘆させた。それは、タイでクーデタが発生し、タックシン政権が崩壊したという報道であった。順調な経済発展を遂げ、東南アジアの「優等生」と思われていたタイにおいて非民主的なクーデタが発生したとの報道は、国際社会を落胆させることとなった。とくに民主主義の重要性を声高に唱える欧米諸国は軒並みクーデタの発生を非難し、タイの名声は一気に凋落《ちょうらく》することとなった。

ところが、しばらくすると今回のクーデタが「クーデタ」らしからぬ様相を示していることが明らかとなってきた。当初流れてきた映像は首相府をはじめとする政府機関を包囲する戦車や兵士からなる緊迫した雰囲気のものであったが、やがて戦車の前で記念撮影する親子や兵士に飲み物や食べ物を差し入れする市民の姿が伝えられ、和やかな雰囲気のクーデタが見えてきた。軍隊が出動したものの流血事態は一切発生しておらず、バンコクの市民の大半

2006年９月のクーデタ　バンコク市内に出動した戦車と兵士

もクーデタを「支持」しているとの報道もなされ、クーデタの言葉の持つ緊迫感や国際社会の厳しい反応とはおよそ対照的な状況に、違和感を覚えた人も少なくないはずである。

　実は筆者も、このクーデタの際にちょうどバンコクに滞在していた。クーデタが発生した九月一九日夜は友人と夕食をともにして夜一〇時頃帰宅し、テレビドラマを見ながらウトウトしていた。一〇時二〇分には終わるのであるが、終わるか終わらないかのうちにドラマが中断し、国王を讃える歌が流れ出した。他のチャンネルをつけるとまったく同じものが放映されており、これは何かあったのだと直感した。タイではときどき国家行事や王室関係の特別番組をすべての局で同時に流すことがあるのでその準備であろうかとも思ったが、睡魔に襲われそのまま眠ってしまった。

　翌朝六時過ぎに日本の留守宅から電話が入り、新聞でバンコクに非常事態宣言が出されたと書いてあったという。昨夜のテレビのことを思い出し、テレビをつけてみると昨夜と同じような歌がしばらく流れた後、「民主改革評議会」なるグループがバンコクを掌握《しょうあく》したとの静止画面が映り、やがて評議会布告を読み上げる番組が続いた。これでようやくクーデタが発生したことを知った。タックシン政権の強権的な政治姿勢に疑問を抱き、反タックシン派と親タックシン派の対立を憂慮していた筆者としては、あっけないタックシン政権の終焉《しゅうえん》を目の当たりにして、何ともいえぬ安堵《あんど》を覚えた。

この日の夜に帰国する予定であり、国立公文書館での資料収集を済ませる予定であったが、今日は臨時の休日にすると報じられていたことから多分閉まっているものと思いつつも、いつも通りの時間に家を出た。朝から小雨が降るなか、通りは日曜日のように閑散として、車も道行く人も少ない。駅に着くと通常の平日のラッシュ時とは打って変わって乗客はまばらであり、明らかに「非日常」の雰囲気であった。バスに乗り換え官庁街へ向かうと、有名なワット・ベーンチャマボーピット（大理石寺院）の前に戦車が繰り出しており、バスは他の道へと迂回《うかい》させられる。まだ記念写真を撮っている人もなく、緊迫した雰囲気であった。めざす公文書館はやはり閉まっていたものの、付近の市場はまずまずの人出であり、ようやくホッとした。人びとはクーデタの発生を他人事《ひとごと》のように冷静に受け入れつつ、内心では安堵しているかのようであった。

歴史の重要性

二〇〇六年のクーデタは国際社会からは青天の霹靂《へきれき》のように見なされたが、実はその伏線は存在していた。日本のマスメディアのみ見ていると、外国についての報道は事故や事件など悪いことが起こらない限りあまり報じられない観があるが、タイについてのニュースに少し注意を払っていた方ならば、二〇〇六年に入りタイの政治状況が流動化したことに気づいていたはずである。二〇〇一年に発足したタックシン政権は史上最強の政権のように思われたが、その政権はさまざまな問題を抱え、かつ深刻化させたのであった。そのタックシンに対する反発が二〇〇六年に入ると急速に拡大し、「優等生」であると思われていたタイの綻《ほころ》びが見えはじめたのであった。

さらに歴史を繙《ひもと》くと、タイではクーデタによる政権転覆が頻繁に起こっていたことも見えてくる。今回のクーデタは、一九三二年にタイが立憲君主制に移行してから一一回目の成功したクーデタであり、失敗したクーデタも何回か存在している。タイを知らない友人は一様にクーデタとその場に筆者が居合わせたことを驚いていたが、かつて筆者が一緒に学んだバンコク日本人学校の同窓生らは、「またクーデタ?」と慣れた様子であった。筆者も中学生時代にバンコクに滞在しており、クーデタ未遂事件に遭遇した記憶がある。後述する「五月の暴虐」の契機となった一九九一年のクーデタを最後に、タイではもうクーデタは起こらないものとの見方もあったが、他方でそのクーデタを期待する声が二〇〇六年に高まっていたことも事実であった。

このようにクーデタが頻発するタイが一方で存在するものの、他方でタイは「優等生」としての側面を備えている。その背景には、タイがこれまで歩んできた「世渡り上手」な歴史が存在している。身近なタイになったとはいえ、そのタイの歴史となるととたんに我々は縁遠くなってしまう。年配の方ならば、朱印船《しゅいんせん》貿易の時代に山田長政《やまだながまさ》なる人物がアユッタヤーの日本人町で活躍したことや、第二次世界大戦の際にタイが日本と「同盟国」であったことなどを知っているであろうが、若い世代がそのような事実を知る可能性は現在の日本の歴史教育では限られている。世界史の授業で学ぶタイは、かつてスコータイ、アユッタヤーといった王朝が繁栄したということ、チュラーロンコーン（ラーマ五世）という王が近代化に尽力した結果、タイが東南アジアで唯一独立を守り通したことくらいであろうか。戦争中の話もたしかに教科書に載ってはいるものの、時間切れでそこまで到達しないで終わる場合も多いと聞く。

実はタイの歴史を辿《たど》っていくと、「世渡り上手」なタイの姿が見えてくる。山田長政がアユッタヤーで活躍した理由は、タイ人であろうと外国人であろうと能力のある人物を登用する伝統がアユッタヤー時代から存在したためである。独立を維持できた理由は、タイに関心を示す列強の勢力を極力拮抗《きっこう》させて、一国がタイ国内で権益を持ちすぎないように調整したバランス外交の成果であり、その過程では領土の割譲《かつじょう》というパイを行使して、身を小さくしてでも国を守ろうとした。さらに、第二次世界大戦ではタイは日本の「同盟国」となったものの、括弧《かっこ》付きの「同盟」であったことから戦後に日本と同じような敗戦国としての扱いを受けずに済んだ。その後も、西側陣営の一員としてアメリカや日本からの国際協力も利用しながら順調な経済発展を遂げて、東南アジアの「優等生」としてのタイの姿にいたるのである。

他方で、現在のタイを悩ます諸問題のなかにも、この「世渡り上手」な歴史に起因しているものも多い。タックシン時代末期から現在にいたるまで国内を二分する動きとなった都市を中心とする反タックシン派と農村を中心とする親タックシン派の対立も、順調な経済発展の陰に存在する格差という負の遺産であった。二〇〇三年一月にカンボジアのプノンペンでタイ大使館が焼き討ちされた事件も、タイとカンボジアの間の歴史や経済格差が遠因となっている。このように、歴史を知ることは単にタイの過去を知ることのみならず、タイの現状を理解し将来を占うためにも非常に重要なことなのである。

本書の視点

「はじめに」で述べたように、本書はタイの歴史を通時的に概観することを目的としており、タイの子どもたちが学校で学ぶような「教科書的」なタイの歴史描写を目標としている。とはいえ、本書においては世界史や東南アジア史のなかでの位置付けという視点と、ナショナル・ヒストリーの再検討という二つの視点を重視し、オーソドックスでありオリジナルなタイの歴史の記述を試みた。

第一の視点は、タイの歴史を単に一国史として捉《とら》えるのではなく、周辺地域の歴史や世界史との関係性を重視して描写することを意味する。タイに限ったことではないが、歴史というものは内的な要因のみならず外的な要因からも影響を受ける。タイで発生したある事柄も、その要因は周辺諸国との関係から発生した場合もあれば、より広い世界レベルでの影響を受けた場合もある。高校までの学校教育において日本史と世界史の関係性が重視されず、それぞれ別個の歴史として教えられてきたことに、筆者は不満を抱いてきた。日本の歴史教育でも、日本史の世界史のなかでの位置付けをよりはっきり示せば、世界のなかでの日本史の普遍性あるいは特異性をもっと理解できるはずである。タイの歴史も同様であり、周辺諸国を含む東南アジア史、さらに広い範囲のアジア史、そして世界史のなかでの位置付けをはっきりさせたほうがより理解しやすいと考える。とくにタイの歴史を考える上では、周辺諸国との関係が重要となってくることから、タイの歴史事象に直接影響を与えてきた周辺諸国の状況についても可能な限り触れてみた。

第二の視点は、タイのナショナル・ヒストリーを踏まえつつ、それを批判的に検討することを意味する。ナショナル・ヒストリーとは、いわゆる「国民の歴史」であり、各国民国家が自らの公式な歴史として編纂《へんさん》してきたものである。タイにおいては、そのナショナル・ヒストリーの構築に重要な役割を果たしたのは、後述するチュラーロンコーン王の異母弟であり、内務大臣などの要職を務めたダムロン親王であった。スコータイ時代から始まって、アユッタヤー、トンブリー、ラッタナコーシン（バンコク）時代へといたる単線的なナショナル・ヒストリーは、この親王によって編纂されたものであり、タイの子どもたちが学校教育の場で学ぶ歴史も基本的にはこのナショナル・ヒストリーである。

本書が「教科書的」なタイの歴史描写を目標とするならば、単にこのナショナル・ヒストリーを翻訳すればその目標は達成されることになるが、他方でこのナショナル・ヒストリーの見直しもタイ内外の研究者によって進められてきた。その結果、アユッタヤー時代はスコータイ時代を単に継承したものではないこと、伝統的な領域概念は現在我々が抱くようなものとはおよそかけ離れたものであったこと、第二次世界大戦初期にタイが積極的に日本軍に協力して領土拡張を画策したことなど、さまざまな事実が明らかになってきた。このため、本書においては基本的にはナショナル・ヒストリーが描くタイの歴史を土台としつつ、その束縛からは自由な立場でタイの歴史を描写する。

本書の構成

以下第1章から第6章までの六章構成で、タイの歴史を概観していく。章の区分は、本書を執筆する上で最も参考にさせていただいた石井米雄・桜井由躬雄編『東南アジア史Ⅰ　大陸部』(山川出版社、一九九九年)の章区分を基本的には踏襲している。タイの歴史書では、スコータイ時代、アユッタヤー時代などと王朝ごとに時代を区切るのが一般的であるが、ここでは同じ王朝でも二つの章にまたがっている場合が存在する。

第1章「タイ族国家の勃興《ぼっこう》」はタイの歴史の始まりからタイ族とタイ領内の他民族の歴史、スコータイ、アユッタヤーの成立を経て、一六世紀後半にアユッタヤー朝が一時的にビルマの支配下に置かれるまでの時期を扱う。タイ族は現在のタイの地よりも北の中国方面を出自としていることから、この章ではタイ族と現在のタイ領内での他民族の歴史から始まり、タイ族がタイ領に到達して自らの王国を設立するまでの時期となる。

第2章「マンダラ型国家の隆盛」は、アユッタヤーが再び独立を回復して勢力を強めてから再度ビルマに滅ぼされ、トンブリー、ラッタナコーシンと王朝が再興されて一九世紀前半にいたるまでの、後述するマンダラ型国家が最も拡大しかつ繁栄した時代を扱う。この章で扱う時期は、伝統的なタイ族の王国の栄光の時代であったが、周辺に発生した同様のマンダラ型国家との勢力争いも顕著となり、マンダラ間の攻防が繰り広げられた時期でもある。

第3章「領域国家の形成」はタイが西欧諸国に対し「開国」する一九世紀半ばから植民地化の危機の時代を経て一九二〇年代前半にいたるまでの、タイが独立を守り通し、マンダラ型国家から近代的領域国家への脱却を図った時期を対象とする。東南アジアの他のマンダラ型国家がいずれも西欧諸国の植民地とされたのに対し、タイが唯一独立を守り通すことができた最大の要因は、この時期のマンダラ型国家から近代的領域国家への移行が比較的順調に推移したことと、それを実現させた為政者の適切な判断であり、「世渡り上手」なタイの姿が徐々に明らかになる時期でもある。

第4章「シャムからタイへ」は、一九二〇年代後半の王政政府末期から立憲革命による政治体制の交代、第二次世界大戦を経て国際社会に復帰するまでの時期を扱う。この時期には第二次世界大戦という植民地化の危機以来の困難に直面したが、タイの「世渡り上手」な戦略によって最小限の犠牲で済ますことができた時期である。また、日本との関係性が最も重要になった時期でもあり、我々日本人がぜひ理解しておかねばならない時期でもある。

第5章「国民国家の強化」は戦後から一九八〇年代までの時期を対象とし、冷戦下での西側陣営への参入から「開発」の時代、「民主化」の時代を経て国内外の情勢がようやく沈静化してきた過程を見ていく。とくに、「開発」の時代は現在のタイの姿の原点とも言える時期であり、「優等生」タイの歩みはこの時期に確立されていくこととなる。ただし、本文ではあまり触れられなかったが、国民国家の強化のためにさまざまな犠牲が強いられた時代でもあった。「民主化」の時代の終焉などは、その典型的な事例であろう。

最後の第6章「『先進国』をめざして」は一九九〇年代から二〇〇六年のタックシン政権崩壊までの時期を扱い、順調な経済発展に支えられた「優等生」タイを襲った「危機」やタックシン時代の興亡を考察し、「先進国」タイの現状と課題を探ることとなる。この時期は、

「世渡り上手」な結果として生まれた「優等生」タイが、五月の暴虐や経済危機という試練を乗り越えて、タックシン時代が到来しさらなる前進が期待された上昇期でもあったが、最後は急速にタックシン体制の綻びが露呈しクーデタによって崩壊してしまうという、「優等生」タイのイメージが地に落ちる下降期ともなってしまった。

そして、終章「試練を越えて」では、これまで見てきた「世渡り上手」なタイの歴史を総括するとともに、クーデタ後のタイの状況と今後進むべき道について、歴史的視点から考えてみたい。

なお、タイの正式名称は一九三九年まで「シャム」であったが、特筆する場合を除き本書では一貫して「タイ」という名称を用いる。タイ人の名前については、通常、姓ではなく名で表記し、表記順も名・姓となる。このため、初出時以外は名のみを表記する。ただし、立憲革命までは一般に本名よりも官位と欽賜《きんし》名を組み合わせた名称が用いられており、こちらを用いる場合もある。たとえば、チャオプラヤー・チャックリーの場合は、チャオプラヤーが官位、チャックリーが欽賜名となる。

第1章

タイ族国家の勃興

——古代～16世紀後半

ムアンが立地する川沿いの盆地（現ラオス，ルアンプラバーン）

I　タイ族の起源

タイ族とは

タイの歴史を語りはじめるにあたっては、住人と土地の二つの歴史を考慮する必要がある。タイの住人とは、通常「タイ人」と呼ばれる人びとである。ところが、現在のタイに住んでいるタイ人は、よそから移ってきた人びとであると考えられている。すなわち、タイ人は現在のタイの領域外で発生し、のちの時代に移住してきたのである。このため、タイ人の歴史という視点から考えると、現在のタイの領域外での彼らの歴史について考える必要が出てくる。一方で、タイ人が移住してくる以前の現在のタイの領域にも、別の民族が居住してその歴史を形成してきた。このため、タイという土地の歴史という視点からは、タイ族が移住してくる前の状況も踏まえねばならない。

タイ人というと、我々は通常タイに住んでいてタイ語を話す人びとを思い浮かべるが、実はタイの周辺諸国にもタイ人は暮らしている。それらの人びとも含めて、ここではタイ族という言葉を用いる。タイ族とは、言語系統的にはタイ・カダイ語族という語族に含まれる民族である。タイ族の話すタイ語は、語順で単語の役割が決まる孤立語と呼ばれる言語であり、単音節の単語が卓越《たくえつ》し、声調が存在するなど、その特徴は中国語に非常に近い。このため、かつては中国語とタイ語は同じ語族であると考えられていたが、現在は別個のものと見なされている。このタイ族は中国南部からインドシナ半島、インド東部付近にかけて分布しており、現在の総人口は約一億人程度と見積もられている。

タイ族のなかには、現在のタイに住むタイ人のほかにも、ラオスの主要民族のラーオ、中国雲南《うんなん》省のルー、ベトナムの黒タイ、白タイ、インドのアッサム州のアホームなど多くの民族が含まれている。これらのタイ族のなかで、現在自らの国民国家を形成しているのはタイ人とラーオ人のみであり、それ以外のタイ族はいずれも各国民国家内の少数民族の扱いを受けている。中国にはタイ族の自治区がいくつか見られ、広西壮《カンシーチワン》族自治区の壮族はタイ族の一派のチュアン（チワン）人であり、雲南省の西双版納《シップソーンパンナー》傣族自治州も同じくルー人が卓越する地域である。このように、タイ族は中国南部から東南アジア大陸部にかけて広く分布しているのである。

タイ族の出自

このタイ族の出自についてはさまざまな説があるが、中国の揚子江《ようすこう》以南の地域であるという説が一般的である。一時タイ族は漢民族よりも古い民族であり、はるかアルタイ山脈方面を出自とするとの説も唱えられ、第二次世界大戦直前の大タイ主義とともに盛り上がりを見

大タイ主義によるタイ族移動図（古代〜）

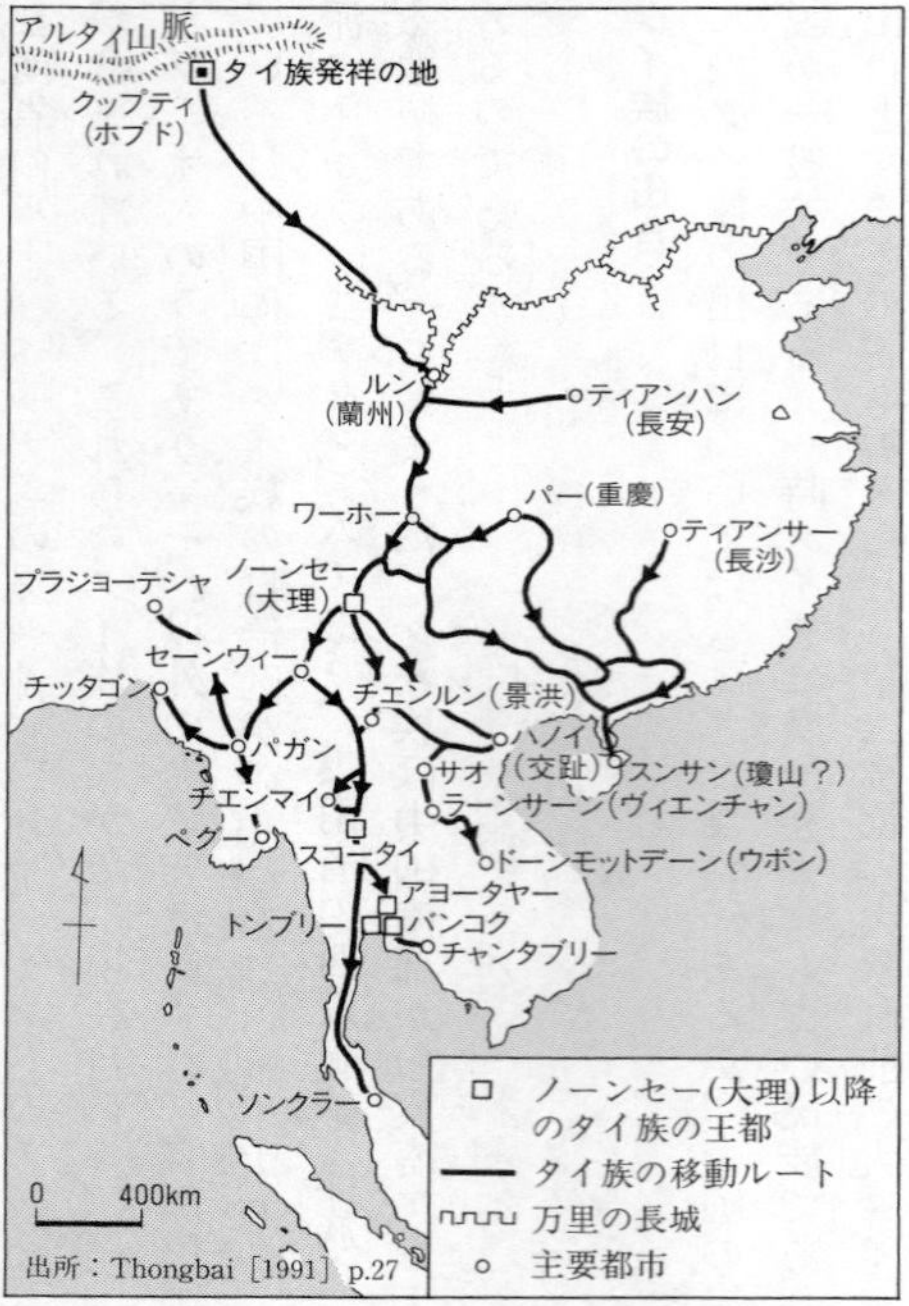

せたが、現在では否定されている。また、より南のベトナムと広西壮族自治区の境界付近を出自とする説もあり、漢民族やベトナム族の圧迫によって東から西へ移動してきたとの考え方もある。いずれの説を採用しても、タイ族は現在の居住地域に南下あるいは西進してきたとの解釈が一般的であり、現在タイ人が住んでいる地域を中心として捉えるならば、タイ族の出身地は明らかにそれよりも北に位置した。

タイ族がこのように移動してきたのは、漢民族の居住域の拡大によって圧迫されたためであると考えられている。漢民族は当初黄河《こうが》流域で勢力を拡大させていたが、やがて人口規模の拡大と政治基盤の強化にともなって西へ南へと勢力を拡大させてきた。その煽《あお》りを受けて、タイ族は徐々に移動を開始したのである。これもさまざまな説があるが、六〜七世紀頃からタイ族の南下や西進が本格的になったものと考えられている。中国の中華思想では、漢民族が世界の中央に位置し、その周辺には野蛮な民族が居住していると考え、東夷《とうい》や南蛮《なんばん》などとそれらの民族を蔑称《べっしょう》したが、タイ族は西南夷《せいなんい》という名で漢の時代から漢籍史料に表れている。この時代の史料を漢籍に依存しなければならない状況は、東南アジアも日本も同様であった。ただし、タイ族の歴史は日本よりもはるかに長い間、漢籍史料への依存が続き、文字史料としては一三世紀頃まで漢籍以外には有効な史料がほとんど存在しない状況が続くことになる。

タイ族のみならず、現在の東南アジア大陸部の主要民族であるビルマ族もベトナム族もいずれも中国南部に出自を持ち、徐々に南下していったものと考えられている。ビルマ族はチベット方面から雲南を経由してエーヤワディー（イラワジ）川流域に南下してきており、一一世紀にはパガンに王国を構築したのが現ビルマ領での政治権力の始まりとなる。一方ベトナム族は中国南部からベトナム北部にかけての地域を出自とするようであり、漢民族の支配から脱却した後に徐々に南シナ海沿いに南下を続け、チャム人やクメール人など旧来からこの地に居住する民族の居住地にまで勢力を拡大し、一八世紀までにメコン・デルタに到達する。このように、現在東南アジアの大陸部の主要民族となっているビルマ族、タイ族、ベトナム族はいずれも後からこの地に南下して勢力を拡大させた民族であった。

タイ族の「くに」ムアン

現在と同様に、タイ族は古くから水田で稲作を行っていたものと考えられている。このため、彼らが居住する場所は水田に適した平地であった。漢民族の圧迫によってタイ族が南や西へ移動しはじめると、やがて地形の急峻《きゆうしゆん》な四川《しせん》から雲南にかけての高山地帯に到達したが、そのような場所では川沿いの盆地が彼らの住み家となった。盆地では水田に水を導水する灌《かん》漑《がい》設備が作られ、それを維持するための共同体が形成されていった。このような稲作を基盤とする共同体、すなわち「むら（ムーバーン）」が形成されてくると、やがてそのなかで政治権力を獲得する「むら」のリーダーが現れ、周辺の「むら」を配下に置いて政治権力を獲得し、「くに」を形成することになる。これが、タイ族の「くに」＝ムアンである。

タイ族のムアンは、農業に基盤を置いた政治権力であり、その強弱はムアンの領主（チャオ・ムアン）の資質もさることながら、ムアンの農業生産力にも影響を受けていた。すなわち、ムアンの立地する盆地における水田適地の多少と、整備する灌漑設備の規模によって左右された。このため、タイ族のムアンが勢力を拡大させるためには、それを支えられる規模の盆地に到達する必要があった。タイ族が移動してきた雲南の高山地帯ではそのような場所は限られたものの、さらに南下していくとそれに相応《ふさわ》しい適地が出現した。タイ族の南下と大ムアンの出現は、当然ながら関係性を持っていたのである。

現在のタイ語では、ムアンという語は都市（町）ないし国という意味を持っている。ムアンという語は、場所によってはムンやメンとなったり、あるいは猛、勐のような漢字を充てたりしている。このムアンという言葉の持つ二重性は、ムアンの特徴を端的に表している。タイ族の「くに」、すなわち最小の政治権力単位であるムアンは、一方でその領主の居住する中心地、すなわち人が集住する町を意味し、他方でその領主の支配権が及ぶ範囲、すなわち配下の「むら」を含んだより広い領域を意味するのである。

これらのムアンは基本的には川沿いの盆地単位で形成されていったが、やがて有利な立地条件や有能な領主の下で強力なムアンが出現すると、周辺の弱小ムアンを平定して政治権力をさらに高めることとなり、最終的には王国と呼ぶに値するような強大な政治権力と、それなりの領域を備えたムアンが出現することとなる。それを継承したものが現在のタイやラオスといったタイ族による国民国家なのであり、ゆえにタイ人はいまでも自らの国のことを通常「ムアン・タイ」と呼ぶのである。

南詔王国

八世紀半ばになると、南詔《なんしょう》という王国が雲南省の大理《だいり》（ノーンセー）を中心に形成された。この時期には漢民族は雲南省の東半分にまで勢力を拡大しており、南詔王国が立地する地域は中国とインドを結ぶ交易ルートが通過していた。元来この地には六詔《りくしょう》と呼ばれる国々が存在していたが、そのうちの蒙舎詔《もうしゃしょう》（南詔）が勢力を拡大し、残りの五詔を平定して王国となったものであった。南詔は一〇世紀初頭に滅亡し、大理国という王国がそれを継承したものの、元《げん》の侵略で滅亡する。この南詔は、移動してきたタイ族が分布する範囲内で最初に出現した強大な王国であった。

このため、一九世紀末に西洋人によって南詔がタイ族最初の強大なムアンであるという説が唱えられると、それは後述する大タイ主義の隆盛の過程で強調された。すなわち、漢民族の圧迫で徐々に西へ南へと移動してきたタイ族が最初に樹立したのがこの南詔王国であり、その後一三世紀の元軍の進軍でその末裔《まつえい》が自由(タイ)を求めて南下したのであるとの説が流行したのである。この南詔王国伝説も、タイ族のアルタイ山脈出自説や漢民族よりも古い民族であるとの説とともに、「偉大な」タイ族国家の復興、すなわち大タイ主義を盛り上げるプロパガンダとして用いられたのであった。

しかし、現在では南詔がタイ族の支配する王国であったとの説は完全に否定されている。南詔王国に関する史料も同じく漢籍しかないが、そこから判別される限り、この王国の支配者はチベット・ビルマ語族のロロ族であると考えられており、それは細奴羅《さいどら》、羅盛《らせい》、盛羅皮《せいらひ》のように父王の最終音節を次王が継承するという歴代の王の名前の命名方法からも明らかであるという。一時はタイの子どもたちもこの南詔王国の歴代の王の名を暗唱させられたというが、タイ族の人名とはおよそかけ離れたものであった。南詔王国がタイ族最初のムアンであるとの言説もまた、完全に否定されてしまった。

それでも、南詔がタイ族のムアンでないことは、この地域にタイ族がまったく存在しなかったことを意味するわけではない。おそらく、タイ族は被支配民族としてこの王国内に居住していたものと思われ、タイ族の小ムアンが南詔の王に服従していた可能性もある。現在でもそうであるが、この地域は多数の民族が居住する「民族の坩堝《るつぼ》」であり、南詔も多民族国家であったと言われている。このため、タイ族もその支配のなかに組み込まれていたものと見て間違いない。多数の民族が入り乱れるなかで、たまたま最も強い政治権力を持ったロロ族が、この地を王国として統合することができたというのが実情であろう。

タイ族の南下

漢民族のさらなる圧迫により、タイ族はさらに西進と南下を続けた。雲南からチベットにかけての高地は多数の河川の源であり、東シナ海に流れる揚子江、南シナ海に流れる珠江《しゅこう》、紅河《ホンハ》（ソンコイ川）、メコン川、そしてインド洋に注ぐタンルウィン（サルウィン）川、エーヤワディー川、ブラマプトラ川がこの付近から各方面に流れ出ていた。揚子江や珠江沿いに川を遡《さかのぼ》ってきたタイ族は、今度はメコン川、タンルウィン川、エーヤワディー川沿いに川を下ったものと思われ、各河川の谷間に現れる盆地にムアンが形成されていった。

一番西に進んだ人びとは、ブラマプトラ川沿いの現在のインド・アッサム州に一三世紀頃アホーム王国を建設し、タイ族のなかで最も西に位置するムアンとなった。エーヤワディー

メコン川　中国青海省からインドシナ半島を貫流する全長4350キロの大河

川やタンルウィン川沿いに南下したタイ族は、同じ頃エーヤワディー川沿いに南下してパガン朝を興したビルマ族からはシャンと呼ばれ、現在のシャン州の主要な民族となっていった。その拠点は現在の雲南省瑞麗《ずいれい》付近にあったムンマオと、近接したシャン州北部のセーンウィーであり、やがてより南のケントゥン方面へと勢力を広げていく。

一方、メコン川沿いに南下していったタイ族は、メコン川の盆地にムアンを形成していった。そのなかでも比較的大きい盆地は現在の西双版納傣族自治州の中心地である景洪《けいこう》（チエンルン）であり、ここにタイ族の大ムアンが成立することになる。この先メコン川は山峡へ分け入り、小さな盆地がいくつか現れた後に、タイ北部のチエンラーイ周辺の広大な盆地へと到達する。ここは現在でもタイ北部有数の米どころであり、大ムアンが成立するには相応しい場所であった。メコン川はこの先再び山峡へと分け入り、次に比較的大きな盆地が出現するのはラオスのルアンプラバーンとなる。ここは、現在のラオスの起源とも言えるラーンサーン王国が勃興する場所であった。

さらに、雲南までは到達していないものの、タイ北部に水源を持ちタイ湾に注ぐチャオプラヤー（メナム）川というは河川がタンルウィン川とメコン川の間から南流し、メコン川に比べると多数の広大な盆地を擁していた。このため、メコン川に沿って南下してきたタイ族は、やがてこのチャオプラヤー川流域へと入り込んでいくことになる。前述したように、盆地が広くなるほどその土地の農業生産力は高まり、強大なムアンが出現する可能性が高まっていった。タイ族がチャオプラヤー川流域に到達したことで、ようやくタイ族の歴史とタイ領の歴史が一致することになるのであった。

II　タイ領での政治権力の発生

「海のシルクロード」の成立

タイ族が南下してくる前の現在のタイ領内には、モン・クメール系の民族が居住していたものと考えられている。彼らは言語的にはオーストロアジア語族に分類され、東南アジア大陸部からインドにかけて古くから居住していた民族である。代表的な民族は現在のカンボジアの主要民族であるクメール族、タイとビルマに分布し、かつて独自の王国を成立させてい

海のシルクロード（5世紀頃）

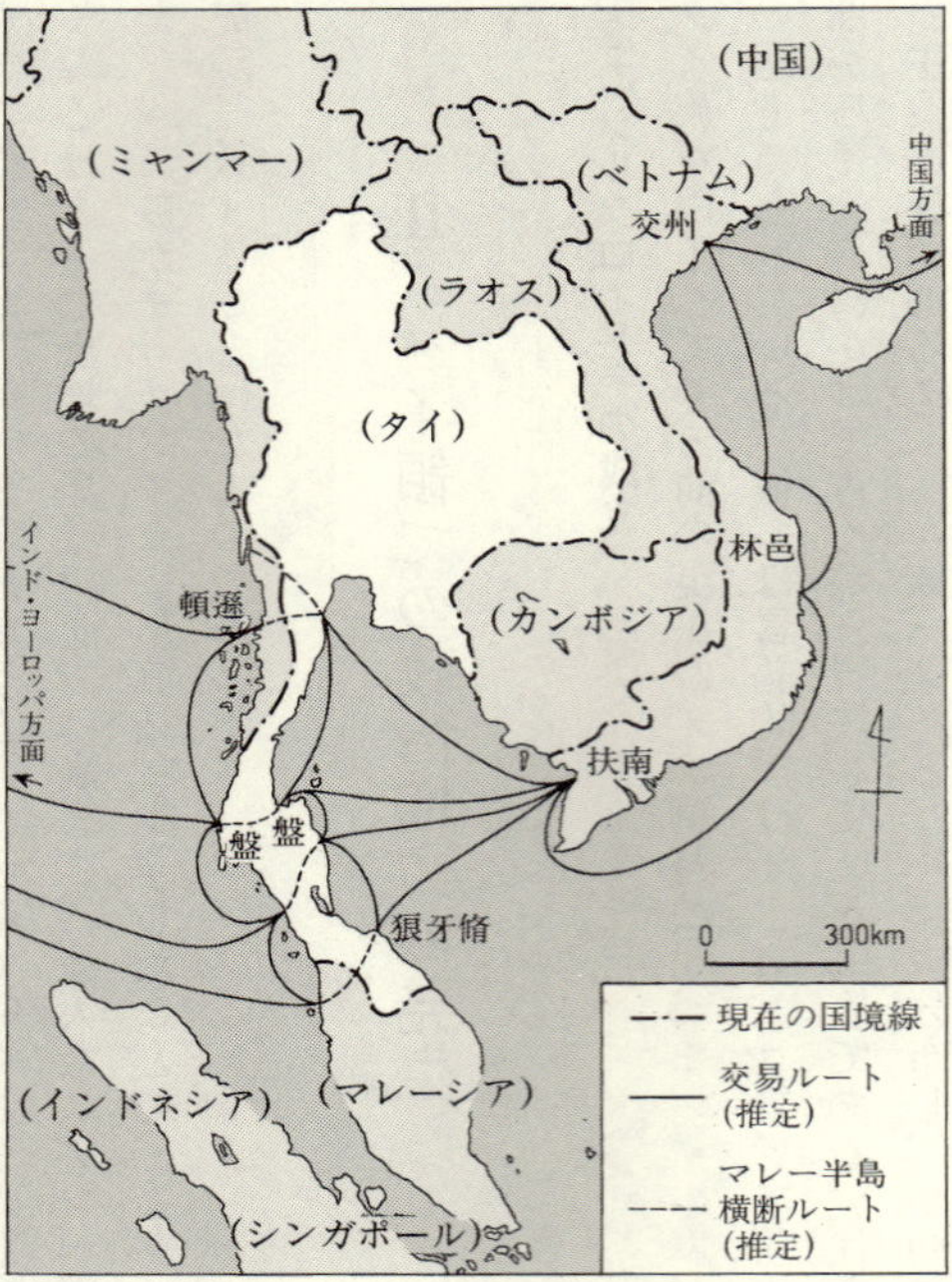

たモン族、そして比較的最近インドシナ半島を南下してきたベトナム族が挙げられる。このため、タイ族、ビルマ族、そしてベトナム族が南下してくる前の大陸部東南アジアで卓越していたのは、ベトナム族を除くモン・クメール系の民族であり、彼らの王朝が盛衰していた。

現在のタイの領域で最初に政治権力が発生したのは、「海のシルクロード」の成立によるものであった。シルクロードといえば、中国と地中海を陸路で結ぶルートが有名であるが、海路で中国とインドや地中海方面を結ぶ交易ルートも紀元前二世紀頃から脚光を浴びるようになった。これは、漢の武帝《ぶてい》による南進政策によって、中国南部からベトナム北部にかけて日南郡《にちなん》など九郡を設置したことから、海上ルートの重要性が高まったものと考えられている。

この「海のシルクロード」は、マレー半島を横断して太平洋とインド洋を結んでいた。現在であればこの二つの大洋を連絡する要衝《ようしょう》はマラッカ海峡となるが、当時は航行技術も未熟であったことから、海岸沿いに寄港を繰り返しながら進んでおり、マラッカ海峡経由では遠回りとなった。このため、インド洋側と太平洋側の接点としてマレー半島が用いられ、両岸の間を連絡する陸路が用いられていた。このような陸路はマレー半島に少なからず存在していたものと考えられており、ルート上に残された遺品がその存在を語っている。

「海のシルクロード」がマレー半島を横断する地点に、交易国家が成立していった。そのなかでも有名なのは、漢籍史料に頓遜《とんそん》の名で現れるマレー半島の付け根付近にあったと思われる国家であった。この国の担い手となった民族はまだ明らかではないが、おそらくモン系民族の国であったものと思われる。ここにはインドからの移住者も多数居住していたとされており、交易ルートを経由してインド文化も流入していたことをうかがわせる。その後三〜五世紀頃にモンスーン（季節風）を利用した航海が可能となると、現在のタイ南部にも盤盤《ばんばん》、狼牙脩《ろうがしゅう》（ランカスカ）と漢字で表記されるような交易国家が出現しており、後者はその後のパッターニーの前身であると考えられている。

プラパトムチェーディー仏塔　ドゥヴァーラヴァティー時代における仏塔を基礎にして作られた

ドゥヴァーラヴァティー

現在のタイの領域で最初に現れた大国は、ドゥヴァーラヴァティーであったとされている。この国は七～一一世紀にかけてタイ中部を中心に栄えたモン族の国家であり、その中心はバンコクの西五〇キロに位置するナコーンパトムであったとの説が一般的である。ナコーンパトムは現在でもプラパトムチェーディーという大きな仏塔が町の中心部に存在することで有名であるが、この仏塔は何層にも重ねて再構築されたものであり、その最も中心に位置する基壇《きだん》はこの時代に作られたものと言われている。

ドゥヴァーラヴァティーの名は、漢籍史料では「堕羅《だら》鉢底《はってい》」の名前で現れており、隣国との位置関係からもこの国の位置はこのナコーンパトム付近であると推測できる。またこの地で発見された銀貨にもドゥヴァーラヴァティーの名が刻まれており、のちのアユッタヤー王朝の都の正式名称にもこのドゥヴァーラヴァティー（タワーラワディー）という語が含まれている。このため、詳細は不明ではあるが、タイ中部にモン族の王国が勃興したことは間違いない。

ドゥヴァーラヴァティーについては、その独特の様式の美術品や環濠《かんごう》集落の跡が広く分布しており、仏教文化が広く栄えたものと考えられている。ドゥヴァーラヴァティー様式の美術品はタイの領域内の各地から発見されており、政治権力の浸透する範囲を示すものではないかもしれないものの、少なくともその文化的影響力が大きかったことを示している。ドゥヴァーラヴァティーの環濠集落は、楕円《だえん》形の環濠が特徴的であり、タイの中部から東北部にかけて広く分布している。

この国はかなり広い領域に影響を与えたものと考えられているが、政治権力の中心地はナコーンパトムの一ヵ所のみではなく、複数存在していたものとの説が最近では有力である。それは、この時代の環濠集落遺跡が存在する周辺のラーチャブリー、ウートーン、ロッブリーなどで多数の遺構が発見されていることからも支持されており、複数の政治権力の連合体であった可能性が高まっている。これらの遺構はいずれもチャオプラヤー・デルタとそれを取り囲む丘陵地とのちょうど接点付近に位置しており、デルタでの当時の人間の活動範囲の南限を示している。

シュリーヴィジャヤ

一方、交易国家が出現していたマレー半島では、七世紀頃に誕生したシュリーヴィジャヤという強大な交易国家の勢力が卓越することとなった。この国はマラッカ海峡を中心とした交易国家であり、「海のシルクロード」が従来のマレー半島横断ルートからマラッカ海峡経由へと、その主流が変化したことを背景にしたものと考えられる。船舶の大型化と航行技術の進化によって、これまでのように海岸沿いを寄港しながら航行しなくても、長距離の無寄港航海が可能となったのである。この結果、積み替えを必要とするマレー半島横断ルートよりも、マラッカ海峡経由で直接船が往来できるルートの優位性が高まった。この時期にペルシャやアラブからの船が直接中国まで到達しはじめたことも、これを裏付けるものである。

この国は漢籍史料では「室利仏逝《しつりぶっせい》」の名で登場し、交易の要衝となったマラッカ海峡を押さえる要《かなめ》の役割を果たすことになった。その都はスマトラ島のパレンバンにあったものと考えられ、仏教を受容していたことが確認されている。唐の義浄《ぎじょう》が七世紀にインドを訪問した際にこのシュリーヴィジャヤを通過しており、当時パレンバンが仏教の一大中心地であったことを記録している。その後、このシュリーヴィジャヤはジャワに興ったシャイレーンドラ朝の影響下に入り、一〇世紀に入るとこの地に三仏斉《さんぶつせい》という国が出現している。定説ではシュリーヴィジャヤは一四世紀まで続くことになっているが、三仏斉の時代にはいくつもの政治権力が分立している状態であったものと思われる。

このシュリーヴィジャヤの勢力は現在のタイ南部にまで及んでおり、タイではシュリーヴィジャヤ（シーウィチャイ）様式として美術史の一つの様式として語られることが多い。とくに南部のチャイヤーの仏塔はこのシュリーヴィジャヤ様式の典型例であり、ジャワの美術様式との類似性が見られるという。他方でシュリーヴィジャヤの都であったとされるパレンバンには当時の遺構が少ないことから、シュリーヴィジャヤの都はタイ南部にあったという説も存在している。おそらく、シュリーヴィジャヤも強大な帝国というイメージよりも、複数の政治権力の集合体であった可能性が高く、タイ南部もその一つであったとの解釈が相応しいのであろう。

クメール帝国の隆盛

メコン川下流域では、モン・クメール系のもう一つの主要民族であったクメール族による強大な国家が出現していった。一世紀頃には現在のカンボジアとベトナムの国境付近に扶南《ふなん》と呼ばれる国が誕生し、「海のシルクロード」の中継点として機能していた。この国にはインド文化がすでに流入していたと考えられており、東南アジアのインド化の黎明《れいめい》期の事例であった。扶南の勢力圏は一時タイ湾を挟んでマレー半島にも及び、内陸ではメコン川中流域まで拡大していた。

その後、七世紀に入るとメコン川流域に真臘《しんろう》という国が成立した。この国もクメール族によるものであり、当初は扶南の属国であったがやがて強大化して扶南を併合した。この真臘も現在のカンボジアからタイ東北部にかけての地域を支配下に置き、やがて北方の陸真臘と

パノムルン遺跡（ブリーラム県）　クメール時代の遺構

南方の水真臘に分裂した。このうち、陸真臘は現在のタイ東北部の下部を中心とする地域であり、当時の遺跡がいまでも随所に残っている。ちなみに、この東北部の下部はカンボジアのすぐ北に位置する地域であり、現在もクメール族が数多く居住している。

九世紀はじめに、ジャヤヴァルマン二世が分裂状態の真臘の地を統一し、アンコール朝を創設した。「アンコール」はサンスクリット語の都城の意味の語「ナガラ」のクメール語版であり、タイでは「ナコーン」となる。このアンコール朝は現在のシェムリアップ付近に王都を建設し、かの有名なアンコール・ワットをはじめとする数々の遺跡群を後世に遺すことになる。この地はトンレサップ湖とその北に広がるクメール低地やコーラート高原をつなぐ接点であり、陸真臘と水真臘のちょうど中間とも言える地点に位置した。

アンコール朝の勢力は、徐々に拡大していった。最初にアンコールの地に環濠都城を建設したヤショーヴァルマン一世の時代には、その支配域はタイ東北部からラオス南部と、かつての真臘と同じ程度であったが、一一世紀にはチャオプラヤー川下流域にまでその支配域を拡大させ、さらにアンコール・ワットを建造した一二世紀前半のスールヤヴァルマン二世の時代にはチャオプラヤー川中流域やマレー半島北部までその勢力を広げた。ヤショーヴァルマン一世の時代から幾重にもわたって増築を繰り返してきたアンコール・トムは、一二世紀後半のジャヤヴァルマン七世の時代にバイヨン寺院が建設されて現在の姿となったが、このジャヤヴァルマン七世の時代がアンコール朝クメール帝国の最盛期であった。

アンコール朝の支配域がタイの中部から東北部にかけて広く拡大したことで、ドゥヴァーラヴァティーのモン族もアンコール朝の支配下に置かれたものと思われる。アンコールとタイ東北部を結ぶ陸路が何線か整備され、アンコールと東北部の要衝を結んだ。クメール時代の遺跡は東北部を中心にタイ国内に広く分布しており、なかでも有名なのは一一〜一二世紀に造営されたコーラート（ナコーンラーチャシーマー）のピマーイ遺跡である。アンコールとの間の陸路沿いには宿駅や施療院が多数建設され、その多くも残存している。

地方拠点の出現

このように、タイ領に関わる政治権力としてはドゥヴァーラヴァティー、シュリーヴィジャヤ、真臘、クメールなど多数の王国が存在していたが、ドゥヴァーラヴァティーを除いてその中心地は現在のタイ領の外にあったものと考えられている。しかし、現在のタイ領内にもより小さな政治権力が出現しており、地方の拠点としての機能を高めていた。そして、これらの地方拠点のなかには、やがて卓越するタイ族によってその機能を継承されたものも存在した。

ロッブリー（ラヴォー）は、ドゥヴァーラヴァティー時代からの要衝の一つであった。ドゥヴァーラヴァティーの衰退後、ロッブリーはクメール帝国の西の拠点としての機能を付与されることとなる。すなわち、ロッブリーはクメールのチャオプラヤー川流域への勢力拡大のための拠点とされたのであった。このロッブリーは、「羅斛《らこく》」という名で漢籍史料にも登場する。ロッブリーがクメールの拠点であったことは、市内の中心部にある三つのクメール式尖塔《せんとう》が連なるプラプラーン・サームヨートなどからもうかがわれる。

チャオプラヤー川の上流域には、モン族のハリプンチャイが存在した。伝説では、七世紀にロッブリーの王女チャーマテーウィーを迎え入れて創設されたモン族の王国であるとされている。ハリプンチャイは現在のラムプーンに位置し、独自の美術様式からなる寺院が残されている。この王国が栄えたのは一一世紀から一三世紀にかけてであり、ドゥヴァーラヴァティーの流れを汲むものと考えられ、ビルマに存在したモン族の王国とも関係を持っていた。このハリプンチャイは、一三世紀に現在のタイ領に入り込んできたタイ族によって併合されてしまう。

一方、マレー半島には交易国家が複数存在していたが、ターンブラリンガというマレー人の国が一二世紀に勢力を拡大してきた。この国は「単馬令《たんまれい》」の名で漢籍史料に登場し、現在のナコーンシータマラートに出現した国であった。マレー半島東海岸にはこの時期「凌牙斯《りようがし》加《か》」（パッターニー）、「仏羅安《ぶつらあん》」（パッタルン）など他の交易国家もすでに出現していたが、タームブラリンガはこの地域の拠点としての地位を獲得していく。この国の王を「シュリ・ダルマラージャ（吉祥な正法王）」と刻んだ碑文が発見されており、これがタイ語のナコーンシータマラートになったものと考えられている。ナコーンシータマラートは、この後チャオプラヤー川流域に出現するタイ族国家の支配下に置かれることになり、タイ族国家の南の重鎮としての役割を果たすことになる。

Ⅲ　スコータイ朝

タイ族大ムアンの出現

メコン川沿いに南下を続けたタイ族は、やがて巨大なムアンの形成に成功していく。最初に成立したのは、景洪を中心としたシップソーンパンナー王国であった。伝承では、一一八〇年に初代の王がここに拠点を築いたとされ、周辺のムアンを統合して大規模なムアンに拡大していった。ちなみに、シップソーンパンナーとは一二のパンナーという意味であり、ビルマへの貢物《みつぎもの》を納める単位パンナーが一二ヵ所存在することを指している。この名称は一六世紀にビルマへの朝貢《ちょうこう》が始まってから付けられたようであるが、現在にいたるまで継承されており、漢字では西双版納と表記されている。

景洪の次に広大な盆地が出現するチエンラーイにも、タイ族のムアンが出現していた。メコン河畔《かはん》のチエンセーンを拠点としたこの王国は、一一世紀頃から栄えていたと言われている。一三世紀に入ると、ここにマンラーイという王が出現した。マンラーイ王は自ら備えていたカリスマ性を駆使して、王国の強化に乗り出した。彼は王国の拠点をチエンセーンから南へと移し、チエンラーイ、ファーンを経てチャオプラヤー川支流のピン川流域に到達した。この地に存在したハリプンチャイ王国を攻略して、一二九六年に新たな王都チエンマイを建設した。ちなみに、チエンマイは「新たな城市」の意味である。この国は、「百万の水田」という意味であるラーンナー王国と呼ばれるようになった。

一方、メコン川をさらに下ったルアンプラバーンには、一四世紀半ばにラーンサーン王国が出現した。この王国名は「百万の象」という意味であり、ファーグムという人物が周辺のムアンを統合して設立した大ムアンであった。ラーンサーンはやがて現在のラオスからタイ東北部まで広がるラーオ人居住区を広く統治する王国へと発展し、現在のラオスの起源ともなる。中国国内のメコン川は瀾滄江《らんそうこう》と呼ばれているが、この名称はラーンサーンに由来する名前であった。

スコータイ遺跡

スコータイ朝の成立

このように、タイ族の大ムアンがメコン川流域で相次いで出現し、チャオプラヤー川流域、すなわち現在のタイ領にもラーンナーのようにタイ人による政治権力が出現してきた。これらの国々はタイ全領域を支配するほどの勢力は持たなかったことから、タイのナショナル・ヒストリーでは亜流とされているが、ラーンナーとほぼ同じ時期に、より南で成立したタイ族の大ムアンは、その支配域を大きく拡大させたことで、タイのナショナル・ヒストリーにおいてタイ族の王国の始まりとされた。それが、スコータイ王国（一二四〇頃〜一四三八）であった。

スコータイは、チャオプラヤー川の支流ヨム河畔に位置しており、ちょうど上流域の山地と中流域の平原の境界付近であった。ここから西へ進むとインド洋側のマルタバンやモールメインへも抜けることのできる交通の要衝であり、後述する現在のメコン圏の東西回廊も、この地を通過している。

スコータイはまたクメール帝国の勢力が到達する北限でもあり、クメール帝国の北の拠点が置かれていた場所でもあった。ジャヤヴァルマン七世が死去してから、クメール帝国は弱体化し、チャオプラヤー川流域には「暹《せん》」と漢籍史料で書かれているタイ族、すなわちシャム人が北から流入していた。この暹と称される人びとが最初に建設した王国が、スコータイであった。

スコータイ王国の始まりは、一二四〇年頃のこととされている。この地域の小ムアンの領主であったパームアンとバーンクラーンハーオという二人の人物が、スコータイのクメール太守を駆逐して、バーンクラーンハーオがシーインタラーティット（在位一二四〇頃〜七〇頃）という名で即位したのが、その始まりであった。スコータイの都には多数の仏教寺院が建立され、現在もその遺構が数多く残り、世界遺産にも指定されている。なお、クメール時代の面影は、スコータイに建設された方形の環濠都市の北側に位置するワット・プラパーイルアンというクメール式尖塔を持つ寺院に残されている。

ラームカムヘーン王

このスコータイ王国がタイのナショナル・ヒストリーにおいて最初のタイ人による王国とされる理由は、三代目の王ラームカムヘーン（在位一二七九〜九八頃）の時代にその支配域が大きく広がり、現在のタイ領をほぼすべて網羅するまでに版図を拡大させたと理解されたためであった。そのラームカムヘーン王は初代の王シーインタラーティットの子であり、即位後急速に勢力を拡大することとなった。王はスコータイを単なる地方のムアンから広大な領域を配下に置く強大ムアンへと進化させたのであり、まさにタイ族最初の王国に相応しい存在であった。

このラームカムヘーン王の偉業を語るのが、一二九二年に作られたとされるタイ語で書かれた最古の石碑、ラームカムヘーン王碑文であった。この碑文は一八三三年に即位前のモンクット王（ラーマ四世）が「発見」したものであり、その後次々に同様の碑文が発見され、スコータイ王国の解明が進んだのである。

この碑文には、「水中に魚あり、田に稲あり」というスコータイの豊かさを示す文章が書かれているほか、王の偉業を讃えるさまざまな文章が刻まれていた。この碑文に刻まれた文字が最初のタイ文字であるとされており、文中でもラームカムヘーン王がタイ文字を作り上げたと書かれている。現在我々が目にするタイ文字とは形こそ若干異なっているが、子音と母音の組み合わせからなる文字体系のシステムはまったく同一である。

このラームカムヘーン王碑文をめぐっては、一三世紀のものではなく一九世紀にモンクット王が作成したのではないかとの説が出され、学界で論争を引き起こした。もしこの碑文がのちに作られたものであるとすれば、このラームカムヘーン王の存在自体も否定されてしまう。このため、現在では碑文の歴史的史料性は高いとする意見が一般的であるが、タイのナショナル・ヒストリーからしてみれば、それを根本から揺るがしかねない大問題である。石碑の信憑性《しんぴょう》がたとえ低かろうと、スコータイおよびその周辺の遺跡群を見れば、この地に巨大な権力を持った王国が存在したことは疑う余地がなかろう。

ラームカムヘーン王碑文では、王のことを「ポークン」と呼んでいた。この「ポークン」、すなわち父君は、住民の困窮《こんきゅう》に何でも耳を傾け、争いごとは公平に裁くという温情主義的な王であると碑文では語っている。王が国家の父たる存在であるという考え方は、のちのタイの為政者によって利用されていくこととなる。すなわち、指導者たるものは常に子である国民に対しては父のように振る舞わねばならず、その父は子に情けをかけるような温情主義が必要であるとの考え方である。この「ポークン」的な国王の姿を再現しようとしたのが、後述する二〇世紀後半における「開発」の時代の軍人・政治家であったサリット（在任一九五八〜六三）であり、それを実践したのがプーミポン国王（在位一九四六〜）であった。現在タイでは国王誕生日が父の日であり、国王が国民全体の父であるという認識が浸透しているが、その思想の起源はこのラームカムヘーン王にあった。

また、ラームカムヘーン王は上座部仏教を庇護《ひご》して、これを国教とした。王はナコーンシータマラートから高僧を招いて、上座部仏教の普及と実践を行った。スコータイの王都に多数の寺院が建立されたのも、仏教の庇護の成果であった。国王による仏教の庇護も、その後のタイ人の王国の伝統となる重要な任務であった。逆に言えば、仏教の庇護によって、国王はその権力の正当化を図るのであった。スコータイで成熟した仏教美術も独特の様式を持っており、なかでも非常に素朴な仏顔が印象的である。

このように、現在のタイ社会や文化の源泉とも捉えられるラームカムヘーン王碑文に描かれるスコータイ王国は、古きよきタイ的な王国であった。後世のタイ人は、この素朴で牧歌的なスコータイ王国の姿を、理想の桃源郷のように捉えた。ラームカムヘーン王は後の時代のナレースアン王（在位一五九〇～一六〇五）、チュラーロンコーン王（在位一八六八～一九一〇）とともにタイの三大王（マハーラート）として崇《あが》められており、その名は一九七一年に作られたバンコクにあるタイ初のオープン・ユニバーシティー（高校卒業資格があれば入学試験なしに入学できる大学）やその大学が立地する通りの名称にも採用されている。

マンダラ型国家の出現

ラームカムヘーン王が大王と崇められているもう一つの要因は、この王の時代にスコータイ王国の版図が大幅に拡大し、タイ族の王国で初めて現在のタイの領域の大半を支配したものと理解されているからである。ラームカムヘーン王碑文には、この王国の支配域が東西南北に拡大し、現在の地名で表すと東はピッサヌローク、ロムカオ、ヴィエンチャン、南はカムペーンペット、ナコーンサワン、スパンブリー、ペッブリー、ナコーンシータマラート、西はメーソート、ペグー、北はプレー、ナーン、ルアンプラバーンまでその支配権が及んだ

スコータイ朝の領域（ラームカムヘーン王朝）

と書かれている。

この記述が、タイ族の大王国スコータイを支える重要な根拠となった。筆者の手元にあるタイの『中高等学校地図帳』に含まれている歴史地図を見ると、ラームカムヘーン王時代のスコータイの版図は、北は現在のラオス北部、東はナコーンパノム付近、西はエーヤワディー川デルタ、そして南はマレー半島全域を覆ってシンガポールまで広がっている。ただし、北にはラーンナー王国がチエンマイ付近からシップソーンパンナーにかけて、東にはクメールが現在の東北部下部からタイ湾東岸にまで広まっており、現在のタイの領域とは大きく異なっている。それでも、この地図を見る限りスコータイ王国は東南アジア大陸部で最大の領域を持つ王国として描かれており、誰でもラームカムヘーン王の偉大さを理解するのであろう。

しかし、歴史地図がイメージさせるような「スコータイ王国」がこの地に存在したわけではなかった。ラームカムヘーン王はあくまでこれだけの広範囲の地域にわたって各地を支配する領主と交渉を持ち、おそらくそのなかの一部がスコータイ王への忠誠を誓ったに過ぎず、この広い領域全体にまで王の統治権が均一に広まったことを意味するのではない。タイ族のムアンもそうであるが、東南アジアに出現した王国は、支配者の権力が中央から周縁に向かうほど小さくなるような形式の国であった。このような国家は、マンダラ型国家と呼ばれている。

マンダラとは、仏教の世界観を図示したもので、さまざまな仏や菩薩《ぼさつ》が同心円状に配置された図である。そのマンダラに譬《たと》えられる当時の国家は、国王の権力が王都で最大となり、周縁に向かうほど弱くなりやがて消滅してしまう。このため、このような国家では明確な領域が判別できない。言い換えると権力の届く範囲、すなわち国境が明確に定められないという特徴を持つ。さらに、その権力が届く範囲は王の資質によって拡大したり縮小したり変化を繰り返すのである。そして、国王の権力は重層的な国王と地方領主の間の二者間における保護―被保護関係で成立している。すなわち、国王の権力が強化されることは、それだけ多くの小マンダラを配下に従えることを意味し、権力構造が重層的に上から下へと連なっているのである。

ラームカムヘーン王はその個人的な資質によって高いカリスマ性を獲得し、その結果王の配下に下ったムアン、すなわち小マンダラが増加し、かくも広範囲な領域を勢力下に置いたのであった。大マンダラと小マンダラの間にある保護ー被保護関係は、小マンダラが大マンダラに忠誠を示し、その証拠として富（貢物）や有事のマンパワーを提供する代わりに、大マンダラは小マンダラを庇護し、有事の際はその安全を守る形で構築される。このため、ラームカムヘーン王が直接領域内の住民すべてを統治するのではなく、その配下の小マンダラを通じて間接的に統治するに過ぎない。このようなさまざまなサイズのマンダラが並存する世界、それが東南アジアの伝統的な政治権力の世界であった。

なお、以後このマンダラ型国家を、小マンダラ、中マンダラ、大マンダラの三つに分類して話を進める。すなわち、マンダラの階層の下層に属するものを小マンダラ、小マンダラをいくつか配下に置くもののさらに上位のマンダラにも従っているような、マンダラの階層の中位に属するものを中マンダラとする。そして、中小のマンダラを従え、もはや従うべきマンダラが存在しないようなマンダラ階層の最上部に位置するものを大マンダラとする。

スコータイの衰退

ラームカムヘーン王によってタイ族国家で最大のマンダラに成長したスコータイであったが、王の死後は弱体化の一途を辿る。ラームカムヘーン王が死去してルータイ王（在位一二九八頃〜一三四六頃）が王位を継承すると、スコータイ王国の広大な版図は崩れはじめ、ナコーンサワン、ターク、カムペーンペットなど周辺のムアンが独立していった。スコータイは元来チャオプラヤー川流域の小ムアンの連合体としての様相が強く、北のシーサッチャナーライ、東のピッサヌローク、南のカムペーンペット、ナコーンサワンがスコータイの周辺を取り囲む要衝であった。これらのムアンがスコータイから離反しはじめたということは、スコータイというマンダラの勢力が急速に衰退したことを意味した。

その後六代目のリタイ王（在位一三四六頃〜六八頃）の時代にスコータイは再び強化され、周辺のムアンを再平定して勢力を盛り返したが、今度はスコータイの南で勃興したアユッタヤーとの関係を調整する必要があり、チャオプラヤー川流域以南への勢力拡大は妨げられた。さらにアユッタヤー朝によるスコータイ攻撃は激しくなり、一三七八年には当時のマハータンマラーチャー二世（在位一三六八頃〜九八頃）がアユッタヤーの配下に入り、アユッタヤーの属国となった。すなわち、チャオプラヤー川流域での大マンダラの地位が、スコータイからアユッタヤーへと移ったのである。

中マンダラに成り下がったスコータイは、やがて王位継承者が絶えて終焉を迎えることになった。一四三八年にマハータンマラーチャー四世（在位一四一九〜三八）が死去すると、アユッタヤーからスコータイ王家の血を引いた、のちのアユッタヤー朝トライローカナート王が派遣されて王位を継承し、スコータイ王朝は計九代で滅亡した。ただし、その血筋を継承した者がやがてアユッタヤー朝で一時的に王家を復活させたとされている。

いずれにせよ、リタイ王の時代からスコータイ王国の都はピッサヌロークに移されており、アユッタヤーに併合後もピッサヌロークがこの地域の拠点となり、スコータイは廃墟《はいきょ》となっていた。スコータイは人びとから忘れ去られ、一九世紀に入ってモンクット王らによって「発見」されるまで、密林のなかで永い眠りについていたのであった。

Ⅳ アユッタヤー朝の成立

「アヨータヤー」


スコータイを併合したアユッタヤー朝（一三五一～一七六七）は、タイのナショナル・ヒストリーによるとスコータイに次ぐ第二の王朝であるとされる。スコータイ朝がチャオプラヤー川中流域を中心に成立したのに比べ、アユッタヤー朝ははるか南の下流域に都を置いたことから、タイ族の「南進」の成果であるとも捉えられている。すなわち、タイ族が現在のタイ領に北から南下してきた結果、タイ族の王国の中心地もスコータイからアユッタヤーへと南下したものと説明がなされてきた。

しかし、実際にはアユッタヤー朝はスコータイ朝を継承してできた王朝ではなく、前者が後者を併合し、さらに勢力を拡大させたのが実態であった。そのアユッタヤーにしても、タイ族の「南進」の結果生まれた新しい都市ではなく、以前から存在したチャオプラヤー川下流域のムアンの政治権力を継承したものであった。この地域にはドゥヴァーラヴァティー時代から拠点となる地方都市がいくつか存在しており、ナコーンパトム、ウートーン、ロッブリーなどチャオプラヤー・デルタを取り囲むように並んでいた。このチャオプラヤー川下流域の都市にもタイ族が流入し、やがて旧来のモン族やクメール族の領主に代わって政治権力を獲得し、タイ族のムアンになっていったものと思われる。先のラームカムヘーン王の碑文でも、王が従えたとされるムアンのなかにチャオプラヤー川下流域のムアンの名前が見られた。

アユッタヤー遺跡

新たなタイ族の都が置かれるアユッタヤーも、いまではこうした旧来からのムアンの一つであったものと考えられている。スコータイ時代の碑文のなかに、この辺りに「アヨータヤー」なるムアンが存在していたとの記述が存在する。他のムアンとの位置関係を考えると、このアヨータヤーなるムアンがその後のアユッタヤーの前身である可能性が高い。アユッタヤーという名称がこの王国の名称として用いられはじめたのは、後述するナレースアン王によってビルマから独立を回復してからの時代であり、それまではこのアヨータヤーが正式名称であったとの説が、現在では一般的となっている。このアヨータヤーが正式名称であったと思われる時期を前期アユッタヤー、その後を後期アユッタヤーと区別する考え方もあり、同じアユッタヤー時代とはいっても、前期と後期ではマンダラの様相は異なっていた。

アヨータヤーは、チャオプラヤー川に支流のロッブリー川とパーサック川が合流する交通の要衝に立地していた。三本の川の交わる地点は島状となっており、ここを中心にして王都が建設された。河口から一〇〇キロ程度離れているとはいえ、海運に従事する船はそのまま川を遡上《そじょう》できたことから、アヨータヤーは海路で外界とも結びついていた。当時のチャオプラヤー・デルタは雨季の冠水と乾季の旱魃《かんばつ》が繰り返される世界であり、人間の居住環境としては劣悪であった。このため、当時の地理的状況を鑑《かんが》みれば、アヨータヤーは王都が立地しうる最南端の場所であったとも言えよう。

アユッタヤー朝の成立

アヨータヤーが王都となる時期には、チャオプラヤー川下流域ではスパンブリーとロッブリーの勢力が大きくなっていた。スパンブリーはターチーン川流域に位置するムアンで、アヨータヤーと同じく海から一〇〇キロほど内陸に位置した。ロッブリーはさらに内陸に位置したが、チャオプラヤー川流域におけるクメール帝国の最大の要衝であった。この両ムアンの王女とそれぞれ婚姻関係を持ったウートーン王（在位一三五一～六九）が、一三五一年に両ムアンの中間点のアヨータヤーの地に都を置いたのが、アユッタヤー朝の始まりであるとされている。

ウートーン王の出自についての詳細は不明であり、北部から逃れてきたという説や、アヨータヤーの王であったとの説などがある。王はスパンブリーとロッブリーという二つの有力なムアンの権威を借りて新たなマンダラを作り上げたことから、スパンブリー、アヨータヤー、ロッブリーとやはりムアンの連合体的性格の強い王国の出現であった。ウートーン王は即位後王子のラーメースアンをロッブリーに、義兄パグアをスパンブリーに置いて、それぞれ支配させた。

しかし、この両王家の権威に依存したアユッタヤー朝は、両王家間の勢力争いを発生させることとなった。一三六九年に王位を継承したロッブリー（ウートーン）王家のラーメースアン（在位一三六九～七〇／一三八八～九五）は次項に述べるクメール攻略に失敗すると王位をスパンブリー王家のパグアに譲る。ラーメースアンはロッブリーに引っ込んだものの、一三八八年にボーロマラーチャー一世（パグア／在位一三七〇～八八）が死去し、王子に王位を継承させると、ラーメースアンが再び王位の座を獲得した。このように、両家は競い合って王位を奪い合った。

ラーメースアン王の死後、王子のラーマラーチャー（在位一三九五～一四〇九）が王位を継承し、ロッブリー王家が王位継承に成功するが、一四〇九年に王が死去すると、以後スパンブリー王家が王位を独占し、両家の確執に終止符が打たれた。このような王位をめぐる争いは、この後もアユッタヤー時代には頻繁に起こることとなり、それがアユッタヤーというマンダラの拡張や収縮に大きな影響を及ぼすこととなった。

アユッタヤー朝の支配論理

アユッタヤー朝の成立当初は、スコータイと同じく地方分権的なムアン連合体の様相が強かったが、徐々に支配の構造が強化されてきた。スコータイ時代の温情主義的な国王像は変わり、国王の権威はクメール経由で入ってきたインド的な宗教や儀礼によって高められていった。このような国王の権威高揚は、マンダラの大型化を支えることとなり、次に述べるような支配域の拡大を実現させる重要な役割を果たすこととなった。

なかでも、八代目のトライローカナート王（在位一四四八～八八）の時代に、以後のタイの統治機構の原型が定められた。トライローカナートは一四三一年に生まれ、スコータイ王家の血筋を引いていた。スコータイ朝の王位継承者がいなくなると、スコータイ王家を継承するために王都ピッサヌロークに派遣され、一七歳で王位を継承した。その後四〇年間と、アユッタヤー朝としては最長の在位期間のなかで、王は統治機構の整備に乗り出し、従来からの首都、宮内、大蔵、農務の四つの要職に加え、新たにカラーホーム（兵部卿《ひょうぶきょう》）とマハートタイ（内務卿）を置いた。このカラーホームとマハートタイは、この後大きな権限を持っていくこととなる。

トライローカナート王は、サクディナー制と呼ばれる身分制度を導入し、官僚組織の整備を行ったとされている。サクディナーとは位階田《いかいでん》という意味であり、官僚の位に応じて位階田の広さを指定し、社会的身分の上下関係を示すものであった。位階田の広さは伝統的なタイの度量衡であるライ（一六〇〇平方メートル）で表し、位に応じてそのライ数が異なっていた。実際にはサクディナー制は身分を示す象徴的な意味合いでしかなく、定められた位階に等しい面積の田をすべての人間が付与されたわけではないと考えられている。サクディナー制が成立したことは、アユッタヤー朝の支配機構の組織化の現れとも捉えられ、マンダラ型国家によるヒトの支配の確立が進んでいったことを示すものである。

マンダラの拡大

統治体制の強化とともに、アユッタヤー朝はその勢力を拡大させるべく周辺諸国へと進出していく。そもそもアヨータヤーに都を置いて新たな王国を設立したことは、それまでチャオプラヤー川下流域で卓越していたクメール支配からの脱却を意味した。その点ではスコータイと同じであったが、アユッタヤー朝は独立を果たしたのみならず、クメール帝国にさらなる攻撃を加え、これを併呑《へいどん》しようとした。

ウートーン王がアユッタヤー朝を興すと、早速クメールとの間で東部のプラーチーンブリーからチャンタブリーにかけての地域をめぐり対立が生じた。このため、ラーメースアンがアンコール・トムを攻撃したが、パグアの加勢でようやく勝つことができた。タイは戦利品として多数のクメール人を連行し、そのなかに含まれたクメール人官吏はクメール帝国の統治機構のアユッタヤーへの導入に活用された。人口が稀薄《きはく》であったこの地域では、土地よりもヒトの支配のほうが重要であり、戦争が起こるたびに勝者が敗者の擁するヒトを戦利品として獲得し、自国へ連行して労働力として使用したり、新たな土地に入植させたりしてマンパワーを活用した。

その後一四二四年に王位に就いた七代目のボーロマラーチャー二世（在位一四二四〜四八）は、コーラート高原とカンボジアへ勢力を拡大した。王はカンボジア平定の軍を派遣し、ついに一四三一年にクメール帝国を崩壊させた。アユッタヤーの攻撃以外にも要因があったものと考えられているが、クメール族はアンコールの都を捨てて東南へと移動し、アンコールはスコータイと同様に廃墟となり、一九世紀半ばにフランス人に「発見」されるまで密林に埋もれてしまうのである。

アユッタヤーによるクメール攻撃によってかつてインドシナ半島最大の帝国を築き上げた

クメール帝国が滅んだことは、この地域での主役の交代を意味し、以後クメールは東のベトナムと西のタイに挟まれた中マンダラの地位に甘んじる。そして、アユッタヤーにはクメールの王権思想や文化が広く流入し、他のタイ族とは異なった独特の文化、言い換えれば「シャム」的な文化が現れるのである。

一方、北方ではスコータイの併合が一四三八年に実現したが、その後スコータイの領主が北部のラーンナーと手を結んだことから、これに対抗するためにトライローカナート王は一四六三年に王都を一時的にピッサヌロークに移した。ラーンナーへは一三八〇年代にも進軍しており、トライローカナート王はラーンナーまでを支配下に置くべく画策したが、結局実現にはいたらなかった。アユッタヤーはマレー半島へも支配域を拡大させ、マラッカまで遠征した。このようにして、アユッタヤー朝という新たなマンダラ型国家は、巨大マンダラへと成長していった。

ビルマとの関係

ところが、アユッタヤーにも勝るとも劣らぬ新たなマンダラが、東南アジア大陸部に出現する。それが、ビルマのタウングー朝（一五三一〜一七五二）であった。パガン朝滅亡後のビルマでは一三世紀末からモン族のペグー朝（一二八七〜一五三九）が下ビルマに勃興し、上ビルマではビルマ族のインワ朝（一三六四〜一五五五）が平定した。その後、タウングー

シースリヨータイ像　タイ四大女傑の一人

の勢力が巨大化し、一五三一年に即位したダビンシュエティーがペグーを攻撃し、一五三九年に陥落させた。そして次のバインナウン王の時代にさらにタウングーの版図は拡大し、ビルマの領域がほぼ平定される。これがタウングー朝（一五三一～九八）の勃興であった。

　この新たな大マンダラは、さらに支配域を拡大させるべく、タイ族国家へも攻撃を向けてきた。ダビンシュエティー王は一五五一年にアユッタヤー攻撃を行うが、陥落させることはできなかった。当時アユッタヤーはチャックラパット王（在位一五四八～六九）の時代であったが、王がビルマ軍に対して劣勢となった際に、王妃が王の危機を救おうと戦闘に加わり、果敢に戦ったものの戦死してしまった。この王妃シースリヨータイはタイの四大女傑の一人とされ、後述するように二〇〇一年には『スリヨータイ』という映画が大々的に公開されて、反響を呼んだ。

　バインナウン王は、ラーンナーとラーンサーンへも兵を進めた。一五五八年にはラーンナー王国がタウングー朝の攻撃で陥落し、ビルマの属国となった。これまで大マンダラとして機能してきたラーンナーは、この後約二〇〇年間、断続的にビルマの属国の立場に置かれ、さまざまな面でビルマの影響を受けることとなる。さらにバインナウン王は東のラーンサーンを狙い、当時のラーンサーンの王セーターティラートはビルマの圧力から逃れるため、都をルアンプラバーンから南のヴィエンチャンに移した。これが現在のラオスの首都ヴィエンチャンが政治権力の中心となる起源であった。それでも、一五七一年の王の死後一〇年間にわたり、ラーンサーンはビルマの支配下に置かれた。

北方のタイ族大マンダラを呑み込んだビルマの最後の標的は、アユッタヤーであった。一五六三年にバインナウン王はラーンナーの軍勢を率いて南下し、ピッサヌロークを制圧した。当時ピッサヌロークの領主であったマハータンマラーチャーはビルマへの忠誠を誓い、長子のナレースアンを人質として差し出した。その後ビルマ軍はマハータンマラーチャーの支援も受けて一五六八年にアユッタヤー攻撃を行い、ついに翌年アユッタヤーはビルマ軍の手に落ちた。マハータンマラーチャー（在位一五六九〜九〇）が王位に就き、長らく権力を握ったスパンブリー王家の血筋はここで途絶え、スコータイの血を引くスコータイ王家がアユッタヤーの実権を握ることとなった。ただし、マハータンマラーチャー王はあくまでも大マンダラであるビルマに忠誠を尽くす中マンダラの王に過ぎず、アユッタヤーは以後一五年間にわたってビルマの属国としての地位に甘んじることになる。

第２章

マンダラ型国家の隆盛

――16世紀末～19世紀前半

マンダラ型国家の中枢．王宮前広場から（バンコク）

I　アユッタヤー朝の復興

ビルマからの独立の回復

タウングー朝ビルマによって大マンダラであったアユッタヤーはその政治権力を失い、ビルマの属国に成り下がったが、この危機を救った人物がいた。それは、マハータンマラーチャー王の息子ナレースアン（在位一五九〇〜一六〇五）であった。ナレースアンはピッサヌロークに進軍してきたビルマ軍への忠誠の証《あかし》として人質としてペグーへ連行され、バインナウン王の「養子」とされた。アユッタヤー陥落後の一五七一年に、ナレースアンは帰国を許され、ピッサヌロークの領主に任ぜられた。

中マンダラに成り下がったアユッタヤーに対して、かつてアユッタヤーに攻撃されたクメールが反撃を喰《く》らわせることとなった。一五七一年から八七年にかけて、クメールはタイ湾沿岸のムアンを六回にわたり攻撃し、多数の住民をカンボジアに連れて帰った。ナレースアンは軍術に秀でており、クメールの攻撃に対応するために地方から兵力を集め、軍備増強を行った。アユッタヤーに駐屯していた三〇〇〇人のビルマ軍も、クメールからの防衛を名目とした軍備増強には文句を言わなかった。

ところが、一五八一年にビルマのバインナウン王が死去すると、タウングー朝の権威が低下する兆しが見えはじめた。葬儀に参列するためにペグーを訪れたナレースアンはそれを察知し、アユッタヤーがビルマから「独立」する好機と捉えた。一方、ビルマ側もこのナレースアンの意図を察知し、ナレースアンの暗殺を計画するが、その計画がナレースアン側に伝わったため失敗し、最終的に一五八四年にナレースアンはビルマからの「独立」を宣言するにいたった。これによって、タイは一五年間のビルマの属国時代を脱却し、アユッタヤー王国が復活した。すなわち、後期アユッタヤー時代の始まりである。

ナレースアン王像

これに対し、ビルマは再び軍を派遣してアユッタヤーを制圧しようとするが、ナレースアンはこれを跳ね除《の》けることに成功し、一五八五年から九三年まで続いたビルマの断続的な攻撃を、すべて打破した。とくに、最後の騎象戦ではナレースアンのその巧みな武術が披露されてアユッタヤーを勝利へと導いたとされており、以後一〇〇年間にわたってビルマからタイへの攻撃は途絶えることとなる。

このアユッタヤーの「独立」を回復したナレースアン王は、先に述べた一三世紀スコータイ朝のラームカムヘーン、一九世紀末のチュラーロンコーン王とともに三大王に位置付けられている。このナレースアン王の活躍を題材とした、タイ史上最大のスケールとなった映画『ナレースアン』が二〇〇六年から順次公開され、最終的に第六部まで続く壮大なものとなった。

ナレースアン王のマンダラ強化

マハータンマラーチャー王の死去により、一五九〇年に王位を継承したナレースアン王は、中マンダラに成り下がったアユッタヤーを復活させるべく、マンダラの強化に乗り出した。王は地方統治機構を強化し、王国の中央集権化を推進した。すなわち、地方で世襲的に領主を務めるような一族に富やマンパワーが蓄積することを避けるため、中央から派遣された領主に代替させる形で、王の権威を脅《おびや》かすような権力者の発生を押さえ込もうとした。さらに王は休む間もなく軍事行動を展開し、属国を拡大していった。一五九三年にはクメールの都ロンヴェークを陥落させ、カンボジアを属国とした。さらに王はビルマとラーンナー方面へ兵を進め、一五九五年にはペグーを攻撃し、一五九九年から翌年にかけてペグーからタウングーまで攻め入った。ビルマでは国内の分裂からこの前年にタウングー朝が崩壊しており、新たに出現した北方のニャウンヤン朝が国内を平定することとなる。

一五九八年には、ラーンナーを配下に収めることに成功した。アユッタヤーがラーンナーを属国としたのは、これが最初のことであった。さらに、ニャウンヤン朝がシャン方面へ勢力を拡大させると、ナレースアン王もこれに対抗してシャンに出陣するが、一六〇五年にシャンの地で病死してしまう。この後ニャウンヤン朝の勢力は拡大し、ラーンナーも再びビルマの配下に入ることとなるが、少なくともナレースアン王の時代にアユッタヤーの勢力は過去最大規模に拡大した。『中高等学校地図帳』に掲載されているアユッタヤー朝の版図は、このナレースアン王の時代のものを採用して

アユッタヤー朝の領域（ナレースアン王朝）

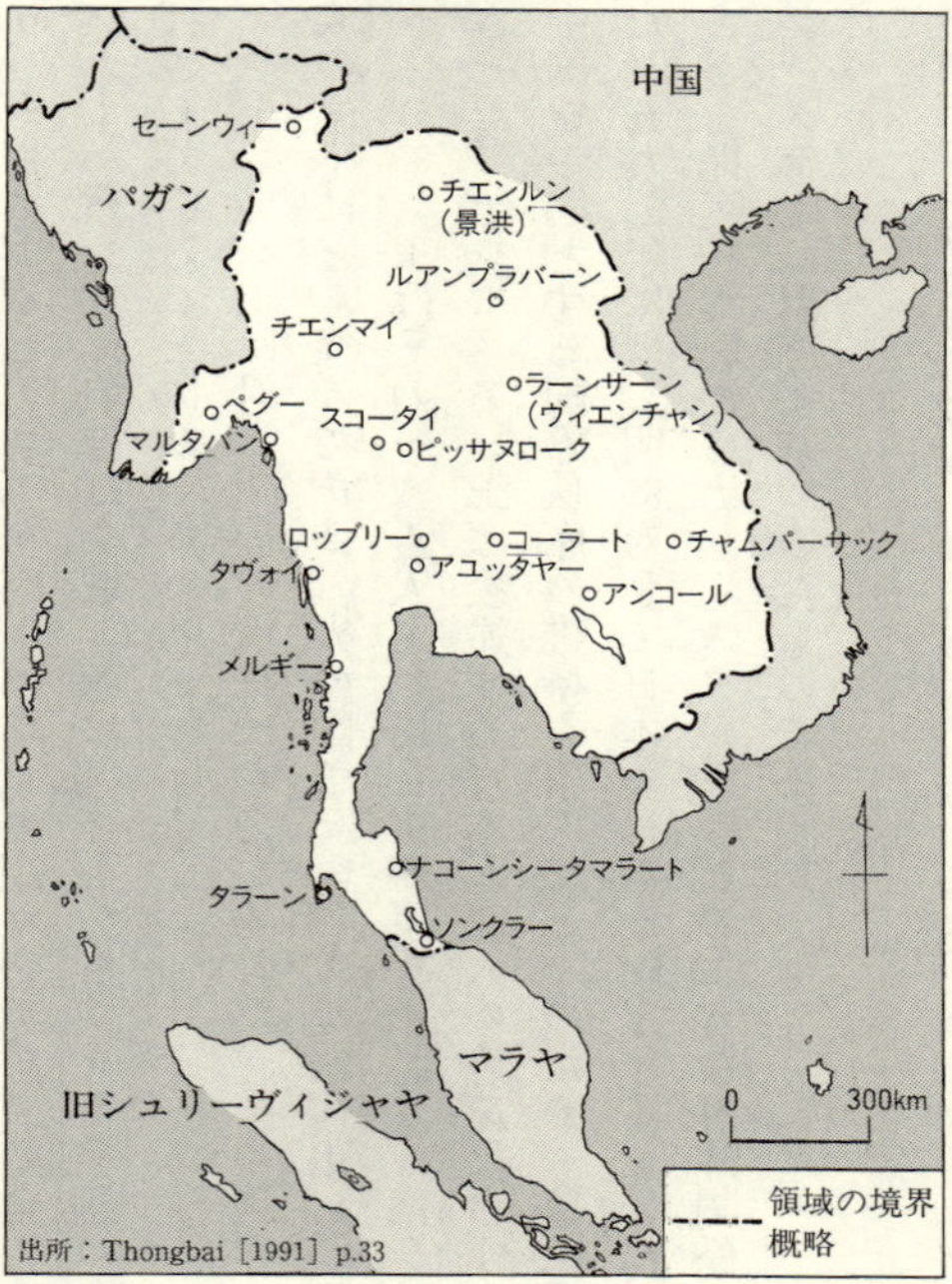

出所：Thongbai［1991］p.33

おり、それによるとアユッタヤーはラオス、カンボジアの全土を掌握し、北はシップソーンパンナーからシャンのほぼ全域、西はペグーからマレー半島の東西両岸をソンクラー付近まで押さえていることになっている。

ナレースアン王は対外関係の構築にも力を入れた。東の現在のベトナムの地では、ベトナム族の南下にともなってチャム人の国チャムパーが弱体化し、彼らがタイに流入してきた。ナレースアン王はそのチャム人を利用して海軍を創設し、南シナ海から東シナ海にかけて活躍させた。ナレースアン王は後述する日本人商人の急速な台頭を懸念しており、アジア地域の中国を中心とする国際秩序の維持を望んだ。このため、豊臣秀吉の朝鮮出兵の情報を耳にした一五九二年には、明《みん》に対して日本の行動を阻止するためにアユッタヤーの海軍を派遣することを提案していた。ナレースアン王のこのような対外関係の構築は、交易国家をめざすアユッタヤーの思惑に基づいたものであった。

港市アユッタヤーの繁栄

東南アジアでは、一五世紀から一七世紀にかけて「交易の時代」を迎えていた。東南アジアの産品は古くから中国やインド、中東の商人に注目されており、「海のシルクロード」以来の海上交易の歴史があったが、この時期に入るとヨーロッパで需要の高まった香料を求めて、東南アジアをめざす商人が各地からやって来た。いわゆる大航海時代の幕開けであり、ヨーロッパ船の到来のみならず、琉球や日本もまた交易に参入していった。

このような交易ブームのなかで、東南アジアの港市国家も積極的に対応した。港市国家は交易によって富を得る国家であり、交易を行う商人にさまざまな便宜を図ることで、物資集散地としての機能を高め、さらなる繁栄を希求していった。東南アジアの島嶼部にはマラッカなど規模の小さい港市国家が多数存在したが、内陸に大規模な後背地を抱えた港市も存在しており、その代表がアユッタヤーであった。アユッタヤーはヨーロッパ人の欲する香料の集散地ではなかったが、広大な後背地から租税という形で物納されたり、強制的に買い上げられたりした林産品などの集積地であり、王室独占貿易という形で世界中から集まってくる商人に売却して利益を上げていた。ちなみに、日本からの商人は、内陸から納められる蘇木《そぼく》や鹿皮を競って購入し、朱印船で日本へと運んだ。

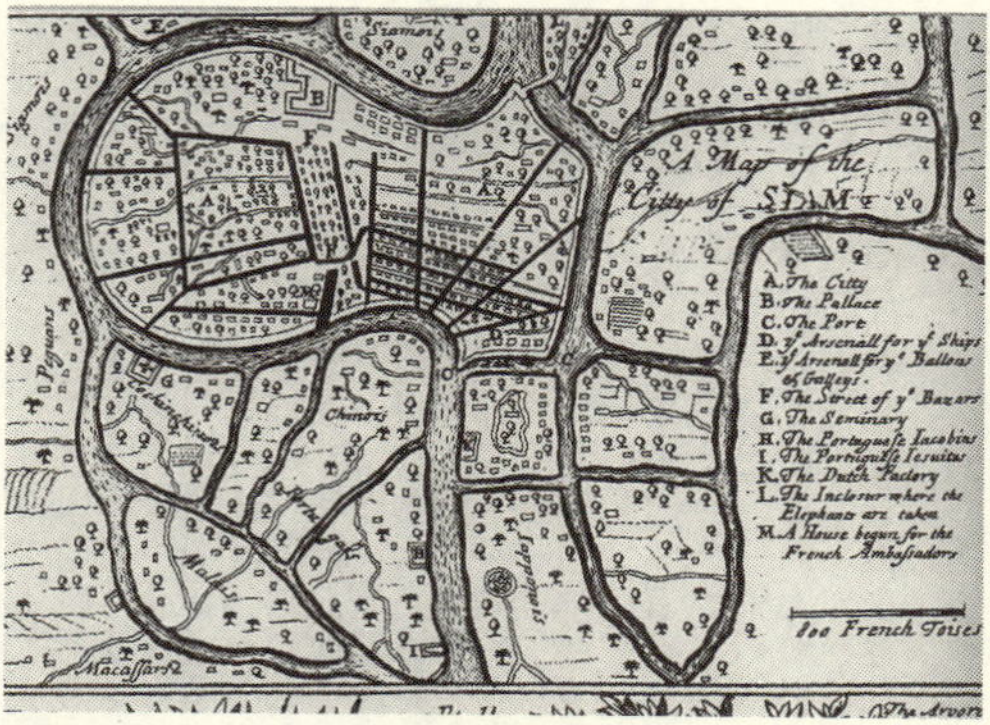

アユッタヤー地図　外国人町の立地を西洋人が記したもの

港市アユッタヤーはアンダマン海側の港市と連携することで、ツイン・ポートとしての機能を高めた。現在ミャンマー領となっているマレー半島のアンダマン海側にはタヴォイ、メルギー、テナセリムといった良港が存在し、インド洋交易の拠点となっていた。他方でタイ湾側のアユッタヤーは中国や日本方面との交易の拠点であり、これらの港とアユッタヤーを陸路と海路で連絡させることで、相互補完的に機能させたのである。すなわち、東からの商品をアンダマン海側へ、西からの商品をアユッタヤーへ運ぶことで、双方の拠点としての魅力を高めたのであった。一五世紀中にアユッタヤーはこれらの港町を確保してインド洋側の拠点としての利用を始め、いったんビルマに奪われた後にナレースアン王が再び取り戻し、その機能を復活、強化した。

外国船が多数入港するアユッタヤーは、外国人が多数居住する国際的な都市であった。当時のアユッタヤーの様子を描いたヨーロッパ人の手による地図を見ると、チャオプラヤー川沿いに外国人町が並んでいたことが読み取れる。ポルトガル人、ベトナム人、中国人などの町とともに、町の南側のチャオプラヤー川東岸には日本人町も存在していた。日本人は一六世紀末から居住を開始したようであり、最盛期には人口一〇〇〇～一五〇〇人程度の規模となり、約六〇〇人の日本人義勇兵が存在したという。アユッタヤーの人口はタイ人よりも外国人のほうが多かったものと思われ、有能な外国人はタイの官吏にも登用された。そして、そのような外国人の代表例が、日本の山田長政であった。

山田長政

山田長政は、沼津藩主の駕籠《かご》をかつぐ人夫であったが、一六一二年頃朱印船に乗ってアユッタヤーへ向かったものと思われる。アユッタヤーの日本人町に入った彼は、商業に従事して日本向けの蘇木や鹿皮の買い付けを行い、その成功とともに名声を築いていった。また彼は日本人義勇兵（クロム・アーサー・イープン）の隊長となり、当時のソンタム王（在位一六一一～二八）の信頼を勝ち取っていった。彼は官吏の位を得て、最終的にオークヤー・セーナーピムックという欽賜《きんし》名を得るにいたった。オークヤーとは当時の最高の官位であり、彼が官吏の世界の頂点に登り詰めたことを意味した。このように、有能な外国人を登用し、タイ語の欽賜名を与えることが普通に行われていたことから、タイ人の多くは彼の名をオークヤー・セーナーピムックとしか認識しておらず、この名前を聞いた限りでは彼が外国人であることを判別できない。

山田長政がソンタム王に重宝されたのは、日本人義勇兵の頭領であったためであった。日本人義勇兵の士気は高く、その戦力はアユッタヤーでも評判の高いものであった。一方で、国王が直接指揮できる常備軍の戦力は貧弱であり、王はそれを補うために日本人義勇兵の力を利用したものと考えられている。また、彼の商業ネットワークも目を見張るものがあり、彼は軍事面、経済面の両面において重要な役割を担ったものと思われる。山田長政の名はアユッタヤーでも有名となり、当時のヨーロッパ人の記録にも彼のことが言及されている。

その山田長政は、ソンタム王の死後の王位継承争いに巻き込まれる。一六二八年にソンタム王が死去すると、王位継承をめぐる対立が発生した。ソンタム王の息子チェーターティラートの即位を支持したプラーサートーンは、その実現後兵部卿（カラーホーム）の地位を獲得した。しかしやがて両者の間で対立が起きてチェーターティラートは処刑され、弟のアーティッタヤウォンを擁立したが、一ヵ月後に自ら王位に就いた。山田長政は当初プラーサートーン王に協力したが、やがて王は権力を持つ彼の存在に不信を抱くようになり、一六二九年にナコーンシータマラートの領主に任じてアユッタヤーから追い出し、翌年毒殺してしまう。山田長政の死去まもなく、日本の鎖国によって朱印船貿易も廃止され、日本人町も消えていくことになる。ただし、タイの産品は依然として日本へと運ばれており、アユッタヤーから出た船が「唐船」として長崎に入港していた。

この山田長政の「活躍」の話は、その後さまざまな脚色が加えられて「神話化」されていく。第二次世界大戦前になると南進政策を正当化するためのプロパガンダとして、山田長政の話が修身の教科書の題材として取り上げられる。一人歩きした「神話」が、英雄としてのイメージを日本に植え付けていったのである。有能な外国人を登用することがごく普通に行われているタイにおいては、このような外国人の「活躍」は別に珍しいことではない。日本人であるがゆえに「活躍」したのではなく、彼自身の資質が偶然彼をタイの政界に巻き込んでしまったのであった。

プラーサートーン王

プラーサートーン王（在位一六二九〜五六）は、マハータンマラーチャー王以来のスコータイ王家を断絶させて新たに王位を継いだことから、自らの王位の正当化を図ろうと腐心し、中央集権化をさらに加速させようとした。マハータンマラーチャー王もそうであったが、アユッタヤー王朝は一つの王家の血筋が継承されているわけではなく、途中で何回か王家が交代することがあった。すなわち、一種の「クーデタ」によって国の指導者たる王が交代することが何回も起きたのである。

プラーサートーン王は、政府の有力者の権力を分散させることを試み、ナレースアン王の時代以降行われている地方の世襲的領主の排除や、中央での大臣らの権力の分散を強化した。中央ではカラーホームとマハートタイの権力を分散させるために、地方ムアンの管轄権を分散させ、カラーホームはアユッタヤー以南のムアンを、マハートタイはアユッタヤー以北のムアンを管轄させる形に変更した。これによって、地方統治権も地域によって別の大臣が掌握するという状況が出現したのである。この地方統治システムは、若干形を変えながらも一九世紀末まで継承されていくことになる。

プラーサートーン王は、対外関係にも関心を抱いた。ソンタム王の時代に山田長政の登用で急速に力をつけた日本については、山田長政の左遷と鎖国によってその重要性は低下した。一方、当時東南アジア交易では後発国であったオランダが進出していた。プラーサートーン王はオランダの東インド会社との関係を構築して、インド洋側で勢力を拡大させるポルトガルを牽制《けんせい》しようとした。オランダは対中および対日交易の拠点として、アユッタヤーを重視した。両者の利害が一致した結果、オランダは蘇木の購入権や鹿皮の独占販売権を獲得した。鎖国によって従来これらの産品を日本に輸送していた朱印船が途絶えたことで、日本への入港が認められているオランダはその後継者になろうと画策したのであった。しかし、オランダ側の要求は過大なものとなり、タイ側との間に対立が発生することもあった。このような外国勢力を拮抗させて特定の国の勢力拡大を抑えるというタイの「伝統」は、すでにアユッタヤー時代から見られたのである。

II アユッタヤーの繁栄と凋落

ナーラーイ王

プラーサートーン王の王子であるナーラーイ王(在位一六五六〜八八)の時代は、港市国家アユッタヤーの繁栄が頂点に達した時代であった。王はナレースアン王によるマンダラの強大化後に徐々に収縮していたマンダラを再び拡張し、アユッタヤーの勢力は盛り返した。プラーサートーン王が一六五六年に死去すると、ナーラーイの兄チャオファー・チャーイが即位するものの、ナーラーイはわずか二日で叔父シースタンマラーチャーと王位を奪い、シースタンマラーチャーを即位させた。しかし、その後二ヵ月でナーラーイが再び王位を奪い、自ら即位することとなった。これも、王位継承をめぐる勢力争いの結果であった。

ナーラーイ王はマンダラを拡張させるべく、周縁部への遠征を行った。ナレースアン王の時代に属国にしたものの、その後再びビルマの影響下に置かれていたラーンナー王国へ一六六一年に軍を派遣し、翌年にはビルマのペグーまで進軍した。これにより、港市アユッタヤーの魅力を高めたインド洋側のメルギーなどの港市を引き続き活用することが可能となった。タイではアユッタヤー時代といえばビルマに一方的に攻められた歴史であり、最終的にアユッタヤーを滅ぼした張本人がビルマであるとの認識が一般的である。だがナレースアン王やナーラーイ王のようにタイからビルマを攻める歴史もまた他方で存在していた。

ナーラーイ王　フランス人使節によって描かれた

ナーラーイ王はアユッタヤーの北に位置するロッブリーに都を建設し、アユッタヤー王国の第二の都とした。ロッブリーはかつてクメール時代からの拠点であり、アユッタヤーとの間はロッブリー川で結ばれていた。この地に新たな王宮を建設したナーラーイ王は、アユッタヤーよりもロッブリーを好んだようである。現在この王宮跡は遺跡として残されており、ロッブリーはクメール時代からアユッタヤー時代までの遺跡が比較的狭い範囲に集中する遺跡都市となった。

ナーラーイ王の時代は、アユッタヤーの文化的繁栄の頂点でもあった。この時代にさまざまな古典文学が発生し、その後のタイ古典文学の起源ともなった。王は西欧からの科学技術にも興味を抱いたようであり、天文学を学んで日食や月食の観察も行っていた。次に述べる対外関係の構築とともに、このような新たな科学技術への関心はのちの一九世紀半ばのモンクット王との類似性を想起させるものである。

ヨーロッパ勢との確執

ナーラーイ王の時代の最大の特徴は、ヨーロッパ諸国との対外関係の構築であった。当時ヨーロッパ勢は東南アジア貿易の独占を目論《もくろ》んでいたが、そのためには中国人やムスリム商人からの貿易の奪取や王室独占貿易の廃止が必要であった。このため、王室独占貿易による利益を経済的基盤としたマンダラ型国家とは利害が対立することとなり、双方の駆け引きが活発となっていった。

ナーラーイ王は、コンスタンティン・フォールコンというギリシャ人を重用していた。彼はイギリスの東インド会社に勤務する過程でタイに渡り、タイで官吏として登用されて出世し、最終的に大臣の位まで登り詰め、チャオプラヤーの官位とウィチャイイェンという欽賜名を得た。彼は交易からの利益追求に熱心であったことから、次第にイギリスやオランダと対立を深めることとなった。オランダとはこの頃王室独占貿易をめぐって対立が発生しており、一六六三年にはオランダによるチャオプラヤー川の封鎖という事態にまで発展していた。このため、フォールコンはペルシャ、インド、中国などに使節を派遣し、対外関係の強化によってこの難局を乗り切ろうとした。

さらに、彼はタイに来たフランス人宣教師と接触してフランスとの関係改善を目論んだ。当時のフランスはルイ一四世の下で繁栄しており、ナーラーイ王もその重要性を認識してフランスへの使節派遣を実行し、一六八四年に二回目の使節が無事にフランスに到着した。ところが、フランスはナーラーイ王に対してキリスト教への改宗やオランダと同様の交易上の特権などを求めてきた。一六八七年にはフランス兵五〇〇人を乗せた軍艦がチャオプラヤー川を遡ってバンコク（現トンブリー）に到着し、フランス側は交易の拠点としてメルギーとバンコクの割譲を求めた。タイ側の意図はフランスとの対等な関係を構築することであったが、フランス側の意図は異なっていたのだ。

「交易の時代」の終焉

このような状況のなかで、フランス勢力の急速な高まりを憂慮するペートラーチャーが「クーデタ」を敢行した。彼はスパンブリーの農村出身であったが、やがて出世して象隊長（チャオ・クロム・チャーン）となった。ナーラーイ王とフォールコンのフランス一辺倒の政策がアユッタヤーの独立を脅かしはじめると、「ナショナリズム」に目覚めた反フランス勢力が出現し、彼がその代表となった。

一六八八年三月にナーラーイ王が病気に罹《かか》ると、ペートラーチャーはフォールコンを処刑して親フランス勢力を一掃し、王の死去を待って自ら王位（在位一六八八〜一七〇三）に就いた。これで、プラーサートーン王以来の王家は断絶し、新たな王家が出現したのである。ペートラーチャー王の出身地の名を採ったこのバーンプルールアン王家は、アユッタヤー朝の第五番目の王家であり、かつ最後の王家となる。

ナーラーイ王の死去後、ペートラーチャー王はバンコクの地に駐屯していたフランス軍に退去を命じた。兵糧攻めにあったフランス軍は、二ヵ月後に退却して国内のフランス勢力は一掃された。これによって親フランス政策は終焉を迎え、フランスとの関係は一九世紀半ばまで稀薄となる。

一方でペートラーチャー王はオランダとの関係を維持し、ジャワのバタヴィア（現ジャカルタ）へは使節派遣を行った。オランダの鹿皮販売の特権も維持され、さらに錫《すず》販売の特権も認めた。しかし、国内ではペートラーチャー王への反感を抱く勢力による反乱が相次ぎ、東北部のコーラートと南部ナコーンシータマラートの領主はナーラーイ王によって任命されたこともあり、ペートラーチャー王に反抗した。

東南アジアの「交易の時代」は一七世紀末になると終焉を迎え、従来の主にヨーロッパ勢力によるインド洋交易が衰退し、代わりに中国との南シナ海交易の比重が高まっていく。「交易の時代」の主役であった東南アジアからヨーロッパへの香料交易は、一七世紀末のコショウ価格の暴落とともに衰退していった。他方で、一七二二年には初めて中国へのコメの輸出も行われ、南シナ海での中国人による交易が繁栄するようになる。タイにおける中国人商人の勢力もまた高まることとなった。

「平和なアユッタヤー」

ペートラーチャー王の死後、アユッタヤー朝は比較的安定していた。ペートラーチャー王が一七〇三年に死去すると、養子のプラチャオ・スアが王位（在位一七〇三～〇九）を継承した。一説によるとナーラーイ王の隠し子であると言われているこの王は、ペートラーチャーが王位を獲得した一六八八年の「クーデタ」で重要な役割を果たし、以後副王の座に就いていた。この王は残虐な王であったとされており、名前は「虎王」という意味であったが、他方で飾り気のない庶民的な王であり、頻繁にお忍びで外出したという。

一七〇九年に王位を継いだ次のターイサ王（在位一七〇九〜三三）はプラチャオ・スアの息子であり、王位継承もスムーズであった。父王とは異なり温厚な性格であったとされ、「平和なアユッタヤー」時代の幕開けであった。この時期に中国をはじめとする諸外国へのコメ輸出が始まり、コメ輸出国タイの出発点ともなった。ターイサ王の時代には、カンボジアの王権内部で対立が発生し、一部がタイの庇護を求めてきた。このため、ターイサ王は一七二〇年に兵を派遣し、カンボジアを再び勢力下に置くことに成功した。

次のボーロマコート王（在位一七三三〜五八）も、プラチャオ・スアの子であり、ターイサの弟であった。この時代も「平和なアユッタヤー」が継承され、のちのラッタナコーシン朝創設期の模範とされた。この時代は仏教の繁栄が顕著であり、王は仏教の衰退の著しいスリランカに使節を二回も派遣し、仏教の復活を支援した。カンボジア情勢は依然として安定せず、ベトナムとタイをそれぞれ味方につけた勢力が争いを続け、一七四九年に軍を派遣してタイが勝利したことから、カンボジアを属国とすることとなった。それでも、国内では勢力争いが発生し、王族内の対立も徐々に顕著となっていった。「平和なアユッタヤー」も、半世紀で終焉してしまう。

ボーロマコート王が一七五八年に死去すると、王族内の対立は決定的となり、ウトゥムポーンとエーカタットの二人の王子が後継者争いを始めることとなった。結局ウトゥムポーンが王位に就いたものの、対立が収まらず一〇日でエーカタットに王位（在位一七五八〜六七）を譲る。この時期になるとアユッタヤーの求心力は大幅に低下し、マンダラが確実に縮小傾向にあったのに対し、西のビルマでは新たな強大マンダラが出現していた。この結果、エーカタット王がアユッタヤー最後の王となるのである。

ビルマによるアユッタヤー陥落

ビルマではペグーの勢力によってニャウンヤン朝が一七五二年に滅亡させられると、国内は多数の勢力の乱立状態となったが、やがてシュエボーのアラウンパヤーが国内を平定し、一七五七年にペグーを陥落させて統一した。これがコンバウン朝（一七五二〜一八八五）の始まりであった。タウングー朝を創設したダビンシュエティー王と同じく、アラウンパヤー王も新たなマンダラの拡大をめざしてタイの領域へと軍を進めることとなった。一七六〇年にはメルギーなどインド洋側の港市を制圧し、南からアユッタヤーへと兵を進めたが、攻略しきれずに退却する途中で病死してしまった。

アユッタヤーの廃墟　20世紀初頭の撮影

その後一七六三年に王位に就いた三代

目のシンビューシン王は、都をアヴァに移して、ラーンナー、ラーンサーン方面へも遠征を行い、着実に勢力を拡大させていった。そして、勢力の弱まったアユッタヤーが次なる矛先となり、北と南から兵を進軍させ、アユッタヤーを挟み撃ちにする作戦に出た。アユッタヤー側はこれに対して十分な対応ができず、エーカタット王もビルマ軍がアユッタヤーを陥落させることはできないものと楽観視していた。しかしながら、ビルマ軍がますます攻勢を強めてアユッタヤーを包囲するにいたって、王は前回のようにアユッタヤーをビルマの属国化とすることを提案した。これに対し、ビルマ側は無条件降伏を要求し、ついに一七六七年四月にアユッタヤーに突入した。アユッタヤーは陥落し、四〇〇年強続いたアユッタヤー朝はここに及んで完全に崩壊してしまった。

アユッタヤーの陥落は、二回目のことであった。一回目は一六世紀のタウングー朝によるアユッタヤー陥落であったが、この時は王家が変わったもののアユッタヤーという王国自体は存置され、ビルマの属国に成り下がっただけであった。しかし、今回は完全にアユッタヤー朝の王位も剥奪《はくだつ》されて、アユッタヤーはビルマ軍の支配下に置かれることになった。したがって、第一回目の陥落はアユッタヤー朝自体の崩壊とは見なされず、一時的なビルマの属国化であり、それをナレースアン王が復活させたと解釈される。だが、今回は完全なるアユッタヤー朝の滅亡であった。東南アジア大陸部で四〇〇年にわたって大マンダラとして機能してきたアユッタヤーが、ついに歴史の幕を閉じたのであった。これによって、タイのナシヨナル・ヒストリーではビルマがアユッタヤーを崩壊させた「宿敵」と見なされ、後の世のタイ人の対ビルマ観を悪化させることとなった。

途中で王家が何回も変わり、「クーデタ」による王位簒奪《さんだつ》が発生するなど、アユッタヤーの政治的安定性は決して高くはなかったのであるが、結果として四〇〇年もの長期間にわたり、王国を継続することができたのである。この時期の東南アジア各地の状況と比較すると、これは非常に安定した長期王朝であったといえる。その基盤は、クメールから引き継いだ統治思想や王権概念、サクディナー制に代表される官僚組織、地方統治機構の整備、そして王室独占貿易による財源であったものと考えられる。これらの基盤は、言い換えれば中央集権化の成果でもあった。

しかし、その中央集権化は必ずしも国王への集権化を意味するのではなく、逆に政権中枢内の複数の人物あるいは役職への集権化であり、そのような人物の影響力を高め、勢力争いを引き起こすこととなった。ナレースアン王以降この問題を解決する努力はなされてきたが、根本的な解決にはつながらなかった。皮肉にも、これがアユッタヤー朝を崩壊させる重要な要因となったのであり、同じ問題は次のラッタナコーシン朝の為政者にも引き継がれていくのである。

III　トンブリーからバンコクへ

タークシンの登場

アユッタヤーを陥落させたビルマ軍であったが、コンバウン朝ビルマの勢力拡大は中国との関係を悪化させ、一七六六年には清《しん》の乾隆帝《けんりゅうてい》が遠征軍をビルマ北部に派遣するにいたった。アユッタヤー攻略に成功したビルマ軍は、ごく一部の軍勢を残して本国に戻り、次の戦いへと駆り出される。このため、旧アユッタヤー王国の版図では、一時的に権力の空白が生じることになった。

このような状態のなかで、タイ族の居住地域には国内の平定をめざす五つの勢力が発生した。チャオプラヤー川中流域では、ピッサヌロークとウッタラディットにそれぞれ地元の有力者が名乗りを上げ、周辺を平定した。東北部のピマーイでは、ボーロマコート王の王子でかつて勢力争いの結果スリランカへ流されていたテーパピピットが、メルギーからチャンタブリーを経由して流れ着き、この地で勢力を拡大した。さらに南のナコーンシータマラートでも、領主の血を引く人物が台頭し、南部で勢力を拡大させた。しかし、いずれも各地方レベルでの動きにとどまり、アユッタヤーを奪還する行動に出た者はいなかった。

しかし、チャンタブリーを拠点にしたタークシンは、ビルマ軍の追放を画策していた。彼は中国系の出自を持ち、大臣の養子となって登用され、やがてスコータイの西方に位置するタークの領主の座に就いた。タークシンの名は、領主を務めたムアンの名称タークと、彼本来の名前シンを合わせたものであり、いうなれば「タークのシン」という意味である。彼はビルマ軍のアユッタヤー攻撃に際して、ペッブリーの領主とともに戦い、一時はビルマ軍の進軍を食い止めることができたものの結局敗れ、東部のチャンタブリーまで退却した。

チャンタブリーの地に着いたタークシンは、潮州《ちょうしゅう》系中国人の支援を得て態勢を立て直し、軍勢を拡大させた。そして、タークシンはタイ人と中国人からなる軍勢を率いて北上し、一七六七年一〇月にビルマ軍が駐屯していたバンコク（トンブリー）の要塞《ようさい》を奪還した。ここを拠点にさらに北上してアユッタヤーを狙い、同年中にアユッタヤー周辺のビルマ勢力をすべて排除した。彼はアユッタヤーの都の再興は行わず、トンブリーの地に新たな都を建設することにして、この地でトンブリー王（在位一七六八～八二）として即位した。アユッタヤーが陥落してから半年強で、タイ人はビルマ勢を中心部から排除して新たな大

タークシン王像

マンダラの形成に向けての基盤を作ることに成功したのであった。

トンブリー朝

トンブリーはアユッタヤー時代から要塞の置かれた要衝であり、アユッタヤーへ入る船が最初に通過する関門であった。この地の俗称がバンコク（バーンコーク）、すなわちコーク（アムラタマゴノキ）の生える村であったことから、アユッタヤーを訪れる外国人にはバンコクの名で知られていた。タークシンは、このトンブリーの地を都とし、川の西岸に官庁を、東岸には中国人の商業区域を設けた。壮大な王宮は建設しなかったものの、タークシン王自身は現在のワット・アルン（暁の寺）付近に小規模な王宮を構えた。王都の規模は小さいことから、これは仮設の都であったとの説もある。

トンブリー朝を興したタークシン王であったが、この時点ではビルマ勢力を中心部から追い出したに過ぎず、旧アユッタヤーの支配域の再平定を行う必要があった。このため、休む間もなくタークシン王は軍勢を率いて各地の平定に追われた。一七六八年のピッサヌロークへの出陣を皮切りに、ピマーイ、バッタンバン、シェムリアップ、ナコーンシータマラートとタークシン王の軍勢が進軍し、一七七〇年までにアユッタヤーの直接支配域はほぼ回復した。タークシン王の台頭は、ビルマに悩まされていた中小マンダラのタークシン王への服従を促し、パッターニーなどマレー諸国の王もタークシンに朝貢使節を派遣してきた。この間比較的に順調に勢力を拡大できた背景には、ビルマ勢が清との戦争でタイ王の相手ができないという事情もあった。

さらに、タークシン王はアユッタヤーのかつての属国であった中マンダラへも兵を進め、勢力の拡大を試みた。タークシン王はカンボジアへは朝貢を求めたものの、これを拒否されたことからカンボジアへ進軍し、カンボジアを服従させた。長らくビルマの影響下にあったラーンナーへの進軍は、ビルマ軍の抵抗もあって難航したものの、チャオプラヤー・チャックリーとチャオプラヤー・スラシーの兄弟の活躍で一七七六年までに服従させた。ラーンサーンは一八世紀はじめにルアンプラバーン、ヴィエンチャン、チャムパーサックの三王国に分裂していたが、王はチャオプラヤー・チャックリー（一七三七～一八〇九）兄弟を派遣してこの地の平定をめざし、一七七八年までにチャムパーサックとヴィエンチャンを奪い、ルアンプラバーンを属国とすることに成功した。この遠征の際に、ヴィエンチャンに安置されていたエメラルド仏がトンブリーにもたらされ、現在のワット・アルンに安置されるが、のちに対岸のバンコクの寺院に移された。これが、バンコクで最も有名なワット・プラケーオ（エメラルド寺院）の本尊であるエメラルド仏である。

タークシン王は自らがアユッタヤーの版図を継承した正当なタイの王であることを示すため、清の皇帝からのお墨付きを得ようとした。このため、清へ向けて朝貢を願う使節を派遣し、当初は乾隆帝もタークシン王の政権獲得に疑問を抱いたものの、王が勢力を拡大させる

トンブリー朝の領域

出所：Thongbai［1991］p.35

なかで追認せざるを得なくなったようであり、一七七六年に暹羅《シャム》国長の鄭《てい》昭《しょう》としてこれを承認するにいたった。これによって、タークシン王のトンブリー朝は中国を中心とする国際社会で公式に認知され、彼の王位も正当化されたのであった。

タークシン王はわずか一〇年足らずの間に再びタイ族の大マンダラを築き上げ、アユッタヤーを継承することに成功したのであった。『中高等学校地図帳』では、このトンブリー朝の版図は現在のタイの領域に加え、ラオスとカンボジアのほぼ全域とクダー、クランタンなど後のマレー四州を含んだものとして描かれている。ナレースアン王の時期よりその領域は縮小しているが、それでも現在のタイよりはるかに大きな版図であった。

タークシン王の失脚

タークシン王は強大なマンダラを短期間に構築したものの、王はアユッタヤーの統治機構の復活を目論んではいなかった。王は自らに忠誠を尽くした人物を重用して主要なムアンの領主としたことから、旧来の領主の既得権は奪われることになった。この急速な権力構造の改編は、アユッタヤー時代からの旧勢力の不満を高めることになった。タークシン王の出自は名門貴族と比べると明らかに劣ることから、王も彼らの急速な勢力の復活を望まなかった。このため、タークシン王派と旧来勢力の間には亀裂が生じていく。

一方で、タークシン王の腹心として地方平定に当たっていたチャオプラヤー・チャックリーの名声が高まっていた。彼はモン族の血を引く貴族の出自で、代々アユッタヤー朝に仕える一族であった。彼の弟チャオプラヤー・スラシーがタークシンに仕えていたことから、アユッタヤー陥落後に彼もタークシンの下で働くようになり、弟とともに地方平定に携わった。タークシン王自身は後年地方平定に自ら出向かなくなったことから、もっぱらこの兄弟が戦地に赴いては戦果を上げていた。このため、チャオプラヤーの官位を授かった彼の権威は高まり、アユッタヤー時代からの貴族のなかでは最も出世した。こうしたなかでチャオプラヤー・チャックリーは旧来勢力の支持も勝ち取っていった。

タークシン王は一七七〇年代末になると仏教に専念し、自らが修行者の地位を獲得したとして僧侶に対して跪拝《きはい》を強要するなど「奇行」が目立つようになったと言われている。上座部仏教では僧侶の地位は絶対であり、たとえ国王であっても僧侶に対して跪拝を強要することは許されないことであった。このため、タークシン王の「奇行」は旧来勢力の憂慮するところとなり、王を排除して新たな政治秩序を生み出そうとする動きが強くなっていった。ただし、「奇行」が事実であったのかについては、まだなお議論の余地がある。

一七八一年に入ると、チャオプラヤー・チャックリーはタークシン王の命でカンボジアへ進軍した。政変で親タイの王が殺害され、反対勢力平定のための派遣である。反対勢力はベトナムの支援を求め、タイとベトナムとの戦いとなった。ところがこの最中に、タイで反タークシン王派による「クーデタ」が勃発する。この情報がチャオプラヤー・チャックリーのもとに伝わると、彼は急遽《きゅうきょ》トンブリーへ戻って事態を掌握した。タークシン王は「処刑」され、反タークシン王派の支持のもとで一七八二年にチャオプラヤー・チャックリーが王に即位した。これが現在まで続くラッタナコーシン朝の始まりであり、王はのちにプラプッタヨートファーチュラーローク王、あるいはラーマ一世（在位一七八二〜一八〇九）と呼ばれるようになった。

タークシン王は「処刑」されたものの、タイの危機を救った救世主としてタイのナショナル・ヒストリーでは肯定的に扱われている。タークシン王の銅像がトンブリーの大ロータリー（ウォンウィアンヤイ）の中央に建てられ、とくに中国系の住民を中心に広く崇められている。タークシン王の名はトンブリーの道路名やチャオプラヤー川に架かる橋名にも採用されており、現在のバンコクの事実上の創始者としての面影を現在に伝えている。

ラッタナコーシン朝の出現

タークシン王がアユッタヤーの伝統を改編しようとしたのに対し、ラーマ一世はアユッタヤー時代からの旧来勢力の強い支持を受けて即位したことから、さまざまな面でアユッタヤーの復興を目標とした。その代表は王室儀礼の復活であり、アユッタヤーの王権概念をそのまま継承した。また、王はアユッタヤーの崩壊以降衰退していた仏教の復興をめざし、仏教教団であるサンガの改革を行った。王がめざしたのは単なるアユッタヤーの復活のみならず、さらに集権化した強力なマンダラの構築であった。

ラーマ１世（1737～1809）

ラーマ一世は、タークシン王が建設したトンブリーの対岸に新たな王都を建設した。アユッタヤーの復興の一環として、王はアユッタヤーに勝るとも劣らぬ王都を建設することとなったが、トンブリーの都は狭くて拡張が難しく、しかもチャオプラヤー川の湾曲部の外側に位置し河岸の浸食も問題であった。このため、トンブリーの対岸の中国人居住区に王宮を建設し、中国人居住区はその下流に移設させることとした。アユッタヤーと同じく王宮と王宮内寺院であるワット・プラケーオ（エメラルド寺院）が同じ敷地内に作られ、先に述べたようにラーマ一世がかつてヴィエンチャンから持ち帰ったエメラルド仏が祀《まつ》られた。他にも多数の寺院が新築され、アユッタヤーの都をこの地に再現していった。

この新都の正式名称は、かつてのアユッタヤーの正式名称と同じくクルンテープ（天使の都）から始まる壮大な修飾語がつらなるものとされ、通常クルンテープと称されることになったが、外国人はかつてのトンブリーの通称であったバンコクをそのまま使用し、現在にいたっている。なお、ラッタナコーシン朝のラッタナコーシンはこの壮大な名前に含まれる語で、クルンテープと同じくこの町の省略型の一つであり、本来の意味は「インドラ神の宝石」、すなわちエメラルド仏のことである。

中マンダラの平定

タークシン王の大マンダラをすんなりと継承したラーマ一世であったが、これを維持するためには属国の中マンダラを安定化させる必要があった。だが、コンバウン朝ビルマのボードーパヤー王は退潮傾向にあったコンバウン朝を再び強化するためにタイ攻撃を企てていた。ビルマ軍は一七八五年にタイの南、西、北の計五ヵ所から攻撃を加え、南部や北部に侵入してきた。しかし、事前にビルマがタイ攻撃の準備をしているとの情報が伝わり、タイ側でもこれを迎え撃つ総勢七万人規模の軍勢を準備し、ビルマの進軍ルートに派遣した。この結果、ビルマ軍を撃退することに成功した。その後西から再びビルマ軍が侵入したが、これも事前に情報を察知し、カーンチャナブリーで撃退した。

このビルマ軍の侵攻の際に、ナコーンシータマラートなど南部のムアンが非協力的であったことから、南部に使節を派遣してバンコクへの忠誠を約束させることとし、これに反発したパッターニーは領主が交代させられ、他のマレー諸国もラーマ一世への朝貢を約束した。また、ナコーンシータマラートに代わってソンクラーを南部支配の拠点とし、マレー諸国の管轄を任せた。一方北部ではラーンナーのカーウィラ王がラーマ一世の信任を得てビルマ勢力の一掃を続け、一八〇四年にビルマ軍の最後の拠点チエンセーンを攻略し、ビルマ軍の排除に成功した。これによって、ラーンナーは長期間にわたるビルマの影響下から解放され、今度はバンコクの勢力下に置かれることとなった。カーウィラ王はさらなる支配域の拡大を行い、旧来からのラーンナーの版図を越えてシャンのケントゥンや雲南のシップソーンパンナー方面までその勢力を広げた。

一方カンボジアでは政情が安定せず、ラーマ一世がタークシン王時代に遠征した際に王位に就いた幼いアン・エーン王がタイへ逃れてきた。このため、ラーマ一世は一七九四年にアン・エーン王の即位式を行い、このときカンボジアの高官をバッタンバン領主に任命して、この地を直轄領とした。東北部では、タークシン王がヴィエンチャンを配下に置いたことでヴィエンチャンの影響力が低下し、新たに多数のムアンの設立がバンコクによって認められた。これらのムアンは大半がバンコクの直接統治とされたが、実際には世襲的領主に支配が委《ゆだ》ねられた。このように、ラーマ一世の時代には直接統治の区域が拡大し、アユッタヤー時代よりも中央集権化が実現した。

ラーマ一世の攻勢の結果、『中高等学校地図帳』で描かれているラーマ一世期のタイの領域は、タークシン王期よりさらに拡大した。拡大が著しいのは北方であり、ラーンナーのカーウィラ王の勢力拡大の結果、タンルウィン川以東のシャンからシップソーンパンナーにか

ラッタナコーシン朝の領域（ラーマ１世王朝）

出所：Thongbai［1991］p.37

けての地域がすべてタイの領域に組み込まれている。タヴォイ以南のアンダマン海側の地域も地図には含まれているが、この地はビルマの攻撃をかわした後で一時的に奪ったものの、一七九三年に再びビルマに取り返されている。ちなみに、この地は『中高等学校地図帳』の「失地」喪失図にも含まれている。

アユッタヤー時代と同じく、この広大な領域の大半は属国であり、シャンやシップソーンパンナーのように属国の属国であるような地域も含まれていた。それでも、従来通り朝貢関係のみで結ばれたような属国はのちのマレー四州、カンボジア、ルアンプラバーン程度となり、ラーンナーやヴィエンチャン、チャムパーサック、パッターニーなどではバンコクの介入が強まり、これらの中小マンダラの自由度は減退した。

Ⅳ　ラッタナコーシン朝の繁栄と対立

対外貿易の隆盛

ラーマ一世によるアユッタヤーの復活は、政治面のみならず、経済面でも同様であった。すなわち、かつての港市アユッタヤーをバンコクの地に復活させようと考えたのである。港市という点では、アユッタヤーよりもチャオプラヤー川の下流に位置するバンコクが有利で

バンコク　19世紀半ばの光景

あった。かつては人間の生活の場ではなかったチャオプラヤー・デルタでも、河川沿いの微高地を中心に集落が形成されていく。バンコクもそのような場所であり、アユッタヤーへの王都建設から四〇〇年経ったこの時期には、このデルタの真ん中にも技術的に王都を建設できる状態になったのであった。この海に近い王都の立地は、対外貿易には有利であった。

一八世紀に入ると中国人による南シナ海貿易が繁栄し、タイにも多数の中国人商人が流入していた。当初は福建《ふっけん》系中国人が多かったが、タークシン王が広東《カントン》省東部の潮州系の血筋を引いていたことと、チャンタブリーで勢力を拡大させた際に同じく潮州系中国人の支援を受け、彼らを重用したことから、以後潮州系の勢力が強くなっていった。バンコクの王宮の下流に新たに設けられた中国人居住区には、多数の中国人が流入し、アユッタヤーと同様にバンコクも外国人の多い都市となった。なかでも中国人の数は多く、バンコクでの最大人口数を誇るようになる。

対中国貿易が盛んとなったことから、中国への朝貢船の派遣も頻繁となった。ラーマ一世も即位後に清の皇帝に使節を派遣してタークシン王と同じくお墨付きを得ようとしており、清はタークシン王の鄭氏の一族と見なしてこれを了承していた。中国からバンコクに入る船も一九世紀初頭には年間一〇〇隻に増加し、アユッタヤー時代の一七世紀後半に平均一〇隻程度であったのと比べると、その数は大幅に増加した。さらに、一九世紀半ば以降は従来のジャンク船に加えて蒸気船も入港するようになり、チャオプラヤー川の中国人街沿いには多数の船が並ぶこととなる。

この時期には、貿易品目の変化も見られるようになった。それまでのタイの主要な輸出品は内陸部の森林地帯から運ばれてきた林産品が中心であったが、一九世紀に入るとコメ、砂糖、コショウなどの農産物の輸出も増加していった。林産品は従来から王室独占貿易を支える中核であったが、これらの農産物の貿易はその対象外であり、そのままでは政府の歳入増にはつながらなかった。このため、政府は農産物の生産や輸出に税を課すことで対応し、そのための徴税請負制度が導入されることとなる。新たな輸出品目の発生は、それに従事させる労働力や流通システムの整備を必要としたことから、社会構造の変化ももたらすこととなった。

大マンダラ間の争い

ラーマ一世が一八〇九年に死去すると、その長子のイッサラスントーンが王位を継承し、ラーマ二世（在位一八〇九〜二四）として即位した。この時期になるとビルマの脅威は減ってきたものの、東に出現したベトナム阮《げん》（グエン）朝の勢力が拡大し、両者に挟まれたカンボジアやラオスといった中マンダラの処遇をめぐってタイとベトナムの対立が発生するようになった。これはいわば大マンダラ間の争いであった。

ビルマは一七八五年から翌年にかけてのタイ攻略の失敗で、しばらくタイへの勢力拡大を控えていたが、ラーマ一世が死去したことでタイの勢力が弱まったものと期待し、一八〇九年に南部西海岸を襲撃してプーケット島のタラーンまで進軍したが、バンコクからの援軍が到着したため退却した。一七八五年にもビルマ軍はタラーンを攻撃したが、タイの四大女傑とされるテーパクラサットリーとシースントーンの二姉妹の活躍でこれを退けていた。このタラーン攻撃の失敗以降、ビルマによるタイへの勢力拡大は見られなくなり、まもなくビルマはマンダラ間の確執よりもはるかに手強《てごわ》いヨーロッパ諸国との対立に巻き込まれることになる。

一方、カンボジアではベトナムの影響力が拡大し、タイとの間でカンボジアをめぐる対立が発生していた。ベトナムは一八世紀末から国内が混乱状態にあり、カンボジアへの影響力が低下していた。これがタークシン王やラーマ一世がカンボジアをたやすく従わせることができた要因でもあった。しかし、阮福暎《げんふくえい》（グエン・フォック・アイン）が勢力を拡大し、一八〇二年にベトナムを統一して阮朝を成立させると、再び大マンダラとして機能する。とくに、この時代にはメコン・デルタ一帯のコーチシナも完全に阮朝の支配下に入り、隣接するカンボジアへの影響力は大きくなった。

カンボジアではアン・エーン王が死去すると、その子であるアン・チャン二世が一八〇六年にバンコクで即位し、カンボジアへ帰国した。アン・チャン二世はタイの干渉を嫌い、これを回避するためにベトナムとの関係を強化した。王は都を従来のウドンから約三〇キロ南東のプノンペンに移し、タイから距離を置いてその影響力を減退させようとした。このため、タイとベトナムがカンボジアの宗主権をめぐって対立する。一八三二年にタイはカンボジアに進軍したものの、ベトナムと手を組んだカンボジア軍に敗れて退却した。

一八三四年にアン・チャン二世が死去するとその王女が王位を継承したものの、ベトナムの勢力が強まり、ベトナム人が政治の実権を握った。この状況に反感を抱いたカンボジアの反ベトナム派は、タイにいるアン・ドゥオン王子の帰国を求める。当時のラーマ三世（在位一八二四〜五一）は軍勢とともにアン・ドゥオンをカンボジアに送り、ベトナムに支援された親ベトナム派との闘いとなった。この勝負はなかなか決着がつかず、ついに一八四五年に双方が合意して停戦し、アン・ドゥオン王子を即位させるとともにカンボジアの宗主権はタイとベトナムの双方にあることが確認された。以後カンボジアは、双方に朝貢することとなった。

ラーオ諸国の支配

カンボジアと同様にタイとベトナムという大マンダラの影響下に置かれることになったのが、かつてのラーンサーンの末裔であったラーオ諸国であった。この地域はタークシン王によって平定され、その後ラーマ一世の時代にタイの支配権が強まった。タークシンがヴィエンチャンを攻撃した際に、当時のシーブンヤサーン王の王子アヌウォンをトンブリーに連れ帰っており、その後北部のビルマ軍撃退に貢献したとして、一八〇四年にヴィエンチャン王として即位させた。

アヌウォン王はヴィエンチャンの復興に努め、その勢力を拡大させた。王はチャムパーサックク王に自らの子を送り込み、チャムパーサックの支配権も手に入れた。この両者はメコン川中流域でムアンの獲得を進め、同じく勢力圏を拡大させようとしたバンコクの地方拠点であったコーラートと対立する。アヌウォン王は阮朝とも関係を構築するなどタイの支配に挑戦的な態度を取るようになったことから、バンコクはアヌウォン王の動きを警戒していた。

一方のアヌウォン王は、バンコクへの不満を募らせていたが、一八二四年のラーマ二世の葬儀に参列した際にかつて連行されたラーオ人の人質を返還するよう頼んだものの、拒否されたことで不満を拡大させた。そのようななかで、英緬《えいめん》戦争でビルマを負かしたイギリスが次にタイを攻撃するとの噂《うわさ》が入り、アヌウォン王は一八二七年に軍勢を率いてヴィエンチャンとチャムパーサックからバンコクへ向けて出撃した。軍勢はコーラートまで迫ったものの、コーラート副領主夫人スラナーリーの機転でコーラートで足止めすることに成功し、その間にバンコクからの援軍が到着した。アヌウォン王の軍勢は劣勢に転じ、ヴィエンチャンまで退却したあとに王はベトナムに逃亡した。翌年再び反撃しようと戻ってきたところを捕らえられ、バンコクで「処刑」された。

この結果、ヴィエンチャンの町は破壊され、のちにフランスが進出するまで廃墟の状態となった。タイはヴィエンチャンとチャムパーサックを直接統治化し、メコン川中流域の支配を強化した。ヴィエンチャンが破壊されたことから、メコン川を挟んだノーンカーイにこの地域の統治拠点を置いた。それでも、アヌウォン王の時代にベトナムとの関係が強化されたことから、ベトナムの影響力も強まり、属国で残ったルアンプラバーンはカンボジアと同様にタイとベトナムの双方に朝貢した。また、タイは再び謀《む》

ヴィエンチャンの寺院廃墟　フランス人によって描かれたもの

反《ほん》が起こる危険性を排除するために、メコン川左岸の住民を右岸へと移住させ、東北部に新しいムアンの設立を進めた。現在にいたるまでメコン川の東西両岸で人口が不均衡な理由の一つは、この時期の移住促進策にあると思われる。

アヌウォン王の「反乱」も、あくまでもタイ側から見た歴史観である。タイから見れば、バンコクへ進軍しようとしたアヌウォン王は「謀反者」であり、それを食い止めたスラナーリーは「英雄」であった。事実、このスラナーリーもビルマの侵略を食い止めたシースリヨータイとタラーンの二姉妹とともに、タイの四大女傑に数えられる。しかし、ラオスから見ればアヌウォン王はタイの圧迫から祖国を解放しようとした「英雄」なのであり、評価は一八〇度変わる。現在でもこのような歴史観の相違が、タイとラオスの対立を引き起こしている。

イギリスとの関係

この時期になると、中小マンダラをめぐる対立は、単に大マンダラ間の問題ではなくなり、東南アジアへ進出してきたヨーロッパ諸国との対立に発展することもあった。タイでも、マレー半島で勢力を拡大させてきたイギリスとの間に問題が浮上する。

イギリスの東インド会社はマラッカ海峡沿岸での拠点港整備を考えていたが、ペナン島は風除けの島となり天然の良港として格好の候補地であった。イギリスはこの地を領有していたクダー領主に租借《そしやく》を求めた。これに対し、ビルマの進軍とタイの圧力に悩まされていたクダー領主は、両国を牽制することを期待したものの、イギリスにそれを認めさせる前の一七八六年に占領されてしまい、結局何の後ろ盾も得られないまま一七九一年にこれを認める。クダーはバンコクに属する小マンダラであったが、当時のラーマ一世の知らぬまま、ペナン島がイギリスに引き渡されたのであった。この後、ペナンは自由貿易港として繁栄し、マレー半島西海岸の主要な外港として、タイ南部もその後背地に組み込まれていくことになる。ちなみに、『中高等学校地図帳』の「失地」喪失図ではこれを最初の領土「喪失」としている。

その後、イギリスは一八一九年にマレー半島南端に新たな自由貿易港としてシンガポールを建設し、東南アジアの拠点として機能させていく。そして、徐々にマレー半島の錫などの資源に関心を示し、マレー半島の小マンダラに対して干渉を強めていく。このため、タイの支配が強化されてイギリス人の経済活動に支障が出ると、イギリスはタイ側に対して要求を出すようになった。

クダーの領主がビルマと手を組んでタイとの関係を翻すとの噂が広まると、一八二一年にタイはナコーンシータマラートを通じてクダーの領主を追放し、領主はペナンに逃れた。この地域の貿易が混乱することを憂慮したイギリスのシンガポール政庁は、ジョン・クロフォードを派遣してタイ側と貿易と外交関係に関する交渉を行った。ところが、バンコクではクダーへの進軍は正当なものであるとの認識が強く、イギリスの要求する自由貿易推進も、王室独占貿易という既得権の喪失につながるので消極的であった。結局、クロフォードの使節は、タイ政府からペナンの領有を三〇年後にようやく公式に了承されるという成果しか得られなかった。まだこの時期には、ヨーロッパ諸国の態度は強いものではなく、交渉を有利に運ぶことができたのである。

マンダラ最後の栄光

ラーマ二世からラーマ三世までの治世である一九世紀前半は、大マンダラの最後の栄光の時代であった。大マンダラ同士の攻防も続いたが、東南アジア大陸部ではタイ、ビルマ、ベトナムという三つの大マンダラが存在し、ラオス、カンボジアという中マンダラがタイとベトナムの双方に従うという形で最終的に決着した。大マンダラはいずれも強大な勢力を持つようになり、それぞれの直接統治下では政情も安定化していった。実際にはビルマには一八二〇年代からイギリスが進出し、大マンダラの威光に翳《かげ》りが見えてきたものの、タイはイギリスの要求に対して毅然《きぜん》とした対応ができる状況であった。

この時代は、ラッタナコーシン朝の伝統文化が最も輝いた時代でもあった。ラーマ二世自身も芸術に造詣《ぞうけい》があり、自ら戯曲や物語を創作するなど芸術活動にいそしんだ。王の作品には『クンチャーン・クンペーン』などタイ人なら誰でも知っている有名な物語も存在し、文学や戯曲好きなところはのちのワチラーウット王（ラーマ六世）とも似通っていた。また、王の庇護を受けて宮廷詩人となったスントーンプーは、現代にいたるまでタイで最も有名な詩人としての名声を得ており、平易な言葉を遣って紀行詩など数多くの作品を残した。それまでの詩はサンスクリット語の借用語を用いた貴族向けのものであったが、彼の詩は庶民でも理解できるものであり、文学の大衆化に重要な役割を果たした。

一八二四年に即位したラーマ三世は、ラーマ二世の長子であり、即位前にすでに政府の要職を務めていたことから実務経験豊かな王であった。この王の時代にはイギリスと条約を結び、部分的に王室独占貿易を廃止していくことになるが、不平等条約の時代はまだ到来しておらず、マンダラを支えてきた社会構造もそのまま健在であった。後から見れば嵐の前の静けさとも捉えられるが、当時は貿易も順調に拡大しており、アヌウォン王の反乱やカンボジア問題もあったものの、全体的に見れば大マンダラの安定の時代であった。

実務家の国王であったものの、ラーマ三世は父王の影響もあって芸術や宗教にも熱心であった。なかでも王は仏教に敬虔《けいけん》であり、自ら三六もの寺院を建立した。この時期の貿易の拡大によって得られた富は、寺院の建立や修復という形で還元されていった。その結果、ワット・プラケーオの南にあり、現在ではタイ式マッサージの指導所があることで有名となったワット・ポーをはじめとして、多くの寺院がこの時代に現在の姿へと整備されたのである。

現在のバンコクにおける伝統的な景観の大半が、この一九世紀半ばまでに完成した。マンダラの最後の時代は、このような栄光に輝く時代であった。

【コラム】

王室──比類なき存在感

世界中には王室が存在する国がいくつもあるが、そのなかでもタイの王室は比類なき存在感を誇っている。

タイの人の家には必ずと言ってよいほど国王の写真や肖像が飾られており、国王誕生日などの王室関係の行事のたびに街中に国王や王妃の写真が並ぶ。国立大学の卒業証書は王族から授与されるのが慣習となっており、かつては国王自らもその役割を担った。授与式には親族一同が総出で出席し、王族から証書を渡される際の写真は家宝として誇らしげに飾られることになる。国王は国民の「父」、王妃は「母」であることから、タイの父の日は国王誕生日、母の日は王妃誕生日となっている。

現在のプーミポン国王は、ラッタナコーシン朝の第九代目の国王であることからラーマ九世とも呼ばれており、一九四六年からの在位期間は六〇年を超えた。一九五〇年に王族出身のシリキット王妃と結婚し、皇太子と三人の王女の一男三女がある。二〇〇六年六月には即位六〇周年記念の式典が各国の王室関係者を招いて盛大に執り行われ、国民は王室カラーの黄色い服を着てこれを祝福した。これ以降、街中でこの黄色の服を着る人が増加し、とくに曜日の色と重なる月曜日には学生や公務員もいっせいに黄色の服を着用することとなり、街中が黄色で溢《あふ》れかえるようになった。

他方で、タイで政変があるたびに国王の調停が大々的に報道され、国王の政治的影響力の大きさが世界中で認識されるようになった。とくに、一九九二年の「五月の暴虐」では、国王の前で跪《ひざまず》くスチンダー首相とチャムローン反スチンダー派代表の姿が世界中に報道され、流血の事態を調停した国王の権威があらためて示された。二〇〇六年の反タックシン運動の発生からクーデタにいたるまでの混乱期でも、調停役としての国王の動向に注目する報道が目立った。

このように国王をはじめとするタイの王室は、タイ国民から深く敬愛されているが、これは「新しい伝統」であると言えよう。ワチラーウット王時代から絶対王政に対する不満が国民のなかから出はじめ、一九三二年の立憲革命によって国王や王室はその権威を失墜させられた。プラチャーティポック王は人民党との抗争に敗退し、自ら退位してしまった。ところが、ナショナリズムを高揚させたピブーン時代に入ると、歴史上の英雄である歴代の王に対する認識が高められることとなり、ナレースアン王、タークシン王、ワチラーウット王など歴代の主要な国王の像が各地に建設された。

その後、「開発」の時代に入ると、国王や王室の権威高揚が図られることとなった。これはサリットの権威主義体制の正当化のための施策であり、他方で深刻化する共産主義の浸透に対応するものであったが、若いプーミポン国王とシリキット王妃はこれに積極的に対応し

ラッタナコーシン朝王統表（2007年現在）

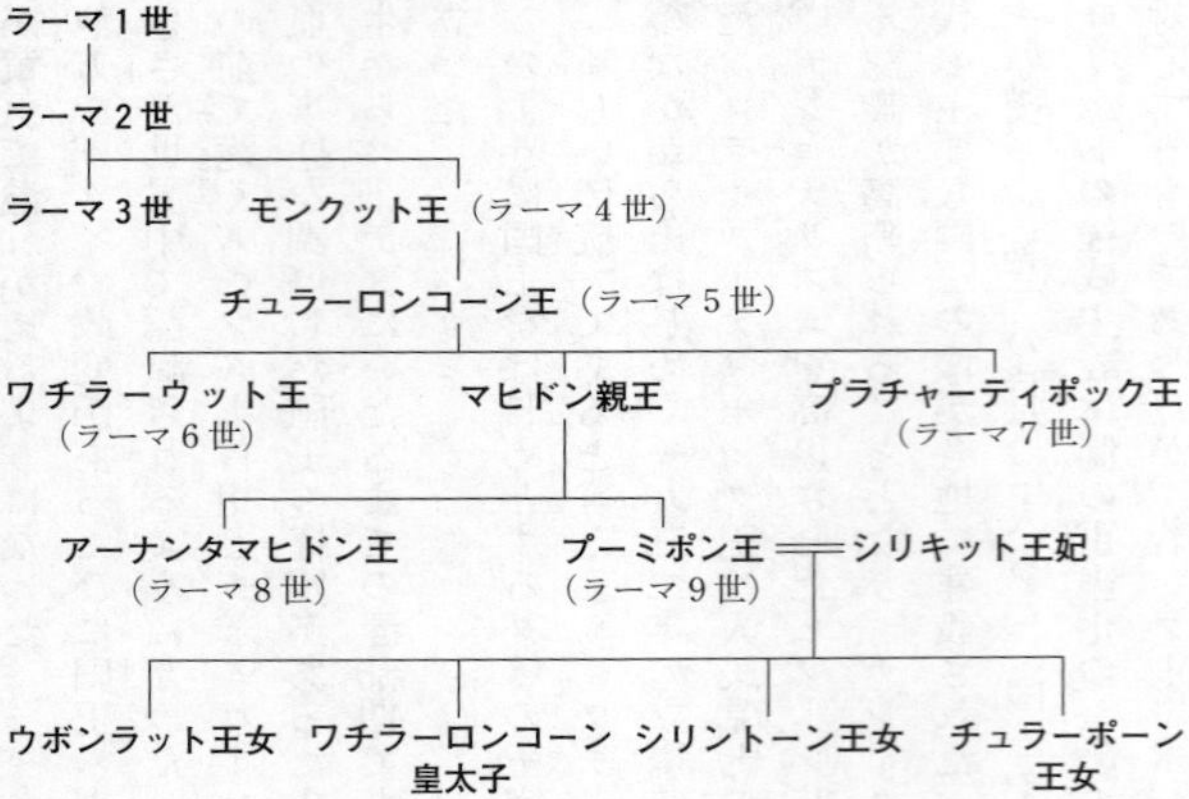

出所：石井・吉川編［1993］pp.348−349, 424より筆者作成

た。国王一家は頻繁に地方行幸を行い、国民の辛苦を見てまわった。国王自身も僻地《へきち》の地域開発に大きな関心を示し、自らの博学を活かして具体的な施策を提言することもあった。この精力的な地方行幸が、国民と国王や王室との距離を縮め、国民の敬愛度を深めることになった。直接国王が足を運ばなかった地域に対しては、新聞やテレビなどのメディアがその動向を伝えた。この「伝統」は、幼い頃から国王とともに各地を巡幸してきた皇太子や王女に引き継がれている。現在でも夜八時からは各局とも王室関係のニュースを流しており、その日の王族の公務状況が報道されている。

立憲革命以後の国王は、基本的には政治権力を持たない存在である。日本と同じく国王の国事行為の多くは形式的かつ儀礼的なものに過ぎないが、法律の署名拒否権など若干の権限を行使できる場面もある。しかし、国王の権威は前述のような非常事態において表面化することが多かった。国王の権威が初めて示されたのは、一九七三年の「一〇月一四日事件」の際であった。国王の助言によってタノームは退陣し、国王はサンヤーを首相に任命した。その後、前述の「五月の暴虐」の際にも同様の調停が行われ、二〇〇六年の反タックシン運動の際には一部からその権威の行使が期待された。歴代のクーデタでも、国王の了承が得られなければ成功しなかったし、国王の了承が得られた時点で、クーデタは成功したことを意味した。二〇〇六年九月のクーデタも、国王の了承が得られたことで最終的に終結したのであった。

国王は非常時にこのような政治的権威を行使し、国内の対立を調停し解決へと導いてきたが、これに過度に依存するべきではないとの意見も聞かれる。事実、国王自身も政治権力を超えた中立的な存在をめざし、自らの政治的権威を行使することは極力控えてきた。にもかかわらず、この数年国王が政治的な発言を行うことが多くなってきているのもまた事実である。とくに、二〇〇六年の反タックシン運動が活発化してからは、直接その権威を行使するまでにはいたらなかったものの、何回か自らの意見を表明してきた。それは、国内の政治的、社会的混乱が極めて深刻であるとの憂慮を示すものかもしれない。高齢の国王の負担も考えれば、この「国王頼み」の状況から一刻も早く脱却する必要があろう。

第3章

領域国家の形成

――開国〜不平等条約の改正

近代化が始まった20世紀初頭のバンコク市内

I タイの「開国」

バーネイ条約──西欧諸国との最初の関係

アユッタヤー朝の滅亡後、ラッタナコーシン朝によって再び大マンダラを復活させたタイであったが、西欧諸国との関係は一七世紀末のナーラーイ王の時代以降冷え込んでいた。しかし、一九世紀に入ると産業革命を経た西欧諸国が、新たな市場確保をめざして東南アジアにも進出してきた。その西欧諸国の脅威をタイが最初に思い知らされたのは、一八二四年からの第一次英緬《えいめん》戦争でのビルマの敗北であった。この戦争で、アユッタヤーの陥落をはじめその後もタイを何度も攻撃してきたコンバウン朝ビルマがイギリスに敗れ、かつてのインド洋交易の要衝であったメルギーなどが位置するテナセリム地域をイギリスに割譲したことは、タイにとって大きな脅威となったのである。

その直後に、タイはイギリスとの間に最初の条約を締結し、王室独占貿易の解体が始まっていく。産業革命によって自国の工業製品の市場拡大の必要に迫られたイギリスは、タイに対しても王室独占貿易の撤廃による自由貿易を求めたのであった。イギリスの東インド会社は第一次英緬戦争の最中の一八二五年にヘンリー・バーネイをバンコクに派遣し、自由貿易を実現するべくラーマ三世の王政政府と条約交渉を行わせた。バーネイは堪能《たんのう》なタイ語を操《あやつ》りながら、政府要人との関係を構築した。タイ側は当初英緬戦争への関心が強く、条約交渉は戦後のこととなった。そして、翌年タイと西欧諸国間で最初の二国間条約であるバーネイ条約が締結される。

クロフォードが叶《かな》えられなかった条約締結が実現した理由は、英緬戦争によるビルマの敗北もさることながら、相互主義に基づいた対等の関係の条約であったことも関係した。この条約はタイ側とイギリス側が対等な立場で結んだものであり、一定の低税率での関税の導入や治外法権などの不平等条約的な内容は含まれなかった。他方で、貿易面では船幅税を導入する代わりに他の一切の貿易に関する諸税を撤廃し、イギリス商人のバンコクでの商業活動も保証された。すなわち、これまでの王室独占貿易が切り崩される第一歩となったのである。これによって収入源を失うこととなった王政政府は、徴税請負制度を拡大して歳入を確保しようと試みる。この徴税請負の任務の大半は華人が担ったことから、彼らの資本蓄積を促進する結果となった。

モンクット王

バーネイ条約で開国への道を歩みはじめたタイは、次のモンクット王（ラーマ四世／在位一八五一～六八）の時代にさらなる変化を迎えることとなった。モンクット王は、ミュージ

モンクット王（1804〜68）

カルと映画で有名な『王様と私』では非近代的な専制君主として描かれているが、実際には非常に聡明《そうめい》な国王であり、西欧からの圧力が高まるなかでタイの進路を的確に定める役割を果たした。

モンクット王はラーマ二世の王子であり、一八二四年に異母兄であるラーマ三世が即位する直前に出家して、サンスクリット語、パーリ語、仏教などのタイの伝統的学問から科学、天文学など西欧からの学問にいたるまで、さまざまな学問に精進した。とくに、バンコクに滞在する宣教師とも親交が深かったことから、彼らから英語を学び、彼らとの会話や外国誌の講読によって国際情勢に精通していた。それゆえ、自らの子弟や王族に新しい学問を学ばせるべく、イギリス人女性アンナ・レオノーウェンスが家庭教師として招かれたのであった。彼女の自伝に基づいた小説を脚色した『王様と私』で描かれた王のイメージとはまったく異なり、モンクット王は当時のタイの王族のなかでも屈指の知識人であった。

一八五一年にラーマ三世が死去すると、モンクットは還俗《げんぞく》して王位を継承した。モンクット王は以前からの盟友であったブンナーク家のシースリヤウォンとティパコーラウォンをそれぞれ兵部卿、外務・財務卿に任命した。アユッタヤー朝末期から代々有力大臣を輩出してきたブンナーク家の権力は、その頂点に達したのであった。また王は権力を保持していた弟をピンクラオ副王として同時に即位させ、政権内の軋轢《あつれき》を避けようと試みた。王は長い間政界から距離を置いてきたことから権力基盤が脆弱《ぜいじゃく》であり、それを補うためにこれらの施策をとったのである。

モンクット王は、その博学を活かしてタイの独立国としての地位を対外的に誇示しようと試みた。王はイギリスのヴィクトリア女王やフランスのナポレオン三世に親書を送付し、タイが西欧諸国と対等な立場であることを示そうと努めた。また、一八五四年には伝統的な中国への朝貢を中止し、中国への従属関係も解消する。中国への朝貢は、この地域のマンダラ型国家がその政治権力を正当化する証であったが、それが終焉したことは中国を中心としたアジア地域の伝統的な国際関係が崩壊したことを意味していた。

バウリング条約による「開国」

モンクット王時代の最大の転機は、タイの「開国」をもたらしたバウリング条約の締結であった。この条約も、バーネイ条約と同じくイギリス側の代表者名を用いているが、実質はイギリスとの修好通商条約である。

ジョン・バウリングは当時香港《ホンコン》総督を務めていたが、元来は著述家であり、文才に恵まれていた。一八五五年にイギリス政府からタイとの修好通商条約締結交渉を命じられ、バンコクに赴く。彼は事前にモンクット王と文通していたこともあり、モンクット王も事前に準備を行い丁重にもてなしたことから、交渉は順調に進展した。そして、ついに同年四月タイ初の本格的な修好通商条約が結ばれるにいたった。

この条約は全文一二条からなり、イギリスの治外法権の了承、すべての港での交易権、バンコクでの居住権、船幅税の廃止と三％関税の導入がその柱であった。これは日米修好通商条約と同じくいわゆる不平等条約であり、タイ側に不利な内容であった。とくに、イギリスが重視したのは自由貿易の足枷《あしかせ》の解消であり、言い換えれば王室独占貿易の廃止であった。先のバーネイ条約で若干独占貿易を切り崩したが、依然として自由貿易とは程遠い状態であり、妥協案の船幅税もイギリス商人には不満であった。結果として、この条約でタイはアヘン以外の王室独占貿易を失うこととなり、イギリス側の目的は達成されたことになった。

たしかにタイに不利な内容であったものの、モンクット王はこれを呑まざるを得ないことを十分認識していた。当時列強の圧力はますます高まっており、西隣のビルマでは一八五二年には第二次英緬戦争で、下ビルマがイギリスに併合された。さらに、東アジアの国際秩序を作り上げていた中国がアヘン戦争でイギリスに敗退したことも、タイにとっては大きな衝撃であった。近隣の大国が次々と西欧の圧力に屈服するなか、タイにとっての最良の方法は彼らの要求を素直に受け入れることであると悟ったのである。

日本の場合と同じく、タイもイギリスに次いで他の列強諸国と相次いで同様の条約を結ぶ。バウリング条約の締結後、アメリカとフランスの全権が相次いでタイを訪問し、同様の内容の条約を締結した。その後他のヨーロッパ諸国とも締結し、一八七〇年までに一二ヵ国と結ばれることになる。なお、日本とは先に述べたように一八八七年に「修好条約締結方ニ関スル日暹宣言書」が調印されて国交樹立となり、その後一八九八年にバウリング条約とほぼ同内容の「日暹修好通商航海条約」を締結している。ちなみに、当時の国名はシャムであったので、漢字では中国に倣《なら》い暹羅という字を当てていたことから、この暹という頭文字を用いているのである。

バウリング条約により、長らく王室独占貿易に守られてきたタイは、ついに「開国」したのであった。ほぼ同じ時期に日本も「開国」（一八五四年日米和親条約、一八五八年日米修好通商条約）したが、日本の場合は江戸時代の鎖国体制からの「開国」、すなわち外交関係の復活の側面が強調されるのに対し、タイの「開国」は王室独占貿易からの「開国」、すなわちタイ経済の世界経済への包含の側面が強かった。

不平等条約の功罪

このバウリング条約をはじめとする一連の不平等条約は、タイに大きな変革をもたらす。その最大の変化は、すでに何度も述べたように王室独占貿易の崩壊であった。

稲作風景　20世紀初頭

　これまでのマンダラ型国家は、王室独占貿易を国家の富の源泉としていた。すなわち、マンダラ内の特産品を租税や強制買い上げという形で王政政府が独占的に入手し、それを外国商人に独占的に売却することで莫大《ばくだい》な富を得ていたのである。中国との朝貢関係も、貢物のやり取りという形での王室独占貿易の一形態であった。

　ところが、この条約によって王室独占貿易が事実上廃止になり、最大の収入源が失われた。これに対応するために、政府は徴税請負制度の強化と関税収入の増強を図ることとなった。徴税請負制度の強化はアヘン、賭《と》博《ばく》、酒などの条約に抵触しない分野で行われ、王室独占貿易で既得権を失った人びとへの補償の意味も兼ねていた。バーネイ条約の際と同じく、徴税請負制度の強化は一方では政府の安定的な歳入の確保をもたらすが、他方で不正な徴税による請負人の過度な富の蓄積を招き、長期的には政府の歳入増を阻害することとなった。

　関税収入の増強は、貿易の拡大によって進められた。列強諸国の意図は、低い関税を設定させて自国の工業製品の流入を促進させることであったが、タイにとっては一部産品に課される平均一〇%の税率に設定された輸出税収入を増やすこと、すなわち輸出の促進が重要な意味を持っていた。そして、「開国」によって世界経済に包含されたタイにとって、新たな輸出産品を確保できたことが、この関税収入の増加を促進する。それが、現在にいたるまでタイの代表的な輸出産品と認識されるコメであった。

コメの輸出自体はすでに「開国」前から存在しており、古くはアユッタヤー時代にまで遡る。ところが、一九世紀に入り東南アジアに列強諸国が本格的に進出し、植民地経済が構築されていくと、島嶼部を中心にコメの需要が急増した。すなわち、島嶼部において列強諸国が特定の商品作物栽培を奨励あるいは強制した結果、消費用のコメを外国に依存する必要が生じたのである。この島嶼部の「米蔵」として注目を浴びるようになったのが、大陸部の三つのデルタ、すなわちエーヤワディー、チャオプラヤー、メコンの各デルタであった。以後タイにおける商品作物としてのコメ栽培の急速な拡大をもたらし、これまで人家もまばらで猛獣の跋扈《ばっこ》していたチャオプラヤー・デルタが運河掘削《くっさく》によって一大水田地帯へと変貌する契機でもあった。タイのコメ輸出量は、バウリング条約締結当時は年五万トン程度に過ぎなかったが、一九世紀末には五〇万トンに達するまでに拡大した。

イギリスの非公式帝国主義

バウリング条約の締結後、タイは他の列強とも同様の条約を結んだが、タイの「開国」から最大の利益を得たのはイギリスであった。もっとも、タイとイギリスの間の直接貿易ではなく、イギリスの拠点シンガポール、ペナン、あるいは香港を介しての貿易が中心であった。一九〇〇年の時点で、イギリス、シンガポール、香港からのバンコクにおける輸入額は全体の七五%であり、反対にこの三ヵ国への輸出額は全体の八七%を占めていた。

タイとイギリスの間の貿易構造は、タイの一次産品がシンガポールや香港へ輸出され、イギリスの工業製品がシンガポールやペナン経由でタイに流入するというものであった。バンコクからは最重要輸出品目となったコメをはじめ、一八八〇年代以降拡大した北部からのチーク材、東北部からのウシなどの家畜が輸出され、シンガポールからは繊維製品をはじめとする工業製品や石油などがバンコクに輸入され、一部は内陸部へと拡散していった。一方、マレー半島では錫鉱や二〇世紀に入ると天然ゴムの輸出が本格化し、東海岸からはシンガポールへ、西海岸からはペナンへと直接運ばれ、反対にバンコクに入るものと同様の工業製品がシンガポールやペナンから直接輸入された。マレー半島では、バンコクとの経済関係はむしろ稀薄であり、ペナンやシンガポールの後背地と化していた。

この結果、タイはイギリスの工業製品市場として十二分に機能することになった。とくに顕著であったのは繊維製品であり、イギリスのシェアは他国を凌駕《りようが》していた。イギリスは他国にタイ市場を奪われることを警戒しており、バンコクや地方に在住する領事が頻繁に地方視察を行い、通過する町々でイギリス製品のシェアや他国製品の競合状況を調査して、本国に伝えていた。二〇世紀に入るとドイツや日本など後発国の製品の激しい追い上げに直面するが、少なくとも一九世紀中はイギリス製品が圧倒的な地位を誇っていた。

このように、タイは政治的に独立を維持したものの、経済的にはイギリスに従属することとなった。このイギリスによる経済的権益の確保は、非公式帝国主義の一例として説明される。これは領土支配という「公式」帝国主義の形態をとらずに、自らの経済的な権益を確保することを意味するものであり、領土的野心は見せないものの、経済的権益が損なわれないよう常に警戒することとなる。この非公式帝国主義は各地で発生していたが、経済的権益を損ねると判断されると、「公式」帝国主義に変化し、領土支配に乗り出すこととなる。このため、タイの場合もイギリスの非公式帝国主義が「公式化」する恐れは十分にあった。事実、マレー半島南部、すなわち現在のマレーシアでは、イギリスの非公式帝国主義が、徐々に「公式」化していた。

II　領域の縮小

カンボジア保護国化

最初にインドシナ半島で植民地化を進めたのは西から入ってきたイギリスであったが、次いでフランスが東からインドシナ半島を狙っていた。フランスはアヘン戦争後に中国と条約を結び中国進出を本格化させるが、そのための中継拠点をベトナムに求めた。一八四七年に逮捕された宣教師の釈放を求めてダナン港を攻撃したことをきっかけに、フランスはさらにダナンの割譲を求めて一八五六年以降戦闘が断続的に続いた。そして、ついに一八六二年フランスはコーチシナを獲得するにいたった。これが、フランスのインドシナ植民地化の第一歩であった。

コーチシナを手に入れたフランスは、メコン川を遡って中国への進出ルートを確保することを画策した。コーチシナはメコン川河口に位置したことから、ここから上流に遡ると次の政治権力はカンボジアであった。このため、フランスは王位を継承したばかりのノロドム王にフランスの保護国化を勧めた。カンボジアでは内乱が続いていたことと、長らく両隣の大マンダラであるタイとベトナムから圧力を受けていたことからノロドム王はこれを了承し、一八六三年に保護条約に調印した。

これに対し、タイ側はカンボジアの宗主権はタイにあるとして、この保護条約に反発した。タイの要求に押されて、ノロドム王はタイとも同様の条約を結ばざるを得なくなった。しかし、従来の大マンダラと中マンダラのような関係はフランスの前には通じず、フランスはベトナムがカンボジアに対して持っている宗主権を根拠にタイに譲歩を求める。この結果、一八六七年にタイ仏条約が結ばれ、タイとカンボジアとの保護条約の破棄と、フランスのカンボジア支配権を認めることとなった。一方で、フランスはバンコクの直轄領となっていたバ

タイの領域喪失（18世紀末〜20世紀初頭）

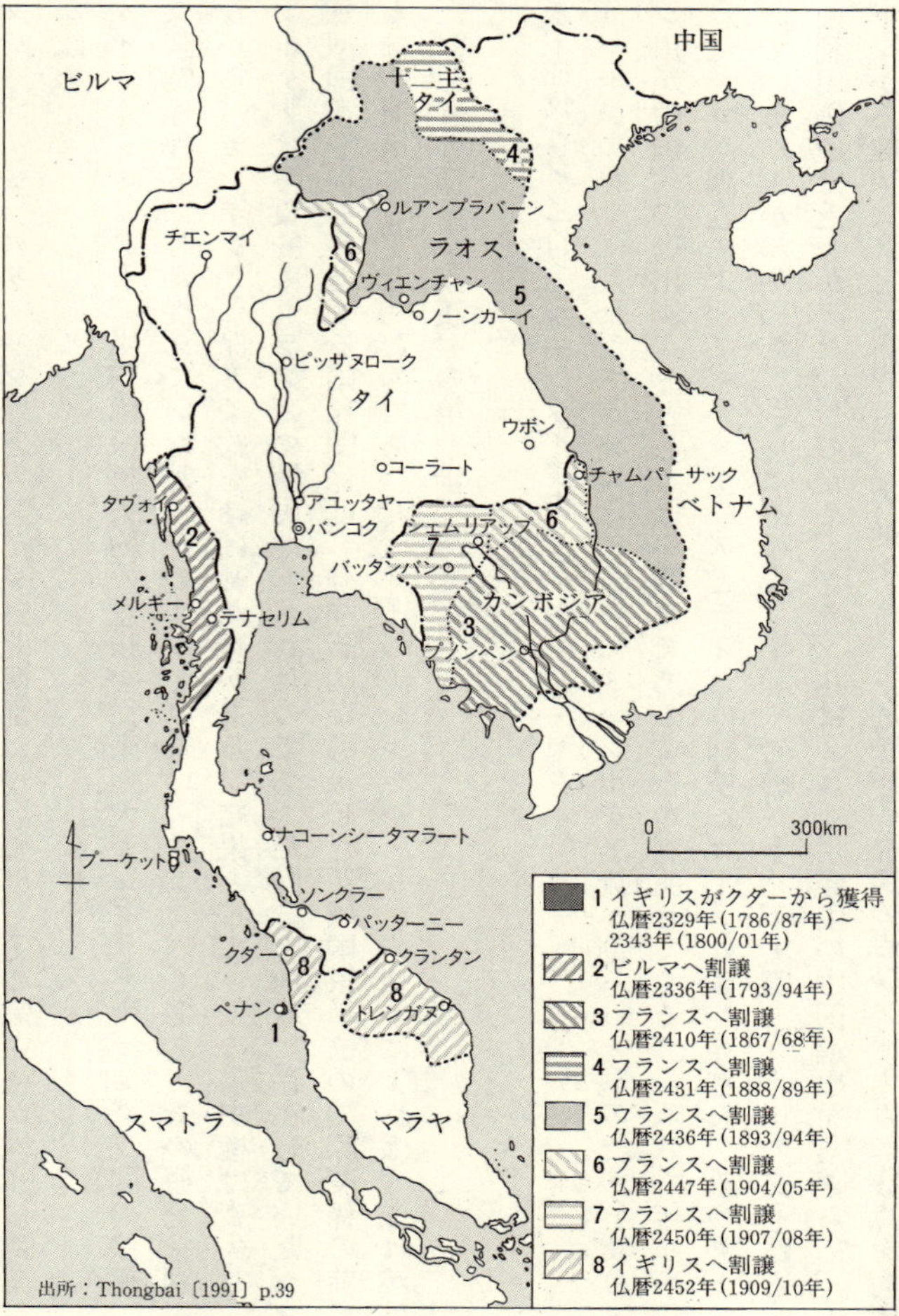
ビルマ
中国
十二主タイ
4
ルアンプラバーン
ラオス
チエンマイ
6
ヴィエンチャン
5
ノーンカーイ
ピッサヌローク
タイ
ウボン
コーラート
チャムパーサック
タヴォイ
アユッタヤー
ベトナム
2
バンコク
シェムリアップ
6
7
バッタンバン
メルギー
テナセリム
カンボジア
3
プノンペン
0
300km
ナコーンシータマラート
プーケット
ソンクラー
パッターニー
クダー
クランタン
8
8
ペナン
トレンガヌ
1
スマトラ
マラヤ
1 イギリスがクダーから獲得
仏暦2329年(1786/87年)〜2343年(1800/01年)
2 ビルマへ割譲
仏暦2336年(1793/94年)
3 フランスへ割譲
仏暦2410年(1867/68年)
4 フランスへ割譲
仏暦2431年(1888/89年)
5 フランスへ割譲
仏暦2436年(1893/94年)
6 フランスへ割譲
仏暦2447年(1904/05年)
7 フランスへ割譲
仏暦2450年(1907/08年)
8 イギリスへ割譲
仏暦2452年(1909/10年)
出所：Thongbai〔1991〕p.39

ッタンバン、シェムリアップなどカンボジア北西部については、その宗主権がタイにあることを認めた。

タイもカンボジアも、当初は保護条約の意味を従来の大マンダラと中マンダラ間の保護―被保護関係程度にしか捉えていなかったのかもしれない。フランスもあえてその概念を利用しながら、カンボジアに保護条約を結ばせた感がある。結果としてタイの宗主権は喪失し、カンボジアは実質的にフランスの植民地とされたのであった。この地域に存在していたマンダラ型国家を担い手とする国際関係は、列強諸国が導入した領域国家単位の国際関係の前にはもはや通用しなくなったのであった。タイのナショナル・ヒストリーによれば、これが列強に対しての領土「割譲」の第一歩であった。

ホー征伐とシップソーンチュタイ喪失

カンボジアを手に入れたフランスは、さらにメコン川を上流へ遡ろうと試みたが、実はメコン川が中国への進出ルートとしては不適当であることが判明してくる。一八六六年から行われたメコン調査によって、カンボジアとラオスの国境にコーンの滝が存在し、船の遡上を妨げていることがわかった。さらにその先も早瀬や岩礁《がんしょう》が多く、実際メコン川の交通路としての利用価値は乏しかった。このため、フランスはメコン川経由の中国進出をあきらめ、トンキンから紅河《ホンハ》(ソンコイ川)沿いの進出ルートを確保するため再びベトナムに焦点を向ける。そして、一八八四年についにベトナム全土がフランスの保護国化された。

ベトナムの獲得に追われたフランスはしばらくメコン川流域には手を出さなかったものの、ベトナムを確保すると次なる目標はメコン川流域への進出、すなわちラオスの獲得であった。ちょうどその頃、ベトナム北部からラオスにかけてホーによる襲撃が続いていた。ホーとは清の太平天国の乱の末裔の武装集団であり、一八七〇年代からたびたびこの地を襲撃していた。そして一八八五年にルアンプラバーンをホーが襲撃したことから、タイはバンコクから大々的な征伐隊を送り、フランスも東から征伐隊を派遣し、シップソーンチュタイ（十二主タイ）に軍を進めた。

その後、ホーが退散したことから征伐隊は一時退却するが、一八八七年にホーが再びルアンプラバーンを襲撃し、当地にいたフランス人オーギュスト・パヴィらがルアンプラバーン王を護衛し辛くも難を逃れた。フランスがルアンプラバーン王に貸しをつくったことで、ラオスを狙うフランスの策略の第一歩となった。翌年タイとフランスは再びホー征伐隊を派遣し、双方がシップソーンチュタイの中心地であるムアンテーン（ディエンビエンフー）まで進軍した。ここでフランスがタイ側と国境線画定交渉を行い、とりあえず現在軍が駐屯する範囲をそれぞれの領地とすることで合意した。この結果、タイの属国ルアンプラバーンの配下にあったシップソーンチュタイ、すなわちタイの属国の属国がフランス領となったのである。タイ族の居住地ではあったものの、バンコクとの直接的な関係がいまだかつて存在しなかったような地の「割譲」であった。

この一八八五年のホー征伐は、王政政府に鉄道の重要性を認識させる契機となった。バンコクから征伐隊を派遣するのにともない、彼らのための食糧をルアンプラバーンへ運ぶ必要があり、バンコクからコメが発送された。しかし、チャオプラヤー川からメコン川まで家畜を使った山を越えてのコメ輸送は非常に困難をきわめ、ルアンプラバーンまで届いたコメはわずかであった。このため、政府は家畜による陸上輸送を代替するための鉄道の必要性を痛感し、鉄道建設のための路線調査に踏み切ることになる。

パークナーム事件

フランスは、さらにメコン川左岸（東岸）全域の確保へと進んでいった。一八八八年には駐バンコク領事を通じてメコン川左岸はベトナムの保護領であると通告したが、タイは受け入れなかった。パヴィはメコン川流域調査隊を組織し、その調査報告でメコン川流域の経済的潜在力を強調し、本国の植民地主義者を煽動《せんどう》した。タイ側も自らの支配域を「可視化」するために、メコン川左岸での近代的な地図の作製を進め、マンダラ型国家には存在しなかったタイとベトナムの国境線を図示しようと努めた。

このフランス側の動きに対し、イギリスは静観する構えを見せた。フランスがメコン川左岸までを獲得すれば満足するであろうと考えたイギリスは、逆にタイにフランスの要求を呑むよう促しさえもしたのである。このイギリスの態度を知って、フランスは強硬姿勢を取りはじめた。タイ側でも経済的権益を持つイギリスがフランスを牽制するであろうという期待もあったが、それは最終的に裏切られることとなった。

バンコクに入港したフランス軍艦

一八九三年に入ると、パヴィはメコン左岸からタイ軍を撤兵させるよう要求したが、タイ側はこれを拒否し、フランスは軍事的圧力を強めはじめた。四月にフランスはメコン川流域に軍を進め、バンコクへも軍艦を派遣した。さらに七月にはフランスの軍艦がチャオプラヤー川河口を強行突破し、パークナーム（河口）に設置したタイ側の要塞と交戦してバンコクに遡上した。そしてバンコクに到着した軍艦はフランス領事館前に停泊し、港を封鎖するとともに、最後通牒《つうちょう》を突きつけた。これがパークナーム事件であった。

タイ側は最後までイギリスの支援を期待したが、結局イギリス側の反応はなく、八月にフランス側の要求を全面的に受け入れた。フランスの要求はエスカレートしており、最終的な合意は、三〇〇万フランの賠償金の支払い、メコン川左岸の割譲、メコン川右岸（西岸）二五キロ地帯とカンボジア北西部のバッタンバン、シェムリアップの非武装化、徴税権喪失であった。これによって、メコン川左岸はすべてフランス領となり、メコン川が「国境線」としての機能を担うことになったのである。

元来河川は文化の障壁ではなく、むしろ文化を育む媒体《はぐく》であった。メコン川中流域にはラーオ人が広く分布しており、古くから同一の文化圏に所属していた。ところが、この国境線の画定によって、彼らは二つの領域国家に分断されることとなった。しかも、一九世紀前半のラーオ人移住政策の影響もあって、メコン川右岸、すなわちタイ側のラーオ人のほうが人口規模は圧倒的に大きかった。これまで同じ歴史を歩んできたラーオ人は、この後川の両岸でそれぞれ別個の歴史を歩むことになる。

フランスの野心

メコン川左岸を獲得したフランスは、それだけでは満足しなかった。メコン川右岸とカンボジア北西部に次なる狙いを定め、最終的にはタイ全土を確保することを目論んでいた。そのため、フランスは先のパークナーム事件後の条約によって、合意事項が円滑に行われるための担保としてタイ湾岸のチャンタブリーを占領していた。チャンタブリーは古くからの港市であり、かつアユッタヤー陥落後のタイを平定したタークシン王が一時身を寄せて態勢を立て直した由緒ある町であった。このチャンタブリーを切り札にして、タイ側にさらなる要求を突きつけていくことになる。

一方、フランスの保護国下に入ったルアンプラバーン王は、ルアンプラバーン対岸のメコン右岸地域にも自らの宗主権があると主張し、タイ側の官吏を追放した。タイ側はフランスとの対立が再燃するのを恐れて消極的な対応しか取れず、この地域でのタイの支配権は事実上消失した。またメコン川右岸二五キロ地帯やカンボジア北西部でのタイ側の官憲の活動も制限され、タイの主権行使に著しく支障が生じた。

さらに、フランスは不平等条約の治外法権を利用して、タイ国内の治安悪化を目論んだ。通常治外法権とは領事裁判権の了承を意味し、その国の近代法典の未整備を根拠に自国民の保護のために領事に裁判する権利を認めるものであるが、タイの場合はその領事裁判権をアジア系保護民にまで拡大していた。これは労働力不足が見込まれるタイにおける移民労働者の保護と便宜を図ることを目的としたものであったが、フランスはこの制度を利用して保護民の許可を乱発した。フランス保護民となった者にはタイの司法権限が及ばぬことから、無法を働く者の増加を招くこととなった。本来は宗主国の植民地出身者を対象とした制度であったが、フランスは中国人やタイ人でさえも保護民として登録させた。

とくに、フランスが次に狙いを定めるメコン右岸に位置するコーラートのフランス領事がこの保護民資格を乱発し、保護民による不法行為の増加で社会不安を引き起こそうと画策した。この結果、保護民問題はタイの主権を脅かす大きな問題となり、不平等条約のなかでも早急に解決すべき課題であると認識された。フランスはメコン右岸においてタイの統治能力を低下させることで、その宗主権を奪取する根拠としようと考えたのであった。

「緩衝国」

フランスがメコン左岸の獲得では満足せず、さらに右岸へも触手を伸ばしはじめたことから、イギリスも事態を静観してはいられなくなった。ビルマ全土を一八八六年に植民地化したイギリスは、メコン川を挟んでフランスと国境を接することになったが、さらにフランスがメコン右岸へと勢力を拡大すると、イギリスの経済的権益を脅かされる危険性が高まった。イギリスは当時アフリカでもフランスと植民地獲得競争を繰り広げており、極力フランスとの正面衝突は避けたかったが、もはやフランスに譲歩する余裕はなかった。

このため、両国は一八九六年に英仏宣言を発表し、両国はチャオプラヤー川流域を「緩衝地帯」とすることを認め合った。これが、タイの「緩衝国」化であった。この「緩衝地帯」は、チャオプラヤー川流域のみに設定されており、バンコクから北部までは含まれていたが、メコン川流域の東北部とプラチュアップキーリーカン以南のマレー半島は除外された。すなわち、タイの領土を限定的に認める一方で、メコン川右岸の東北部とマレー半島にそれぞれフランスとイギリスが進出することを相互に容認し合うという内容であった。

さらに、イギリスは一八九七年にタイと密約を結び、「緩衝地帯」外とされたマレー半島における領土の第三国への譲渡や、イギリスの許可なく経済権益を第三国に供与することを禁止する確約をタイから得た。すなわち、マレー半島部においてイギリス以外の国が権益を得ることを禁止する、言い換えればイギリスの権益を保全する意図があった。当時マレー半島では錫鉱山を中心にイギリス資本が多数参入しており、イギリスの利害が最も高い地域でもあった。

緩衝国としてのタイ

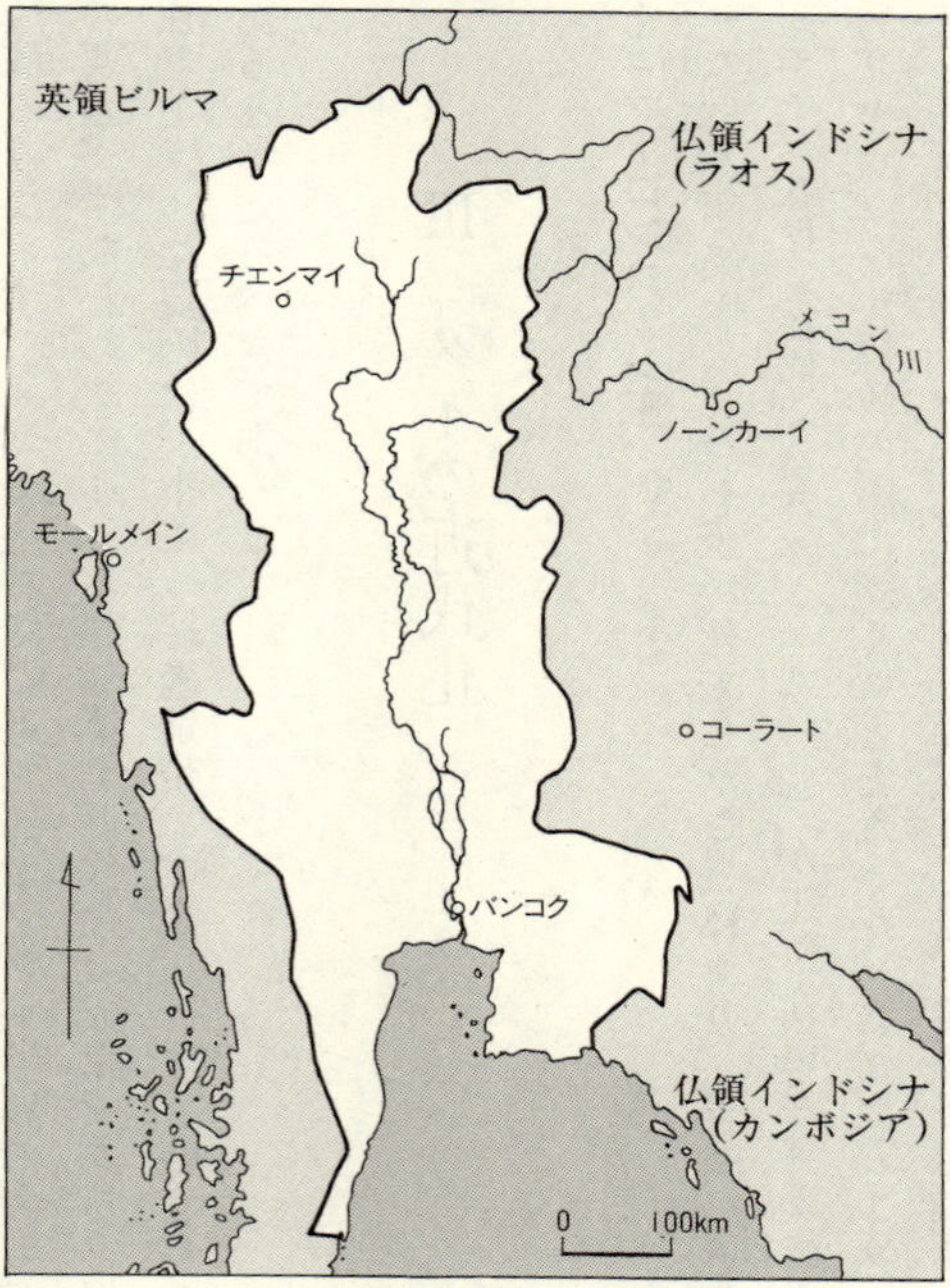

このタイの「緩衝国」化は、しばしばタイが独立を維持することができた理由として語られる。たしかに、英仏がタイを挟んで対峙《たいじ》したという東南アジアでの植民地化の過程が、タイを救った側面も少なくはない。しかし、実際にタイが維持した領域は、「緩衝地帯」とされたチャオプラヤー

川流域のみならず、メコン川右岸の東北部やマレー半島の大半が含まれていた。これはタイ側の要因、すなわち次に述べる諸改革や近代化の成果であると捉えられる。このため、タイが独立を保った要因は、単に「緩衝地帯」に満足せず、残された領域の統合に腐心した結果であると考えるべきであろう。

Ⅲ　タイの近代化

チュラーロンコーン王

一八六八年にモンクット王が死去したことにより、当時一五歳の長子のチュラーロンコーン（ラーマ五世／在位一八六八～一九一〇）が王位を継承することが決まり、成人までの間シースリヤウォンが摂政の座に就くこととなった。さらにシースリヤウォンは、前ピンクラオ副王の子ウィチャイチャーンを副王に就任させ、実権を掌握することとなった。このため、若いチュラーロンコーン王は単なるお飾りに過ぎなかった。父モンクット王やアンナ・レオノーウェンスから教育を受けたチュラーロンコーン王は、前王に勝るとも劣らず教養を身に付けた聡明な王であったが、自らの権力を発揮できるようになるまでには時間を要した。

一八七一年にシンガポールやインドを訪問し、植民地の近代的な国家建設や統治形態を知ったチュラーロンコーン王は、タイにおける近代化の必要性を痛感した。その第一段階として、まずバンコクでの統治改革に乗り出すこととなった。一八七三年に成人を迎え、二度目の即位式によって権力を獲得すると、王はまず国家財政基盤の強化のためには国家歳入室を設置して徴税請負制度を代替し、従来徴税請負人に流れていた富の流れを国家に向けることで歳入増を目論んだ。翌年には国政参議会と枢密院を設置し、国王が旧省庁の担い手であった有力貴族から行政権力を獲得することをめざした。

このような矢継ぎ早の諸改革は、国王への権力の集中化を図る試みであったが、他方で従来既得権を持っていた摂政や有力貴族の反発を買うことになった。両者の対立はチュラーロンコーン王とシースリヤウォンの息のかかった副王との関係悪化という形で表面化し、ついに一八七五年はじめに副王がイギリス領事館に駆け込んで庇護を求める事件に発展した。結局シンガポール総督の調停によってチュラーロンコーン王が副王の地位を保証することでこの問題は解決されることとなったが、このような事件は外国の内政干渉を招く危険性があった。

チュラーロンコーン王（1853〜1910）

このため改革を急いだチュラーロンコーン王は

方針を転換し、慎重に時期を見計らうこととなった。すなわち、改革への「抵抗勢力」の引退を待つこととなったのである。一八七〇年代の改革の動きは一時的に止まることになったものの、八〇年代に入ると摂政と副王などの「抵抗勢力」が相次いで死去し、再び改革路線を推進する環境が整った。機が熟したのを見計らって、チュラーロンコーン王は本格的な改革へと邁進《まいしん》することとなった。

チャックリー改革

チュラーロンコーン王による一連の近代化への改革は、ラッタナコーシン朝の別名であるチャックリー朝による上からの改革ということから、チャックリー改革と呼ばれている。チュラーロンコーン王は、まず中央集権型の統治形態を導入するために省庁の再編を行うことになった。当時中央には南部のムアンを統括する兵部省（カラーホーム）、北部のムアンを統括する内務省（マハートタイ）の二大省と大蔵、首都、宮内、農務の計六省が置かれていたが、それぞれ重複した機能を持っており、独立した権限を有していた。チュラーロンコーン王は一八九二年にこれを機能別の一二省に再編し、国王直属の大臣を置くこととなった。これらの大臣の大半は、内務大臣のダムロン親王をはじめとする自らの弟であった。

一方、地方統治制度もテーサーピバーン制と呼ばれる中央集権型に改編された。従来複数の省が地域別に有していた地方統治の権限を内務省に一括し、かつ全国に州（モントン）を設置し、地方のムアンを県や郡に再編して州に管轄させた。州長は中央から派遣された官吏であり、従来世襲的にムアンを統治してきた領主の大半は政治権力を喪失することとなった。これによって、マンダラ型国家の名残を残して非常に地方分権的な様相の強かったタイの地方統治制度は、バンコクを中心とする中央集権的な制度へと抜本的に変えられ、「食国制（キン・ムアン）」のように地方領主が自ら統治するムアンから経済的利益を吸い上げる形で運営されてきた地方の小マンダラは、中央から派遣されたサラリーマン官吏を長とする下位の地方統治機関に改編された。

統治改革は、一方で有能な官僚の確保を必要条件としていた。このため、教育制度の近代化も並行して進められた。一八七一年には官僚養成のための王立学校が設立され、タイで最初の近代的学校となった。これは一八八一年に官吏養成学校であるスアンクラープ校に発展し、王族以外の学生数も増加していった。また賦役《ふえき》義務のある平民（プライ）のための学校も整備し、庶民教育にも国が積極的に関与することとなった。チュラーロンコーン王はすべての国民に教育の機会を与えることを説き、学力試験に合格した平民には職業選択の自由を与えると説明し、教育の重要性を強調した。ちなみに、義務教育制度の導入は次のワチラーウット王の時代、一九二一年のこととなる。

中央集権化のためには、社会構造の変革も重要であった。これまでは官僚や地方領主が直接平民や奴隷を支配しており、彼らが擁する平民や奴隷の数が権力基盤の大小を意味していた。近代国家設立のためには、これを国家に取り戻すことが必須《ひっす》であり、平民への賦役に代わる人頭税の導入や、奴隷制度の漸進的廃止によって、支配権の求心化を図った。この結果、徴兵制による近代的な軍隊の整備も可能となり、一九〇五年には徴兵令も公布された。このようにマンダラ型国家の支配体制に基づく社会構造が、近代国家の受け皿となる形へと改編されたのであった。

お雇い外国人の活躍

この一連の近代化を遂行するために、タイはお雇い外国人に依存することとなった。タイにおける外国人の登用はアユッタヤー時代から前例があり、前述した山田長政やフォールコンなどがその典型例であった。タイでは有能な人物であれば外国人でも積極的に活用する伝統があり、山田長政のようにタイの国王から官位と欽賜《きんし》名を授かる場合もあった。その場合には、名前からはタイ人の官吏と区別することは不可能となり、お雇い外国人といえども外国人であるという事実は消えてしまうことになった。

チャックリー改革を推進していくためには、専門知識を持つ外国人へ依存する必要が生じたことから、一八九〇年代以降お雇い外国人の数は増加していった。出身地も多様であり、イギリス、ドイツ、北欧諸国など欧米諸国から多数の外国人専門家が雇用されたほか、日本人も存在した。官庁によって出身地が偏る傾向があり、大蔵、農業省はイギリス、宮内省はイタリア、海軍や警察はデンマーク、郵便や鉄道はドイツがそれぞれ優勢となっていた。一九〇六年の時点でその数は二四七人に上っており、イギリスが一二六人、北欧諸国三九人、ドイツ人三六人と続いており、日本人は九人であった。出身地の多様性は、特定の国の影響力を拡大させないようにするための保険でもあった。

お雇い外国人のなかでも、一八九二年に登用されたギュスターヴ・ロランジャックマンは重要な役割を果たした。ベルギー出身の国際法学者である彼は、ダムロン親王の要請でタイに赴き、チュラーロンコーン王の国務総顧問を務めることとなった。翌年のパークナーム事件ではその手腕を発揮することはできなかったが、その後イギリス、フランスと交渉して英仏宣言の下地を醸成《じょうせい》した。彼は近代法の制定に力を注ぎ、民事訴訟法や臨時刑事訴訟法の制定を進めた。チュラーロンコーン王の彼に対する信頼は厚く、官僚の最高位であるチャオプラヤーの位を授けられる。

ロランジャックマンの下で法典整備を進めるお雇い外国人のなかには、日本人も存在した。それは、政尾《まさお》藤吉《とうきち》（一八七一〜一九二〇）という法律学者であった。政尾は一八九七年に駐タイ公使稲垣満次郎《いながきまんじろう》（一八六一〜一九〇八）の招聘《しょうへい》でタイへ渡り、近代法典の起草委員に任命され、刑法を担当した。

ちなみに、稲垣は日本とタイの間の修好通商条約締結を主張した南進論者であり、同年初代駐タイ公使として訪タイし、一八九八年の日暹修好通商航海条約の締結を実現させていた。

稲垣は他にも外山《とやま》亀太郎《かめたろう》（一八六七〜一九一八）ら養蚕専門家を農業省に送り込み、バンコクと養蚕の盛んな東北部のコーラートに養蚕試験場を設置して養蚕技術の発展に貢献させるなど、日本とタイの関係を強化しようと試みた。

領域統合への模索——鉄道の導入

近代的交通手段としての鉄道の導入も、チャックリー改革の一環であるとともに、お雇い外国人への依存の典型的な事例であった。だが、鉄道は領域の政治的統合の手段となったばかりでなく、経済的統合の推進に重要な役割を果たした。これまで首都バンコクの経済的後背地は限定されており、北部はビルマのモールメインとの経済関係も強く、マレー半島は完全にペナンやシンガポールの後背地と化していた。東北部においてはメコン左岸も含めバンコクの優位性は高かったが、バンコクとは輸送効率の低い陸路で結ばれるに過ぎなかった。水運は蒸気船の導入である程度改良されたものの、陸上輸送は家畜に依存した旧態依然とした状況であり、内陸部ではその依存度は高かった。

そのタイが鉄道の導入を決断するのは、英仏による鉄道建設計画の浮上と、前述のホー征伐を契機としたものであった。イギリスは一八八〇年代半ばに中国への進出ルートとしてモールメインからタイ北部を経由して雲南へいたる鉄道建設をタイ側に申請したが、タイはこの鉄道が実現すれば北部がイギリスの手に渡る危険性が高まると危惧《きぐ》した。一方フランスも

黎明期のタイの鉄道

サイゴンやアンナン（ベトナム中部）からタイ東北部を経由して雲南方面へいたる鉄道整備を計画し、同様の脅威をもたらした。ホー征伐によって内陸部の陸上輸送の非効率性を痛感したタイは、これらの鉄道計画に対抗して先にバンコクと地方を結ぶ鉄道を実現させるために、自ら鉄道建設に乗り出すこととなった。

最初に建設された路線は、バンコクと東北部の入口であるコーラートを結ぶ鉄道であった。これは、当時フランスがメコン川流域を狙っており、この地域の政治情勢が最も緊迫していたためであった。特定の国の影響力が大きくなることを警戒した王政政府は、タイでの権益が少ないドイツ人に鉄道事業を託すことにして、ドイツ人技師が多数雇用されることとなった。しかし、入札によってイギリス企業が建設工事を請負うと、両者の間に対立が発生して工事は大幅に遅れ、訴訟問題にまで発展した。その結果、鉄道の開通も遅れ、一八九七年に最初のバンコク〜アユッタヤー間が開通し、一九〇〇年にようやく全線が開通した。

このコーラートへの鉄道は、バンコクと東北部の間の輸送条件を大幅に改善し、かつて一ヵ月もかかっていたこの間の所要時間がわずか一日に短縮された。また貨物輸送費の低減は、それまで商品価値を持たなかった東北部の産品の商品化に貢献し、東北部が世界市場へと包含されていく契機となった。この鉄道が開通したことで、フランスが画策していたサイゴンやアンナンからメコン流域への鉄道は採算性の面から難しくなり、フランスのメコン右岸進出の野心を減退させる面でも大きな役割を果たした。この後、鉄道はバンコクから北部、南部へと延伸されていくこととなる。それでも、中国で見られたような鉄道による外国勢力の権益拡大を懸念した政府は、外国人を主体とする民営鉄道の建設を制限したことから、官営鉄道のみでの路線網の拡張となり、その速度は決して速くはなかった。

不平等条約の改正

メコン右岸へのフランスの野心は減退していったものの、フランスはカンボジア北西部の確保を依然としてあきらめていなかった。このため、パークナーム事件後に占領したチャンタブリー返還を切り札に、タイと交渉を進めた。その結果、タイがルアンプラバーン王に事実上支配されたルアンプラバーン対岸とチャムパーサック、マノープライを「割譲」する代わりにチャンタブリーを返還されることで一九〇四年に協定が調印されたが、最終的にフランス国会で協定が批准されるためには、チャンタブリーの代わりにトラート、ダーンサーイを「割譲」地に加えるというさらなる譲歩を必要とした。

このため、一九〇三年から総務顧問に就任したアメリカ人エドワード・ヘンリー・ストローベルが、この問題解決と不平等条約の一部改定を合わせてフランスと交渉することとなった。不平等条約の改定とは、前述のアジア系保護民問題の解決のために、保護民に対する領事裁判権を廃止することであった。フランスの意向はカンボジア北西部の入手であったことから、この問題を領土と交換する形で解決しようと彼が交渉を試みた結果、一九〇七年のタイ仏条約でバッタンバン、シェムリアップ、シーソーポンからなるカンボジア北西部を「割譲」し、トラート、ダーンサーイの返還と保護民問題の解決が図られた。

フランスとの不平等条約一部改正に成功したストローベルは、イギリスとも同様の手法でこの問題を解決しようと試みた。錫鉱山や天然ゴム園の権益維持のためにイギリスはマレー半島での「公式」帝国主義化を進めており、クダー、ペルリス、クランタン、トレンガヌからなるマレー半島四州の直接支配を求めるようになった。一方、タイ側では南部の統合強化のために、マレー半島を南下する鉄道建設を至急推進する必要があったが、建設資金源の目処《めど》が立たなかった。このため、彼はこれらの課題を一括して交渉し、一九〇九年にマレー四州の「割譲」の代わりに、領事裁判権の廃止とタイへの鉄道建設資金の貸付を盛り込んだ英タイ条約が調印された。

この一九〇九年の領土「割譲」によって、現在のタイの領域は確定した。カンボジアの保護国化以降タイが「割譲」した領土は計四五・六万平方キロメートルに及び、それは現在の国土面積五一・三万平方キロメートルにほぼ匹敵するものであった。すなわち、マンダラ型国家が近代的な領域国家に生まれ変わる過程で、その領域を半分に縮小したのである。もちろん、タイが失った「失地」は大半がかつての属国であり、朝貢関係にあった中小マンダラがバンコクとの関係を断ち切られたのが実情であった。タイがこの広大な領域をすべて直接支配していたわけではなく、これはあくまでもマンダラ型国家の支配権が及ぶ範囲であった。それでも、タイにとってこの「失地」喪失は屈辱的な歴史として語られるようになる。なかでもメコン右岸はフランスに強引に「奪われた」との認識を高めていった。このため、のちにこの地は「失地」回復運動の対象となっていく。

Ⅳ　国際社会への登場

ワチラーウット王

一八六八年から四二年の長きにわたってタイを近代国家へと導いてきたチュラーロンコーン王が一九一〇年に死去すると、皇太子のワチラーウット(ラーマ六世／在位一九一〇〜二五)が王位を継承した。ワチラーウット王は一八九四年に皇太子に任命されており、帝王学を学ぶためにイギリスへ長期間留学し、陸軍士官学校やオックスフォード大学でも学んだ。この過程で文学や演劇に興味を示し、即位後も西欧文学の翻訳や創作活動を続けた。このワチラーウット王の政治面での評価は決して高くないものの、文才に富んだ異色の国王であった。

ワチラーウット王が最初に行った施策は、国土防衛隊（スアパー）の創設である。これは国王直属の義勇部隊であり、愛国心を植えつける意図を持っていた。王は民族、宗教、国王に対する忠誠を説いて、国王の役割は民族の利益保持と仏教の庇護であると説明した。ところが、このスアパーの創設は正規軍の不満を醸成することとなり、一九一二年に若手軍人によるクーデタ計画が発覚する要因ともなった。これは絶対王政に不満を抱いた彼らが、立憲主義を理想として計画したものであり、この後実際に起こる立憲革命から遡ること二〇年前に、タイで最初に計画された立憲革命構想でもあった。

ワチラーウット王（1881～1925）

これに対し、ワチラーウット王は新聞紙上での論説作戦で反撃に出た。王はペンネームを使って自らの意見を頻繁に新聞に掲載させており、「アッサワパーフ」という名の人物の論説がたびたび新聞紙面に現れていた。元から執筆活動に関心が高い王であったことから、このような論説の執筆も得意であったに違いない。王は立憲制や絶対王政に対する不満に反論する意見を新聞紙上で表明し、持論を展開した。新聞の読者は「アッサワパーフ」なる人物が国王であることを認識していなかったかもしれないが、少なくともアッサワパーフなる人物が頻繁に論説を掲載し、次に述べるようなタイ人のナショナリズム高揚を唱えていることは十分認知していたであろう。このようなペンネームを用いた意見表明も、ワチラーウット王独特のものであった。

さらに、ワチラーウット王は架空の都市ドゥシットターニーを作り上げ、そこで議会政治を導入した。これは王宮の一角に作られたミニチュアの都市であり、側近や高官も巻き込んで市内に模型の家を建て、家主を市民に見立てて地方自治の真似事《まねごと》を行ったのであった。王の「遊び」はこのドゥシットターニー市に限らず、王宮内ではしばしば自ら創作した劇作を脚本として、自ら主役を演じて楽しんでいた。筆者も大学二年次にタイ語劇を演じる機会があったが、その時の脚本は王の『楯《たて》を探せ』であった。

上からのナショナリズム

ワチラーウット王は、タイのナショナリズムの鼓舞にも重要な役割を果たした。王はタイで「最初のナショナリスト」として振る舞い、タイ人に「タイ人」としての自覚を持つよう促した。これはいわゆる「上からのナショナリズム」であり、「公定ナショナリズム」とも呼ばれるものであった。すなわち、ヨーロッパでのナショナリズムの起源は帝国を支配する絶対王政への反発による民衆から発生したものであったのに対し、公定ナショナリズムは逆に支配層からの国民へのナショナリズムの鼓舞であった。ヨーロッパでの公定ナショナリズムは、通常「下からのナショナリズム」に対抗するために絶対王政側が導入した対抗策であったが、タイの場合その起源は中国人に対する警戒感であった。

中国人への警戒感は、彼らが中国人ナショナリズムを高め、共和制を志向したことに起因していた。一九〇八年に孫文《そんぶん》がタイを訪問すると、タイの中国人らは本国の革命運動に関与するようになり、中華学校や華語新聞の創設が加速した。また、一九一〇年には中国人の人頭税率をタイ人と同様に引き上げたことに端を発し中国人による抗議ストが発生したことから、バンコク市内の商店は軒並み閉店し、タイにおける中国人の経済的影響力の大きさをあらためて認識させることとなった。さらに、翌一一年には辛亥《しんがい》革命が起こり、清朝が倒れて共和制の中華民国が成立すると、その思想がタイ人に浸透し、タイの絶対王政への反発が生じる懸念がさらに高まった。実際に先のクーデタ計画は、まさにこの辛亥革命の思想に影響を受けたものであった。

このため、ワチラーウット王は中国人に対抗するためにタイ人のナショナリズムを鼓舞する方策を選んだ。一九一四年から翌年にかけて、王は「東洋のユダヤ人」、「タイ人よ目覚めよ！」という論説を「アッサワパーフ」の名で相次いで発表し、タイに存在する華僑《かきょう》の危険性を指摘した。これらのなかで王は、中国人はタイの経済活動を牛耳っているものの、得られた利益は本国へ還元してしまい、タイにはメリットがないとして、彼らを批判した。タイにおける中国人の存在自体の歴史は長く、王自身にも中国人の血筋が混じっていたものの、その流入は近代国家建設を志向したチュラーロンコーン王の時代に急増し、バウリング条約以降拡大したコメの輸出などの経済活動は、西欧企業を除けば中国人によって担われていた。王の「上からのナショナリズム」は、こうした中国人のオーバープレゼンスに対抗するものであった。

第一次世界大戦への参戦

第一次世界大戦が勃発したことで、タイの領土がさらに削られる可能性は消失した。これまでアジアやアフリカで帝国主義の下で植民地獲得競争を繰り広げていた列強は戦争に巻き込まれ、競争は終焉を迎えたのであった。これによって、タイの独立喪失の危機は消え去り、さらなる領域の縮小も免れることとなった。タイはこの戦争を利用して、国際社会での立場を好転させようと考え、戦争勃発当初は戦況の様子を見るために中立を宣言した。

ワチラーウット王はこの戦争に参戦して戦勝国となることで、不平等条約の改正を進めようと考えた。このため、どちらが優勢になるかを見極めた上で参戦することになり、一九一七年四月にアメリカが参戦するにいたって、ついに連合国側での参戦を決断した。国内では安くて質のよいドイツ製品の人気も高く、またタイへの領土的野心も示さなかったことからドイツ贔屓《びいき》も少なからず存在したが、王は世論を反ドイツに誘導するために、得意の論説作戦に出てドイツを非難した。また、国内にはドイツ人のお雇い外国人が少なからず存在しており、なかでも鉄道局は局長以下ドイツ人技師が外国人技師の大半を占めた。このため、ドイツへの宣戦布告が鉄道事業に影響を出さないよう検討した結果、連合国の技師の多い道路局を統合して外国人技師を融通すること、および弟のカムペーンペット親王を総裁に就任させることで対応できる見通しがついた。

この結果、一九一七年七月にタイはドイツとオーストリア＝ハンガリーに宣戦布告し、飛行部隊と自動車輸送部隊をヨーロッパ戦線に派遣した。実際の戦地での活躍はごくわずかではあったものの、当初の期待通りタイは無事に「戦勝国」の座を確保することに成功したのであった。これによって、タイは列強諸国と肩を並べることができたと考えたのであった。ちなみに、この宣戦布告を機にワチラーウット王はそれまでの赤地に白象の国旗を改め、先の民族、宗教、国王をそれぞれ赤、白、青に象徴した三色旗を定めた。これが、現在のタイ国旗である。

ドイツに進駐したタイ軍

タイの第一次世界大戦への参戦は、「世渡り上手」な国タイの外交姿勢が現れた典型例である。すなわち、そこには「危ない橋は渡らない」「最小の負担で最大の利益を得る」という発想が存在した。第一次世界大戦への参戦は、無事に「戦勝国」となれば他の列強の戦勝国と肩を並べ、タイの国際的な地位の好転に貢献するが、もし「敗戦国」となってしまうと逆効果しか得られない。このため、どちらが優勢かを最終的に見極めてから参戦を決断する必要があった。しかも、決断が遅れるほど負担も軽くなり、楽に戦勝国の座を勝ち取ることができる。この「世渡り上手」な外交姿勢は、のちの第二次世界大戦時にも出現することとなる。

不平等条約の撤廃へ

タイは戦勝国の座を手に入れたことで不平等条約の改正を一気に進めることができると考えていたが、実際にはそう簡単にはいかなかった。一九一九年ヴェルサイユ講和会議に出席したタイ代表は、英仏米の代表に不平等条約の改正を訴えた。しかし、これに応じたのはアメリカのウィルソン大統領のみであり、アメリカとは翌年新条約を結んで関税自主権を回復した。ただし、治外法権については、タイの法典完成後五年間については領事裁判への移審権が残されることとなった。

イギリス、フランスとの条約改正はすぐには実現しなかったものの、タイが隣接する植民地の支配者である英仏と同じ「戦勝国」として肩を並べ、かつ戦争への反省から世界的な平和を希求する動きが広まったことから、友好関係を促進することで条約改正をめざした。とくに、タイへの領土的野心が最も高かったフランスとの関係改善は目覚ましく、タイはフランスとの友好関係を示すために、フランスが希求していたサイゴン〜バンコク間の交通路整備の一環としてバンコクから東へ延びる鉄道をカンボジア国境まで延伸した。

条約改正交渉については、アメリカ人外交顧問フランシス・セイヤーを通じて行った。「非公式」帝国主義の下で優位に立っていたイギリスは、タイの関税自主権の回復に反対し、結局綿製品など一部製品の関税を今後一〇年間は五％以内に抑えるとの条件付きで合意することとなった。一方、フランスとは不平等条約の改定とともに、一八九三年の条約で定めたメコン川の国境に関する見直しが行われ、両国の国境線はメコン川の最深部とすることに決まった。ただし、メコン川に島があり流路が複数ある場合は、最もタイ領に近い流路の最深部とされた。この流路は雨季の増水時のみ出現するものも対象となり、川中の島はことごとくフランス領とされた。このため、のちにタイ側はさらなる国境線の改定を求めていくことになる。

結局この不平等条約の改正作業は一九二七年までに終わり、一八五五年以来の不平等条約は七〇年の歴史に幕を閉じることとなった。関税自主権の獲得は、関税率を引き上げることによる歳入増のみならず、セメントやマッチなど新たに育ちはじめた国産工業製品の保護にもつながった。しかし、実際の領事裁判権の廃止はタイの近代法典の完成を見るまで保留となり、その実現は法典完成後の一九四〇年となった。

領域統合の推進——鉄道の拡充

タイの領域が一九〇九年のマレー四州「割譲」で最終的に確定し、隣国との友好関係も深まったことから、領域統合を推進するべくタイは鉄道網の拡張を進めた。コーラートへの鉄道に次いで北部チエンマイへの鉄道建設を進め、マレー四州の割譲の代わりに供与された借款を用いての南部への鉄道建設も進展し、それぞれ一九二〇年代はじめまでに全通させた。南部への鉄道はマラヤ鉄道と接続し、国際鉄道としても機能することとなった。さらに、鉄道局総裁となったカムペーンペット親王は、前述のカンボジア国境への鉄道も含め、国際鉄道網を構築してタイをインドシナ半島の交通センターにすることを画策した。

このため、当初は独立の維持や中央集権化の推進といった政治的目的を重視して導入されたタイの鉄道であったが、第一次世界大戦後は経済面の機能を重視されるようになった。東北部ではフランスの出方を警戒してコーラートから先の鉄道整備を控えていたが、戦後その恐れがなくなったとしてメコン川へ向けて二方向に鉄道の延伸を行った。これらの鉄道も、将来的には仏印の鉄道と連絡する国際鉄道としての機能も付与されることになっていた。その歩みは決して速いとは言えなかったが、次に述べる立憲革命までに約三〇〇〇キロの鉄道網を構築した。鉄道の到達しない地域には、自動車用道路を整備して、鉄道と自動車を組み合わせてバンコクと国内各地を近代的交通手段で結んだ。

　この鉄道網によって、タイの経済的統合が促進された。従来ビルマのモールメインの後背地でもあった北部は、バンコクからの鉄道開通によってモールメインとの関係を断ち切り、完全なバンコクの後背地と化した。タイによる交通網整備が先行した東北部では、フランスの施策が進まなかったことからメコン左岸のラオスも含めバンコクの後背地としての機能が強化され、コメ、ブタ、木材を中心として大量の商品がバンコクへ輸送されるようになった。南部ではマラヤ鉄道との連絡でシンガポー

鉄道網の拡大

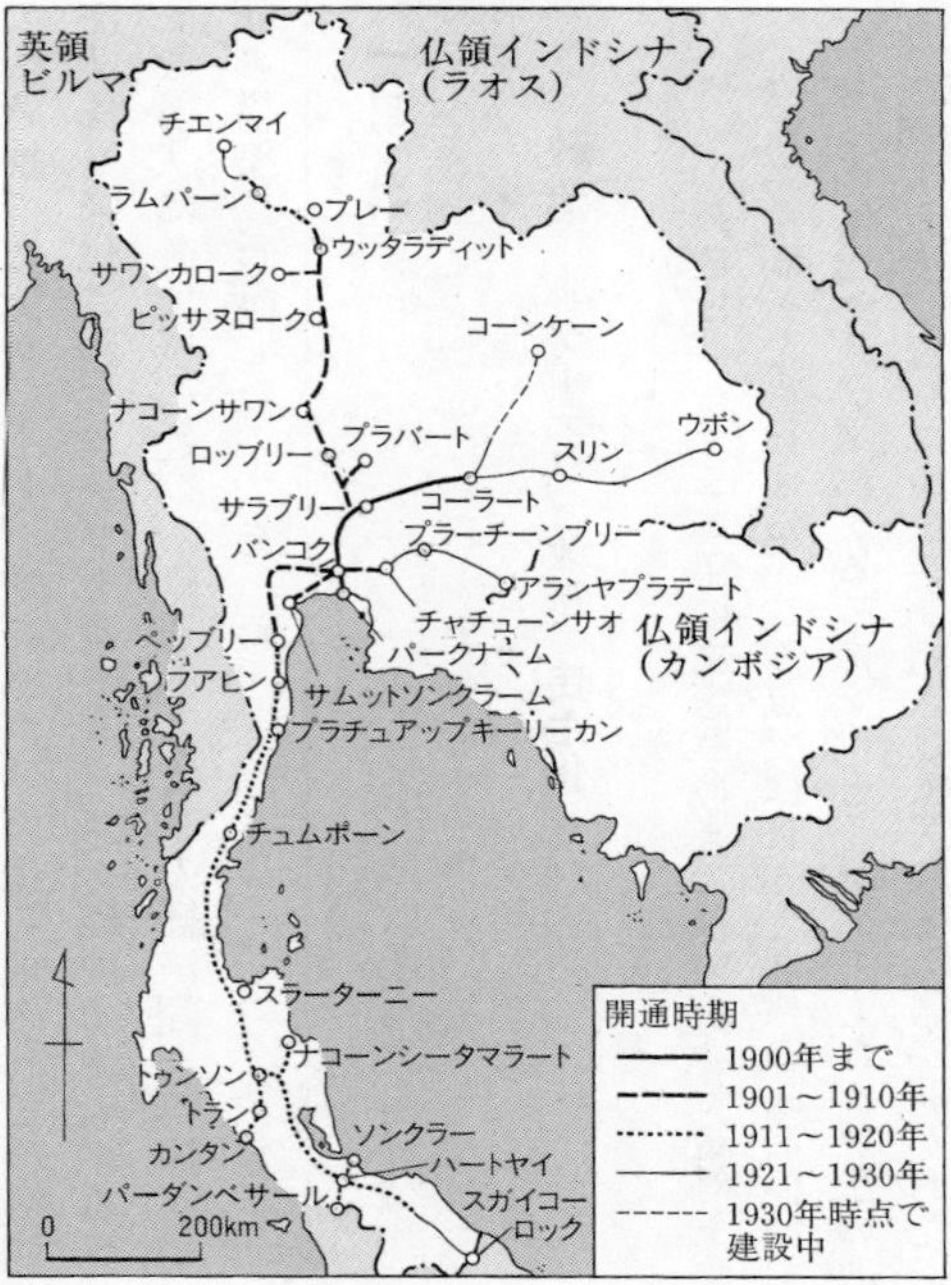

ルの後背地の機能が低下し、逆にペナンの後背地としての機能が高まったが、バンコクとの経済関係も強化され、バンコク産やバンコク経由で流入する商品が増加した。バンコクを起点に放射状に各地域へ延びる鉄道は、従来の経済圏を再編してバンコクを中心とするタイ経済圏の構築に貢献したのであった。

【コラム】

政治——クーデタ、改憲、民主化

タイの政治は、一九三二年の立憲革命まではいわゆる絶対王政であったが、この革命により立憲君主制へと移行する。この点では日本と同様の政治体制であるといえる。だが、その中身は頻繁なクーデタによる政権交代とそれにともなう憲法の改廃によって変化してきた。

立憲革命後、直ちに憲法が制定され人民代表会議が開かれたが、この時点では一院制であった。この人民代表会議自体も、当初は全員が革命を起こした人民党の任命議員であり、のちに半数を民選とした。その後、一九四六年の憲法によって議会は上院と下院の二院制とされ、上院は多分野の専門家による間接選挙、下院は国民の直接選挙で議員を選出することになった。この憲法は複数政党制を認め、現職軍人や官僚の政治参加を禁止するなど、民主的な憲法であった。

ところが、この民主的な憲法はすぐに陸軍のクーデタで廃止され、一九四七年憲法によって上院は任命制とし、軍人を含む公務員の政治参加も認めた。上院任命制、下院民選制の議会制度は、一九七六年憲法下で一時的に一院制に戻った時期以外は継承され、上院任命制は九七年の「人民のための憲法」制定まで続いた。なお、クーデタによる憲法廃止後に制定される暫定憲法の下では、任命制の立法議会や制憲議会が設置されることが多く、「開発」の時代には八年間も暫定憲法下に置かれたこともあった。

民主化を求める国民の声が高まるとともに、軍人や官僚の政治参加を制限せざるを得なくなってきた。一九九一年憲法では、軍人や官僚の閣僚兼任を禁止した。しかし、首相を民選議員である下院議員から選出するという条項が結局外されたことから、民主化を求める国民の不満は収まらず、下院議員ではない軍人のスチンダーが首相に選出されたことでその怒りが爆発し、五月の暴虐へとつながった。この反省から真の民主的な憲法、すなわち「人民のための憲法」を求める動きが高まり、これが一九九七年憲法として実現した。この憲法では初めて上院議員も民選とし、政党政治の不安定性を解消するために首相の権限を強化した。

この「人民のための憲法」に基づいて成立したのが、タックシン政権であった。タックシンのタイ愛国党はこれまでとは異なり議席の半数を確保する最大与党となり、それまでの不安定な連立政権からなるタイ政治を一変させた。二〇〇五年総選挙でも圧勝し、文民政権としては初の単独政権樹立に成功した。「人民のための憲法」がめざした政治的安定性は見事

行政機構図（2007年現在）

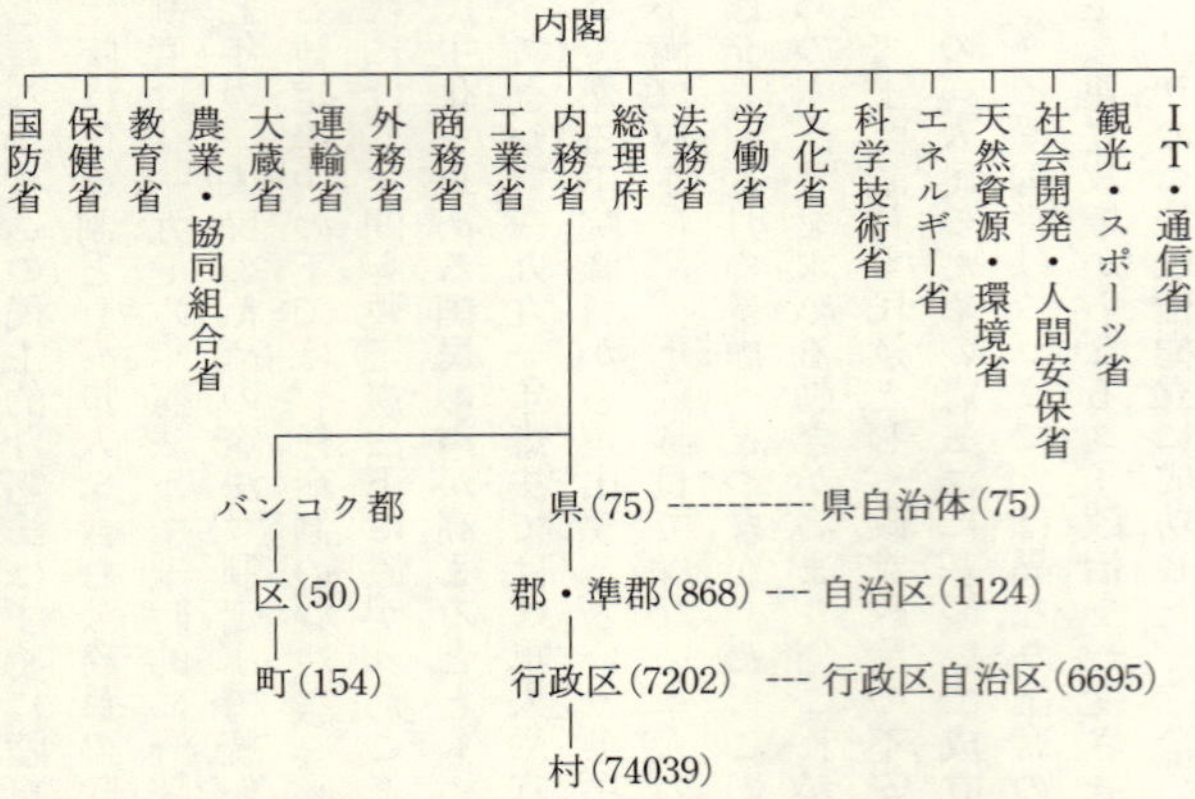

註：カッコ内数字は箇所数を示す．出所：タイ地方統治局ホームページ，石井・吉川編［1993］p.385, Alpha Research［2006］p.20より筆者作成

に達成されたのである。だが、今度は強すぎる首相を監視するチェック機能が働かなくなり、タックシンの強権的な姿勢が目に余るようになると、首相の権限を弱めるべきとの意見が日増しに強くなった。このため、二〇〇六年九月のクーデタでこの「人民のための憲法」は廃止され、新たに首相の権限を制限する憲法を制定することになった。

行政機構は、中央に総理府と一九の省が設置されている。長らく一三省庁に区分されていたが、二〇〇二年に大幅な省庁改革があり、新たにＩＴ・通信省、社会開発・人間安保省、観光・スポーツ省、天然資源・環境省などが設置され、配下の局の再編も行われた。主要な省や局は各県（一部は郡レベル）ごとに出先機関を設けており、全国にその組織網が張り巡らされている。この中央の行政機構は、基本的にはチャックリー改革による一二省の設置を起源としたものであり、行政の複雑化とともに配下の局が新設されていった。なお、「開発」の時代には、国家開発省が新設され、道路局、灌漑局などインフラ整備担当の局が集約されたこともあった。

一方、地方統治機構も基本的にはチャックリー改革期から整備されてきた内務省を頂点とする県（チャンワット）、郡（アムプー）、行政区（タムボン）、村（ムーバーン）を基本単位としている。現在全国七六の都県に分割され、首長を直接選挙で選ぶバンコク都以外は中央から県知事が派遣される。郡も同様に派遣された郡長がトップとなるが、行政区長と村長は伝統的に選挙で選ばれてきた。この垂直的な地方統治機構とは別に、いわゆる地方自治体が存在する。かつては都市に設置された自治区（テーサバーン）、衛生区（スカーピバーン）、および県単位に存在する県自治区のみが該当し、県レベルを除く地域密着型の自治体は都市部に限定されていたが、近年衛生区の自治区への昇格や農村部の行政区自治体が整備され、地方自治制度は拡充されてきた。ただし、旧来の内務省系統の統治機構と自治体との関係性や役割分担が必ずしも明確ではなく、地方自治体の機能はいまだに限定されている。

二〇〇六年九月のクーデタを機に、タイの「民主化」は真のものではなかったとの落胆の声が外国から寄せられたが、タイは本当に「民主化」してきたのだろうか。総選挙のたびに集票請負人（フアカネーン）と呼ばれる票の取りまとめ役が暗躍し、各地の有権者の票を「買う」。腐敗した政党政治を倒した一九九一年のクーデタは多数の国民に容認され、暫定政権のアーナン政権は総選挙で選ばれた内閣以上の高い評価を得た。二〇〇六年の反タックシン運動の盛り上がりのなか、国王による下賜政権の樹立を望む声が強まり、クーデタによる「民主的」なタックシン政権の終焉にも、支持する国民が少なからずいた。タイで根付いてきた「民主化」は、欧米や日本の基準から見る「民主化」とは別個のものであり、それは「タイ式民主主義」という語に集約されるのかもしれない。どのような形の「民主化」を希求するにせよ、「民主化」へ向けてのタイの歩みは今後も決して止まることはなかろう。

第4章

シャムからタイへ

——立憲革命～第二次世界大戦

不可侵条約を祝う空軍のパレード（1940年）

I 立憲革命

絶対王政への不満

ワチラーウット王が一九二五年に死去すると、弟のプラチャーティポック（ラーマ七世／在位一九二五〜三五）が即位した。プラチャーティポック王はチュラーロンコーンの第七六子であり、兄王と同じくイギリスに留学して軍事学を学び、帰国後は陸軍に勤めていた。だが、ワチラーウット王には跡継ぎがおらず、しかも兄が相次いで亡くなったことから思いがけず王位に就くことになった。このため、権力への執着心があまりなく、叔父のダムロン親王など五人の有力王族からなる最高顧問会議を設置し、集団指導体制で政権を運営することとなった。

当時、王政は厳しい風当たりにさらされていた。ワチラーウット前王時代の末期に浪費を重ねて国家財政が悪化したことなどを理由に、王族内からも前王への批判が噴出していた。教育を受けた都市中産階層は、前王の存在のみならず、絶対王政という体制自体にも不満を抱きはじめていた。彼らは急速に拡大した新聞という媒体を使って、政府批判を繰り広げていた。こうした最中に、プラチャーティポックは王位に就いたのであった。有力王族による最高顧問会議は、これらの不満を解消する秘策の一つでもあった。

プラチャーティポック王は、都市中産階層らが要求していた議会制民主主義の導入についても、その必要性は認識していた。世界中から絶対王政という政治体制がほぼ消滅したなかで、タイのみこれを永続できるという保障はどこにもなかった。ただし、王はその性急な導入については反対の意向を示しており、地方自治レベルから民主主義の「訓練」をすべきであると主張した。

一九二七年に王が執筆した『シャムのデモクラシー』という論考では、現時点でタイに議会制民主主義を導入しても、国会は金持ちの中国系商人に支配されてしまうであろうと予想しつつも、国民の多数がそれを望むのであればやがて導入する日が来るとして、その日のために枢密院の改革と市議会の設置を行うべきであると持論を展開した。

プラチャーティポック王（1893〜1941）

枢密院の改革は討論の訓練の場を提供することにあり、任命議員からなる枢密院議会を設置する形でまもなく実行に移されたが、市議会の設置については、のちに起こる立憲革命前には結局実現しなかった。

人民党の誕生

一方、タイの現状を憂《うれ》える人びとは、海外にも存在した。それは、増え続けていた官費留学生らであった。ラーマ五世によるチャックリー改革当時は専門知識をお雇い外国人に依存していたが、第一次世界大戦を機にタイ人への代替が進むようになり、各省庁は優秀な学生を官費留学生として欧米に派遣した。彼らの間に、旧態依然とした母国の政治体制への憂慮が高まっていったのである。その結果、一九二七年にパリで人民党という秘密結社が誕生した。

この結社設立に関わったのは、陸軍留学生プレーク・ピブーンソンクラーム（ピブーン）、法務省留学生プリーディー・パノムヨンら七名の留学生であった。人民党設立の目的は立憲革命によるタイの政治体制の改編であり、改革によって達成すべき原則として、多方面での独立維持、国民の安全保障、経済活動の保障、国民の平等、自由権の付与、教育の拡大の六原則を定めた。彼らはこの革命を、クーデタによる政権奪取で行うことを決め、そのためには同志が必要であるとの結論に達し、タイ国内でそれを探すこととなった。

人民党の立憲革命の思想は、世界恐慌の発生とそれにともなう国民の不満の拡大によって、さらに正当化されることとなった。一九二九年に始まった世界恐慌はたちまちタイも巻き込むこととなり、世界市場での一次産品の価格は軒並み下落し、コメ輸出にその大半を依存していたタイの輸出額は一九三一年には一九二八年の半分にまで落ち込んだ。コメ価格の下落は農民の困窮化を招き、農村の購買力は大きく低下した。このため、農業部門のみならず、未熟な工業部門から中国人が牛耳る商業部門にいたるまで、タイの経済状況はことごとく悪化していったのである。

経済状況の悪化により、ようやく好転しはじめた政府の財政状況が再び悪化することとなった。政府の歳入も大幅に減少し、一九三一年の歳入は一九二九年の七割に低下した。この結果、政府は官庁の統合や公務員の解雇や減俸によって財政危機を乗り切らざるを得なくなった。この痛みをともなう対応は、当然ながら国民の不満を招き、とくに直接被害を受ける官吏の担い手である都市中産階層の政府批判はますます高まった。絶対王政こそが、タイの経済状況や社会問題の根源であるとの考えが急速に広まったのである。

立憲革命の立役者たち

これに対し、プラチャーティポック王は国民の要求である議会制民主主義の導入を図ることで危機を乗り越えようと、一九三一年末に憲法の起草を命じることになった。この憲法は立憲君主制の下で議会制を導入するものであり、いわゆる上からの欽定憲法であったことから国王の権限を残したものである。しかし、この憲法案は一九三二年三月の最高顧問会議で反対され、結局公布されることはなかった。

クーデタによる立憲革命

絶対王政に対する不満が高まるなかで、人民党による立憲革命のためのクーデタ計画を具体化する土壌は着実に整備されていった。このため、人民党は同志を軍人に求める。政府の緊縮財政によるリストラは軍にも及んでおり、軍内部でも独自に立憲革命を模索する動きが出ていた。その首謀者であったプラヤー・パホンとプラヤー・ソンスラデートに人民党は一九三二年はじめに接触を図り、このクーデタ計画を共同で行うことで合意した。軍の後ろ盾を得た人民党は、これによってクーデタを実現できる見通しがついたのである。

一九三二年六月二四日早朝に、人民党によるクーデタが勃発した。人民党はバンコクで決起し、最高顧問会議の有力王族を人質にとって、保養地であるファアヒンに滞在中のプラチャーティポック王に立憲君主となることを要求した。バンコクではプラヤー・パホンが人民党宣言を読み上げ、人民党結成時の六つの原則を発表した上で、絶対王政時代の政策の過ちを厳しく糾弾した。これを知った王は、人民党の主張は事実無根であるとして、地方部隊を利用して抵抗することを試みたが、タイ人同士で争うのは好ましくないとして人民党の要求を受諾する。バンコクに戻った王は、六月二七日にプリーディーが起草した臨時憲法に署名した。臨時憲法が制定されたことで、直ちに王政に代わる政治体制の構築への作業が開始された。

憲法署名の翌日には人民代表会議が開かれ、控訴裁判所長官の法律家プラヤー・マノーパコーンを首相（在任一九三二～三三）に選出した。彼は人民党員ではなく、クーデタにも直接関わらなかったが、王室と親密な関係を持っていたことから仲介者としての役割を期待され、首相に選ばれたのである。その後大臣も任命され、タイで最初の内閣は無事に政治権力を継承する体制を整えた。

この立憲革命によって、長きにわたり続いてきた絶対王政は幕を閉じた。世襲的に政治権力が継承される絶対王政のシステムは、為政者の資質によって政権運営能力が大きく異なる。それはマンダラ時代から続いてきたことであり、王の資質によって王国の統治権力は拡大と縮小を繰り返してきたが、近代化と中央集権化にともなって国家の役割が飛躍的に拡大し、かつ国家の領域も画定されたからには、もはや王の資質任せでは対応できなかった。それでも、人民党は革命を円滑に進めるために、絶対王政から共和制への移行という極端な変革を避け、国王や王族の存在を認めた立憲君主制を志向したのであった。王室の存在感はこれ以降しばらく稀薄化するものの、やがて共産主義に対抗して国民統合を推進する時代が到来すると、国王や王室が再び脚光を浴びることになる。

人民党政府の分裂

主権を人民に取り戻すとの名目でクーデタを実行した人民党であったが、絶対王政の打倒という共通の目的を達成すると、すぐに路線対立が表面化し、政局が不安定化した。その契機となったのは、プリーディーによる「経済計画大綱」であった。フランスで社会主義に啓《けい》蒙《もう》された彼は、経済活動の国営化、土地の国有化、労働者の国家管理などを骨子とした経済計画を策定し、これを人民党の六原則の具体化に利用しようと考えたのであった。具体的には、この計画によって労働者がすべて公務員となることで経済活動の保障を達成し、経済活動を国営化することで中国人らによる経済支配から脱却し、経済面での独立を維持できるとの考えであった。

これに対し、プラチャーティポック王は、この計画はタイをソ連のような共産主義の国家にするものであると強く非難し、断固反対すると主張した。人民党内でも、穏健派とされるプラヤー・マノーパコーン首相やプラヤー・ソンスラデートもこの計画に反対し、急進派とされるプリーディーらとの間に意見の対立が生じた。しかし、国会では急進派のほうが優勢であり、強行採決によって計画が了承される可能性があった。そのため首相は一九三三年四月に国会を停止し、共産主義を取り締まる法律を制定した。これによって、プリーディーは出国を迫られ、フランスに追放された。

ところが、急進派を追放した人民党内部では、今度は軍人同士の対立が表面化した。プラヤー・パホンとプラヤー・ソンスラデートの関係が悪化し、一九三三年六月に両者揃って陸軍の職を辞任してしまった。これに対し、反人民党派が陸軍を掌握するのを恐れた人民党派の軍人は、ピブーンを中心としてプラヤー・パホンを担ぎ上げてプラヤー・マノーパコーン内閣に対してクーデタを行った。タイ最初のプラヤー・マノーパコーン内閣はわずか一年で崩壊した。なお、このクーデタへの英仏の介入を恐れたピブーンらは、日本の矢田部《やたべ》保吉《やすきち》公使に接触して支援を要請した。これは、同年二月の国際連盟での満洲国問題に関する対日非難決議で棄権票を投じたことに続き、タイが「親日」的であると日本側に認識させる一因となった。ちなみに、アユッタヤー時代の「クーデタ」や立憲革命を別にすれば、これがこの後続くクーデタによる政権転覆の最初の事例である。

クーデタの後に首相の座に就いたのは、プラヤー・パホン（在任一九三三～三八）であった。彼はフランスに追放されたプリーディーの入閣を希望し、経済計画大綱にとらわれず自由主義的経済政策に従うとの条件付きで打診したところ、プリーディーがこれを受諾し、一九三三年一〇月一日に入閣した。これに対して、プラチャーティポック王は、共産主義者の帰国であると政府を批判し、自らの意向に反するものであると反発した。プリーディーの帰国と国王の反発は、クーデタによって不満を鬱積《うっせき》した反人民党派の軍人に格好の口実を与えることになった。

ボーウォーラデート親王の反乱

プリーディーの復帰からわずか一〇日後の一〇月一一日、ボーウォーラデート親王率いる部隊が東北部のコーラートからバンコクへ向かい、ドーンムアン空港の空軍基地を占拠した。そして、プラヤー・パホン政権に対して国王の権限の回復や政党の合法化、軍人の政治関与の禁止を要求した。政府側はこれを武力で鎮圧することとし、両者の間で戦闘が始まった。しかし、政府側が圧倒的に有利な状況のなかで、反乱軍はコーラートへと退却し、ボーウォーラデート親王はコーラートから仏印に亡命した。結局、この反乱は二週間足らずで終結した。

この反乱の際にフアヒンに滞在中のプラチャーティポック王は、公式には政府側の対応を支持したものの、内心では反乱軍に期待していた。しかし、反乱軍が劣勢となると、政府の報復を恐れて南部のソンクラーに逃亡した。政府はバンコクへの帰還を求め続け、王は一二月にようやく戻ったものの、翌年一月に病気療養のためヨーロッパに向かってしまう。病気治療後も帰国を拒んだ王は、人民党政府に対してボーウォーラデート親王らと同じ要求を突きつける。政府がこれを拒否したことから、王は一九三五年三月についに退位声明を出し、国王の座を降りてしまった。国会はプラチャーティポック王の兄マヒドン（ソンクラーナカリン）親王の長子アーナンタマヒドン王（ラーマ八世／在位一九三五〜四六）を王位継承者として承認したが、まだ九歳の新王はそのままスイスにとどまった。これによって、人民党とプラチャーティポック王の戦いは終結し、王は一九二五年以来の苦難の時代に自ら終止符を打ったのである。

ボーウォーラデート親王の反乱は、一方で現在にいたるタイの自動車道路整備の契機ともなった。当時タイ国内の交通網は鉄道が中心であり、道路は鉄道に接続する支線としての機能しかなかった。このため、バンコク市街の北方に位置するドーンムアン空港でさえ鉄道しかアクセス手段はなく、政府軍も反乱軍も鉄道に依存した。反乱軍がコーラートへ退却する際には橋梁《きょうりょう》などを破壊したことから、政府軍は追跡に手間取ることになった。このため、政府は安全保障を主目的として、バンコクから地方へいたる一万五〇〇〇キロもの道路網を整備する全国道路建設計画を立て、バンコク〜ドーンムアン間の道路建設から着手した。これがそれまでの鉄道一辺倒の交通政策から鉄道・道路併用政策への転換点となった。

II　ピブーンと失地回復

ピブーンのナショナリズム

人民党設立時のリーダーの一人であったピブーンは、立憲革命後しばらくは年上のプラヤー・パホンを立てて政治の前面には出なかったが、着実に自らの地位を築いていった。ボーウォーラデート親王の反乱後、ピブーンは国防相に就任し、軍内部での影響力を強めていった。一方プラヤー・パホン内閣は、議会の半数を占める民選議員と人民党の任命議員との対

ピブーン（1897～1964）

立の扱いに苦慮し、ついに民選議員からの圧力に抗し切れず一九三七年に総辞職した。その後、第二期政権を樹立したものの、再び対立が生じ翌年議会を解散した。これを受けて行われた総選挙後の首相候補者としてピブーンが選出されたことで、ピブーンはついに政治の主役へと上り詰めたのであった。

首相の座に就いたピブーンは、ナショナリズムを鼓舞することとなった。彼は国家信条（ラッタニヨム）を一九三九年六月に公布し、まず国名を「シャム」から「タイ」に変更すると表明した。これは民族名と国名を一致させるものであり、「タイ」は「タイ人の国」の国であることを強調する意図を持ち、タイの英語名はThailand、すなわち「タイ人の土地」と訳された。この国名改正については当時から批判的な意見も少なからず存在し、その後も何度かシャムへの回帰が議論されている。また、その後の国家信条ではタイ語の重要性を強調し、タイ人はタイ語を読み書きできねばならないとタイ語の国語化を推進した。この国家信条は計一二回公布され、西洋的な服装の推奨など、タイ文化の西欧化、近代化を志向した。現在目にする毎日朝八時と夕方六時に国歌とともに道行く人が立ち止まり、国旗掲揚と降納《こうのう》に敬意を払うという「伝統」の起源も、この国家信条であった。

ピブーンによる「タイ」の強調は、中国人にも影響をもたらした。中国人による経済活動の独占状況を打破するために、彼はコメの精米や流通を目的としたタイ米穀社などの国営企業を設立し、経済活動への介入を始めた。また、中華学校や華語新聞を弾圧し、次々に廃校や廃刊に追い込んだ。これらの施策は中国人への弾圧ではなく、むしろ同化の促進策であった。彼は中国人を「タイ人」にすることで、タイを真の「タイ人の国」にしようと考えたのであった。このタイ人への同化政策を契機に、タイの中国人は徐々にタイ化していくことになり、現在のように誰が中国系であるのか見分けが難しい状況になっていく。

第二次世界大戦開戦とタイ

ピブーンによるタイ・ナショナリズムの高揚は、世界的な全体主義の台頭の影響を受けたものでもあった。全体主義を志向した日本、ドイツ、イタリアの拡張政策は著しく、英仏米などとの対立が顕在化していった。そして、一九三九年にはついにヨーロッパで第二次世界大戦が勃発し、当初ドイツは優位に戦線を拡大していった。この全体主義国の優勢が、ピブーンのナショナリズムを奮い立たせることとなった。ピブーンはドイツの優位な戦況からやがて枢軸国側が勝利するものと考え、タイもその「流行」に乗り遅れまいと考えたのである。第二次世界大戦が始まると、前回と同じくタイは直ちに中立を宣言した。ヨーロッパ戦線に没頭せざるを得ない英仏は、東南アジア植民地の保全のために、タイと不可侵条約を結ぶ意向を示した。一方、一九三三年の満洲国問題に関する国際連盟の対日非難決議でタイが棄権票を投じたことと、その直後のクーデタでピブーンに頼られた日本は、それ以来タイを「友好国」あるいは「兄弟国」と認識しており、友好関係を深める条約締結を希望していた。だが、英仏とタイが不可侵条約を結ぶと、同様の条約を一九四〇年六月に結んだ。不可侵条約締結に際して、タイはフランスに対していまだ不平等なメコン川の国境線を見直すことを要求し、フランス側もこれを了承した。

ところが、ドイツの勢いは止まらず、条約締結後すぐにフランスはドイツに敗退した。フランスにはドイツの傀儡《かいらい》政権であるヴィシー政権が樹立されたが、もはやかつての大国フランスの面影はなかった。さらに、一九三七年以来の日中戦争の長期化に苦戦していた日本は、この機会を利用して仏印北部への進駐をフランスに要求する。中国内陸の重慶《じゅうけい》に拠点を構えた国民党政権に対して、アメリカやイギリスは支援物資を送るための援蔣《えんしょう》ルートを何線か整備したが、そのなかで最も重要なルートがフランスの建設したハイフォン〜昆明《クンミン》間鉄道を利用したものであった。このため、日本軍はこのルートを遮断《しゃだん》するために仏印北部を押さえようと考えたのであった。ヴィシー政権には日本側の要求を拒否するだけの力はなく、結局これを承認。日本軍は九月に仏印北部へ軍を進駐させ、ドイツ、イタリアと日独伊三国同盟を結び、戦争への姿勢を強めていった。

「失地」回復要求——大タイ主義

フランスが日本の要求を呑んだことで、タイはフランスに対してさらなる要求を突きつけた。それは、メコン川の国境線の改定について、タイと仏印の国境をメコン川にすること、言い換えれば一九〇四年に割譲したメコン川右岸の「失地」ルアンプラバーン対岸とチャムパーサックをタイに返還させることであった。さらに、将来フランスが植民地を放棄する場合には、ラオスとカンボジアの宗主権をタイに返還することを約束するよう求めた。タイはフランスの弱体化を利用して、要求をエスカレートさせたのであった。とくに、メコン右岸はパークナーム事件後にフランスが占領したチャンタブリーの返還と引き換えに「割譲」した場所であり、タイから見ればフランスに「奪われた」感が強かった。ただし、この時点では一九〇七年に「割譲」したカンボジア北西部であるバッタンバン、シェムリアップは含まれていない。

これに対し、フランスは当然ながらタイ側の要求を拒否した。ピブーンは米英あるいは日本の後ろ盾を得てフランスに要求を認めさせようと考え、双方に対して見返りを示していた。イギリスはタイを支援する意思はあったものの、アメリカは日本とタイの関係を疑って積極的な態度を示さず、結局イギリスも独自には動かなかった。

一方、日本はこの機会を積極的に活用してタイと軍事協定を結んで同盟国に引き込み、来たる戦争に有効に利用することを考えた。ピブーンは日本の支援に依存しての「失地」回復も考えたものの、この時点では日本が戦勝国となるかどうかには自信がなく、完全に日本寄りの態度を取るまでには踏み切れなかった。

大国を利用してフランスに圧力をかけると同時に、ピブーンは大タイ主義を打ち出して、タイ国外に住むタイ族の一致団結を求めた。彼は旧タイ領に居住する住民に対し、タイ入国手続きを免除すると発表した。彼らのなかにはタイ族もいるものの、民族的にもまったく系統が異なるクメール族も含まれていた。つまり大タイ主義は旧タイ領を組み込んでタイをかつてのマンダラ時代の支配域にまで拡張する政策であり、その領域に住むものはすべて「タイ人」と見なしたのである。ただし、実際にはそれが実現した暁には、新たに「タイ人」に組み込まれた人びとは皆真の「タイ人」、すなわちタイ語を理解しタイ文化に精通した人になることが求められた。

さらに、「失地」返還の世論を高めるために、ピブーンは学生を動員して「失地」回復要求のデモを行わせた。芸術局長であったルアン・ウィチットは、大タイ主義を正当化して世論を誘導した。彼はタイ族がタイ国外にも多数分布していること、タイ族は漢民族よりも古い由緒ある民族であることを主張し、かつて雲南に存在した南詔《なんしよう》王国がタイ族最古の国家であると強調した。領土「割譲」の歴史を示す「失地」喪失図や、タイ族の歴史に関する書籍が相次いで出版され、大タイ主義はますます盛り上がりを見せた。

紛争の勃発――仏印対タイ

国内世論が盛り上がりを見せる一方で、フランスとの交渉は進展せず、ついに一九四〇年一一月にフランスがタイ側を空爆することで紛争に火が付いた。当初は空爆の応酬であったが、翌年一月に入るとタイ軍は仏印への進軍を始め、メコン右岸やカンボジア方面へ進軍した。この進軍は順調に進み、タイはカンボジア北西部シーソーポン付近まで簡単に軍を進めることができた。タイのこの成果は国内で大々的に報道され、国民はタイの勝利を信じて疑わなかった。

ところが、一月一七日にタイとフランスとの海軍同士の交戦がタイ湾のチャーン島付近で発生し、タイ側は大打撃を被る。このままではタイが敗退することから、日本がタイを支援することとなった。イギリスに先を越されぬよう日本は一月二〇日に仲介役を名乗り出て、両国ともこれを受け入れた。ピブーンはフランスが先に調停を受け入れたので仕方なく調停に応じたとのスタンスを取り、国民はタイの勝利であると確信した。

日本は両国の代表を招いて東京で交渉を開始するが、タイ側は勝利に熱狂する国民はもはやメコン右岸のみの返還では満足しないとして、ラオスとカンボジア全土の返還を要求してきた。実際にはタイ側もこれをすべてフランスが認めるとは思っておらず、あくまでも交渉の前提にするために出した要求であった。戦況は明らかに有利であり、このまま戦いを続けていれば間違いなく勝利したフランスとしては、日本の調停も仕方なく受け入れたものに過ぎず、その上タイ側の要求が当初よりもエスカレートしたとあっては、これを受け入れる筋合いはまったくなかった。当然のようにフランスは拒否し、交渉は膠着《こうちゃく》状態となった。

日本側は妥協案としてメコン右岸の全域と西北カンボジアの一部を割譲対象とする案を提示し、タイ側はこれに応じることとなった。フランスはこれも不満ではあったが、調停を成立させなければタイに「貸し」をつくることはできないと考えた日本側は圧力をかけた。その結果、フランスはこの案を若干変更する形で受諾することを伝え、タイもそれを了承した。両国が妥協したことで、三月一一日に調停案が仮調印された。その後五月には調停の本会議を開き、東京条約に両国が調印した。これによって、タイの「失地」回復は実現したのである。日本はこの調停によって「兄弟国」タイを日本側に引き寄せることに成功したと考えたが、ピブーンはより多くの「失地」を回復できたはずであるとして、この成果だけでは満足しなかった。それでも、この時代にかつて列強に「奪われた」領土を「取り戻す」という芸当をやり遂げたのは、タイのみであった。

「失地」の回復

タイが回復した「失地」は、基本的に一九〇四年と一九〇七年にフランスに割譲した領域であったが、その範囲は若干異なっていた。メコン右岸のルアンプラバーン対岸とチャムパーサックは変わらなかったが、カンボジア北西部は国境線が以前とは異なっており、バッタンバンは以前より狭くなり、シェムリアップ、マノープライと仏印との新国境には完全に人為的な直線が引かれた。また、フランス側の変更要求でシェムリアップの町とアンコール・ワット周辺の遺跡群は割譲対象から除外された。

タイはこの「失地」を組み込むために、旧領土と同じ行政機構を整備することとなった。「失地」は四県に分割され、ルアンプラバーン対岸はかつてのラーンサーン王

タイの「失地」回復

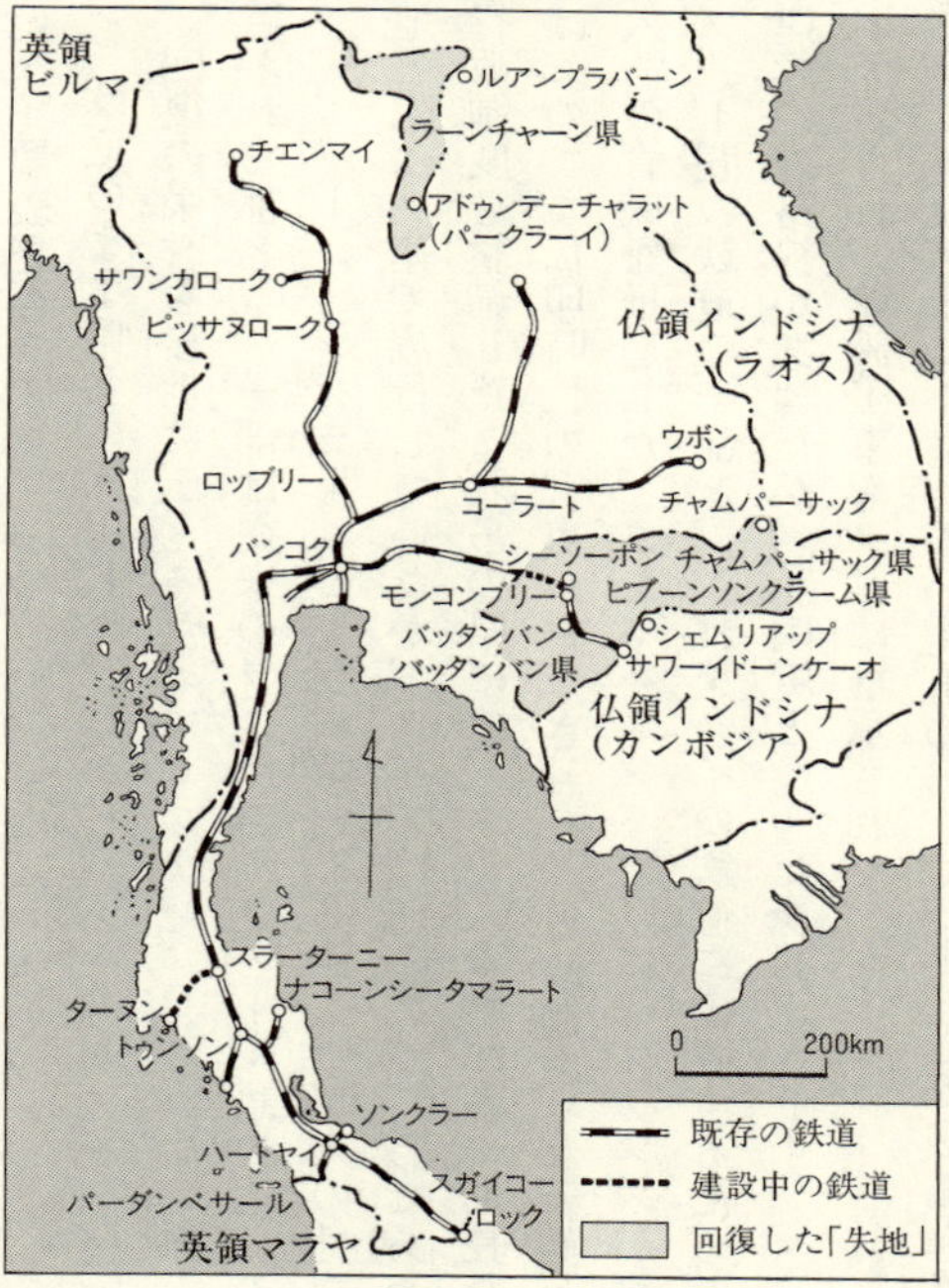

国のタイ語表記のラーンチャーン県、チャムパーサックとバッタンバン（タイ語でプラタボーン）はそのまま県名に採用した。しかし、シェムリアップは町が外されたことから、「失地」回復の栄誉を後世に伝えるためにピブーンソンクラーム県と命名された。さらにその下に置かれる郡名も、一部は従来のラーオ語やクメール語の地名の代わりにアドゥンデーチャラット、ハーンソンクラームのように戦闘で活躍した軍人の姓を採用した。このような人名の地名化はソ連で流行していたが、タイでは初めてのことであった。

行政制度を整備したこれらの県には、タイ人の県知事や郡長など要職が派遣され、下級官吏はそのまま仏印時代の官吏が継承された。行政制度や教育制度もすべてタイ化され、「タイ人」の育成を推進した。またバッタンバン県にはフランスが建設したプノンペン～モンコンブリー間の鉄道の一部と、これをタイの鉄道に接続するためのモンコンブリー～旧国境間の建設中の路線があったが、新国境となったサワーイドーンケーオから旧国境まではタイ側に引き渡され、建設工事もタイに継承された。

ピブーンは戦果に不満であったものの、「失地」を回復したタイにとってこの戦いは明らかに「勝利」であった。このため、この輝かしい「戦勝」を記念するために、バンコク市内に戦勝記念塔が建設され、戦争で犠牲になった兵士を慰霊した。大ロータリーの中央にそびえたち、現在では多くのバス路線が乗り入れ高架鉄道との接点ともなっている一大交通センターとしても有名なこの塔が、何の戦争での勝利を記念するものか知らない人も多いが、実はこの「失地」回復紛争の勝利を記念して建てられたものであった。

III　第二次世界大戦への「参戦」

戦争までの状況

「失地」回復で日本の調停に応じて、当初の要求より多くの「失地」を回復したタイであったが、これでピブーンが完全に親日的態度を取るようになったわけではなかった。ピブーンはあくまでも中立的な態度を崩さず、インドシナ半島において日本と英米のパワーバランスを均衡させることを画策した。すなわち、前回の第一次世界大戦のときと同じく、タイはどちらかに付かざるを得なくなった際には勝者側に付くことを望み、それが判明しない限りは極力中立を保ち、様子を見ようということであった。問題は、日本の北部仏印進駐を機に日本の勢力拡大が顕著であることと、「失地」回復によってタイが日本側に付いたと英米に誤解されかねないことであった。

このため、タイはまずイギリスに対して抗日協力を打診し、日本側を牽制しようと試みた。これは日本がタイに対して、期待したほど武器の提供を行わないことから、抗日を旗印に英米からの武器の調達を画策したのであった。イギリスはタイが日本側に付くと自国の植民地にとっても影響が出ることから、タイに飴《あめ》を与える方針に賛成であったが、アメリカはやはり日本とタイの関係を疑問視しており、武器を支援しても日本軍に流れるだけであると反対であった。

しかし、一九四一年七月に日本が仏印南部に進駐すると、タイは日本軍と国境で対峙することとなり、次に日本軍が兵を進めるのは隣のタイとなる危険性が高まった。日本は英米蘭から経済制裁を受けたことで、従来これらの国あるいはその植民地から輸入していた物資をタイから輸入する必要性が高まり、コメ、天然ゴム、錫をタイから輸入しようとした。他方でタイでは石油流通の国営化に反発した欧米石油会社が撤退したことで石油不足が発生したものの、同じくアメリカからの禁輸措置で石油確保に悩む日本はこれに対応できないため、イギリスに協力を求めた。イギリスは天然ゴムや錫の確保のため、タイに飴を与える措置をとろうとした。

一九四一年九月には、親日派の燃料局長ワニットの汚職が報道されると、日本側は反日派の企みであると考え、タイ側に真相究明を要求した。これを理由にタイに日本軍が侵略する事態を恐れたピブーンは英米に支援を求めたが、両国は相変わらず消極的であった。一一月に入ると日本の戦争突入はもはや秒読み段階であるとの見方が広まり、タイは日本が侵略した暁には対日宣戦布告を行うと英米に伝えたものの、芳しい反応は得られなかった。このため、ピブーンは徐々に傾日的となっていく。

日本軍の進駐　タイ南部で

開戦と宣戦布告

それでも、ピブーンは最後までタイの中立的態度を内外に示そうと努力した。それは、ピブーンの「雲隠れ」戦略となって具体化した。

日本軍は一九四一年一二月八日に戦闘を開始し、タイへはマレー半島七ヵ所、バンコク南方海岸、仏印国境に進軍し、さらに英領マラヤやビルマに兵を進める計画を立てた。そして、事前に情報が漏れるのを防ぐために、前日の午後四時からタイ側と交渉し、日本軍の通過許可、防衛協定の締結、防衛攻撃協定の締結、枢軸国化のいずれかを認めさせて、「合法的」に兵をタイ領に進軍させる予定であった。

ところが、ピブーンは一二月はじめに起こった仏印国境での日本兵によるタイ側の官憲侮辱事件を調査する名目で仏印国境に「雲隠れ」していた。このため、一二月七日の夕方日本側がピブーンへの面会を求めるものの彼は不在であり、アドゥン・アドゥンデーチャラット副首相は首相が帰らないと日本側の要求に対する回答はできないと即決を拒んだ。結局、ピブーンのバンコク帰京は翌朝になると伝えられ、日本側はタイの了承を得られないまま軍事行動を開始せざるを得なくなったのである。

一二月八日未明に日本軍がマレー半島やバンコク南方から上陸作戦を開始すると、タイ軍や警察は侵略行為であるとしてこれに応戦し、戦闘が発生した。バンコクに戻ったピブーンは対応を協議し、英仏の支援はもはや期待できず、日本に抵抗すれば植民地化されるであろうとの判断から、最低限の日本軍通過協定のみを結ぶこととし、同日一〇時半に調印した。この報告は直ちに各地に伝えられ、日本軍とタイ側の戦闘行為は終結したが、それまでの戦闘によって、タイ側一八三人、日本側一四一人の戦死者が出ていた。

その後、一二月一一日には軍事協定を結び、さらに二一日にはビルマ進軍をタイ側と共同して行うために同盟条約を締結して日本側と同盟することとなった。その後、タイは連合国側によるバンコクの空襲を非難する形で翌年一月に宣戦布告を行った。ところが、この宣戦布告にはスイスにいる国王の代わりに三人の摂政の署名が必要であったものの、そのうちの一人プリーディーが地方視察と称して「雲隠れ」し、宣戦布告は摂政二人の署名のみで行わざるを得なくなった。これが、のちにプリーディーによる宣戦布告無効宣言への伏線となるのである。

結局、最終的にピブーンは日本と運命をともにすることを受け入れざるを得なくなったが、「やむを得ず」日本の同盟国になったという状況をあえてつくり出し、連合国側にタイが不本意ながら戦争に巻き込まれたことをアピールしたことになった。また当初から反日的であったプリーディーも、ピブーンと同じ「雲隠れ」を利用することで自らの不快感を表明した。連合国側がこれらのサインをその意図通り受け取ったわけではなかったが、これらの「作戦」もタイの「世渡り」上手な一面が現れた好例であった。

ビルマへの進軍

タイは「やむを得ず」戦争に巻き込まれたことを演出したものの、実際に戦争に参加することになった以上、ピブーンは日本に積極的に協力して大タイ主義をさらに推進しようと考えていた。すなわち、日本軍と協調してさらなる領土拡大をめざしたのである。現在のタイのナショナル・ヒストリーでは、この戦争は日本軍に強制されて参加させられたものであり、戦争中のすべての出来事は日本軍に強要された結果であるとされている。タイ人の一般的認識のなかでも、この戦争中にタイは日本軍に「占領」されていたと考えられている。

しかし、実際にはタイ自身も自発的に日本軍に協力し、戦争から「成果」を得ようと考えていた。タイは英米への宣戦布告に先立って、日独伊三国同盟への加盟を日本に要求していたが、日本はタイとドイツとの関係強化を憂慮してこれに反対していた。タイとしては、同盟に加盟することで日本と対等の立場を確保しようとの狙いであったと思われる。また、シャン州への外征もタイが自発的に行ったものであった。シャン州は英領ビルマの東部、タイ北部に接する地域であり、タイ族の一派であるシャン人が居住する地域であることから、いわゆる大タイ主義に基づく「タイ人」が居住する地域であったが、タイの「失地」地図に含まれる領土ではなかった。ところが、日本軍がタイからビルマに侵入していくと、タイは行動をともにしてビルマに進軍し、領土拡張を実現させることを模索したのである。

これに対し、日本はビルマ人が親日的であったことから、タイ軍による軍事行動は好ましくないとして、当初は反対した。しかし、タイ側はすでに進軍のための軍隊を北部に移動させており、日本側に進軍許可を再三求めた。この結果、日本側が譲歩して許可したことから、一九四二年五月にタイ軍が軍事行動を起こし、タンルウィン川以東のシャン州を占領した。タイはこれらの地域を元タイ州（Rat Thai Doem）と呼称し、あたかもタイの「失地」を回復したかのように国民に説明した。それでも、日本はこの地を直ちにタイ領に組み入れることは承認せず、またかつてのインド洋交易の重要な港市が立地するテナセリム地域へのタイ軍の出兵も拒んだ。このように、実際にはタイも主体的に行動して大タイ主義の実現をめざしていたのである。

タイは自らの「夢」を叶えるべく、日本軍の無理な要求にも応じていった。一九四二年四月には日本軍の要請でバーツ貨を切り下げて円と等価にし、翌月には日本軍の戦費に充当する特別円協定にも調印した。これは、日本軍がタイ国内で調達する物資の支払いに際し、タイ中央銀行が日本軍に貸し付けた特別円で決済を行うものであり、日本がタイから借りた借金であった。日本軍は宣戦布告によってタイが接収した敵性資産の使用権も要求し、イギリス企業の伐採したチークや製材所、あるいは船舶などを使用した。タイとしては本来承諾しがたい要求であったものの、大タイ主義による領土拡大を実現するためにはやむを得ない犠牲であった。

日本軍への不信拡大

ところが、日本軍への献身的な協力にもかかわらずタイの得るものはあまりに少なく、むしろタイ社会や経済への影響が大きくなると、日本軍への不信感が高まっていった。日本軍は自活主義を取ったことから、必要な物資を各自現地で調達する必要が生じた。このため、タイ側に食糧や資材の購入希望を出すものの、タイ国内の供給体制も限られていたことから、各地の食糧や物資の需給状況に影響を与えることになった。日本軍が個別にタイ側に要求を出すのを避けるために、タイは同盟国連絡局という機関を設置し、食糧や物資調達の希望などの日本軍からタイ側への要求を一元的に管理することになったが、日本側の対応が徹底せず、頻繁に問題が発生した。

また、日本軍はタイの輸送手段も徴用し、軍事輸送に用いた。とくに、鉄道は英領マラヤへの進軍時に用いたのみならず、バンコク～シンガポール間や「失地」内の鉄道建設の完了にともない実現したバンコク～プノンペン間などの国際鉄道を用いて物資動員計画に使用した。この結果、タイ側の鉄道車両が不足し、国内の貨物輸送に大きな打撃を与えることになった。一九四二年には中部で水害が発生し、日本軍が必要とするだけのコメを翌年調達することが難しくなったことから、タイはバッタンバンや東北部からコメを輸送する必要があるとし、そのための鉄道車両の返還を求めた。単に日本軍の要求を呑まされたのではなく、タイ側も交換条件を出して極力日本側の譲歩を引き出そうとした。

国際交通路の一環として、日本軍はタイとビルマを結ぶ鉄道建設に乗り出した。これが、かの有名な泰緬《タイメン》鉄道である。一九四二年六月に着工されたノーンプラードゥック〜タンビューザヤ(ビルマ)間総延長四一五キロの鉄道は、翌年一〇月に完成するという驚異的な速さで建設されたが、その建設に多数の連合軍捕虜やアジア人労務者が動員されて多くの犠牲を出したことから「死の鉄道」と呼ばれるにいたった。また、日本軍は同じくビルマへの輸送ルートとしてマレー半島のチュムポーン〜クラブリー間にも軍用鉄道を一九四三年に建設し、こちらはクラ地峡《ちきよう》線と呼ばれた。

この泰緬鉄道の建設中に、タイ側の不信感をさらに悪化させるバーンポーン事件が発生した。泰緬鉄道のタイ側の起点の町バーンポーンで、一九四二年一二月に捕虜にタバコを恵んだ僧侶が日本兵に殴られる事件が起こったのである。これを機に日本軍とタイ人の間に衝突が発生し、日本兵七人が死亡し、タイ人にも多くの負傷者が出た。タイでは僧侶は高く崇められており、日本軍が仏教を侮辱したとの非難が高まった。日本側は犯人の死刑を要求したが、タイ側は関係者を終身刑とした。この事件は、タイにおける日本軍の存在がもはや同盟軍よりも「占領軍」と化していることを認識させることとなった。

ピブーンの日本離れ

タイにおける日本軍の存在が悪影響をもたらしたのみならず、日本軍の戦況も芳しくなくなったことから、ピブーンは日本との距離を置きはじめた。

一九四二年一一月には日本が大東亜省を設置し、タイとの外交関係も「大東亜共栄圏」内の他の植民地とともに外務省からこちらに移管された。これに対し、ピブーンはタイが他の植民地と同格に扱われたとして不快感を示し、日本への不信感を募らせる。輸出の大幅な減少のみならず、工業製品や石油製品の輸入も大幅に減少し、物資の不足が顕著となった。タイは日本に支援を求めたものの、同様の問題に苦しむ日本も十分に対応できず、日本と運命をともにして参加した「大東亜共栄圏」は、「共貧圏」の現実を露呈させてきた。

一九四三年に入り、枢軸国側の劣勢が明らかになると、ピブーンの日本離れはさらに加速した。七月にはムッソリーニが失脚し、枢軸国側の一翼が事実上崩壊した。ピブーンの日本離れを察知した日本側は、東條英機《とうじょうひでき》首相自らタイを訪問し、シャンの占領地域二州と一九〇九年にイギリスに割譲したマラヤ四州の主権をタイに譲るという「プレゼント」を渡したが、もはやピブーンの大タイ主義は反応しなかった。むしろ、タイ側はシャンからの撤兵を日本側に求めていたものの、日本側から拒否されていたのが実際であった。いまやこの二地域を譲り受けたことで日本と同罪となり、将来イギリスとの関係に悪影響を及ぼすことをタイが警戒するまでに状況は変化したのであった。

さらに、同年一一月には東京で大東亜会議が開かれるため、東条首相はピブーンに出席を再三要請した。しかし、結局彼はこれを頑《かたく》なに固辞し、特命全権大使でない代理の派遣にとどめた。この結果、大東亜宣言にタイは署名せず、タイの非協力振りを日本側に知らしめることとなった。

他方でピブーンは中国の重慶政府と接触を図り、共同で抗日戦線を組むことも計画した。これに対する備えと、同年末から激化したバンコク空襲を避けるために、ピブーンはバンコクの北方三〇〇キロに位置するペッチャブーンへの遷都を計画し、建設工事に着手した。しかし、戦局の悪化と次に述べる自由タイの活動の活発化により、ピブーンに反発する勢力が国会内で勢力を伸ばしていった。一九四四年七月に国会に提出したペッチャブーン遷都案が否決されたことを機に、彼は総辞職という道を選び、政治の表舞台から一時身を引くことになる。これは、日本との距離を置きはじめたものの、連合国側との関係構築を進められなかったピブーンに対する不満の顕在化であった。日本離れの著しいピブーンの退陣については、日本もむしろ賛成であった。

Ⅳ　「敗戦国」からの脱却

自由タイ

ピブーンの代わりに連合国側との関係を構築したのは、連合国で結成された自由タイとプリーディーであった。タイが英米に対して宣戦布告を行ったことで、これらの国に滞在していた留学生を中心とするタイ人は敵性国人となり、赤十字船でタイに送還されることになっていた。しかし、彼らの大半はタイに帰って日本軍に協力させられることを望まず、駐米公使セーニー・プラーモートがアメリカ側に交渉したところ、抗日組織結成の許可が出たことから、一九四二年三月に自由タイという組織を結成した。この自由タイに参加した在米タイ人は計八七人であり、うち二一人の留学生がアメリカの海外情報機関（ＯＳＳ）に入隊し、訓練を受けたのちに中国に派遣された。

一方、イギリスでも同様にタイ人は送還されることになっていたが、同じくタイを救うために帰国せずに連合軍に協力しようという留学生らが存在した。彼らの元にアメリカでの自由タイ設立の知らせが入ると、イギリスでも自由タイの設立が模索され、結局三七人のタイ人がイギリス軍情報機関（ＳＯＥ）の情報将校に登用された。彼らも訓練を受けたのちにインドに派遣された。英米とも養成したタイ人スパイを送り込み、タイ国内の情報収集を行わせようと意図したのであった。

タイでは、プリーディーが密《ひそ》かに連合軍側との接触を試みていた。彼は当初から枢軸国は連合国に敗れると推測しており、タイが日本と「心中」することには反対であった。彼はピブーンによって開戦直後に摂政という閑職に置かれることとなったが、この立場を利用して抗日運動を画策した。

プリーディー（1900〜83）

国内には彼に同調する人物も少なからずおり、そのなかには警察局長官のアドゥンなど政府の重鎮も含まれていた。彼は一九四三年二月に抗日組織を設け、連合国側と連絡を取るために密使を重慶に派遣し、九月にようやくアメリカ側との接触に成功した。当時重慶にはOSSの下に自由タイの重慶本部が設置されており、これで国外と国内の抗日組織が手を組み、自由タイがタイ国内で活躍する素地ができたのであった。

プリーディーらはフランスのロンドンにおける亡命政権「自由フランス」に倣って、中国かインドに亡命政権を樹立しようとの希望を持っており、その意向は連合国側に伝えられた。また、タイ国内での自由タイの活動資金も不足しており、この支援の要請も伝えられた。英米ともこれを直接支援することには否定的であったが、自由タイ隊員のタイへの送り込みは予定通り行われることとなり、一九四四年三月にインドを発ったタイ人のイギリス軍情報将校がタイ北部に落下傘で潜入したのを皮切りに、自由タイ隊員が相次いでタイに入り込んできた。彼らは当初「不審者」として警察に逮捕されたものの、警察のトップが自由タイの要の一人であったことから、見かけ上は逮捕監禁されながらもバンコクへ送られてタイ側の自由タイのメンバーと接触した。

クアン内閣の両面外交

一九四四年七月にピブーンの総辞職を受けて成立したクアン・アパイウォン（在任一九四四～四五）内閣は、本格的に自由タイ運動に加担することとなった。つまり、日本との同盟関係は従来と変わらないことを示しつつ、他方で自由タイの活動を支援した。実際にクアン内閣の閣僚のなかには、自由タイの指導者が三人入閣していた。自由タイの隊員はさまざまな地点からタイに入国したが、地方行政機構や教員機構を通じて自由タイ運動は全国に広まることとなり、日本側に見つからぬよう隊員をバンコクへ送り届ける役割を果たした。戦争による物資不足がますます悪化し、インフレもとどまることを知らない状況下に加えて、ますます拡大する連合軍による空爆は、国民の日本離れと自由タイへの期待を高めることとなった。

このため、自由タイの活動は、ますます活発かつ大胆となった。一九四五年に入ると、自由タイ隊員のみならず英米の軍人もタイに潜入しはじめた。国内各地に自由タイのキャンプが建設され、住民に軍事訓練を施した。プリーディーらは抗日蜂起《ほうき》を画策していたのであったが、連合国側は時期尚早であるとこれを抑えた。日本側もこのような自由タイの動きをうすうす察知していたが、政府機関や役人が関与していたことから、独立国であるタイの主権を侵すようなあからさまな手出しはできなかった。

それでも、自由タイの活動があまりに活発となったことから、日本側も自由タイの秘密飛行場が東北部にあることを知り、これを襲撃する計画を立てた。ただし、タイ側に通告せずに軍事行動を起こすわけにはいかないことから、一九四五年七月に事実究明を求める通告を行った。タイ側は査察に行くまでの猶予期間内に、すべての証拠を隠滅するよう自由タイに伝えた。両者合同で行った査察の結果、飛行場の存在はもはや疑いのない事実となったが、タイ側は警察による反政府勢力撃退のための訓練施設であると言い逃れた。

タイ側も、抗日蜂起に踏み切る前に日本軍がタイを「処理」することを恐れていた。日本は一九四五年三月に「仏印処理」を行い、それまで温存していた仏印政庁を倒して親日政権を樹立させていたため、次はタイであるという見方が強まった。日本軍はバンコク北東約一〇〇キロのナコーンナーヨックに要塞を建設し、タイ側に圧力をかけた。日本側ではタイを仏印と同じく「処理」して武装解除させる案に賛成する者もあったが、最終的にタイが日本との同盟を維持する限り武力行使は控えるとのことになった。しかし、あくまでも日本との同盟関係を維持すると明言する一方で、タイ政府が自由タイを支援しているとの疑念はますます高まっていった。

宣戦布告無効宣言

日本とタイはもはや一触即発の危機に立たされることとなったが、その前に日本の敗戦が決まり、軍事衝突は回避された。一九四五年の八月一〇日に日本がポツダム宣言の受諾を決めたとの情報がタイに伝わると、タイ側の関心は抗日蜂起から戦後処理へと移った。すなわち、最大の問題点はタイが英米に宣戦布告を行ったことであり、これが存在する限りタイは「敗戦国」にならざるを得なかったのである。これは、戦争で疲弊したタイをさらに窮地に追い込むことを意味した。第一次世界大戦で無事に「戦勝国」になった状況とは正反対であり、過去最大の危機が迫っていたのである。

これに対し、プリーディーは宣戦布告の際の無署名を「切り札」として、八月一六日に宣戦布告の無効を宣言した。これは、宣戦布告は国民の意思に反したものであり、摂政の署名がないことから憲法上も無効であると宣言し、宣戦布告は日本による強制下のやむを得ないものであったことを国際社会に訴えかけたのである。また、この宣言では日本から移管されたシャン二州とマラヤ四州をイギリスに返還し、戦争前の状態に回復することを表明した。少なくとも初期においてはピブーンの大タイ主義がもたらしたシャン州獲得であったが、この期に及んでは、アメリカよりも厳しい態度を取ることが予想されたイギリスを配慮せずには「敗戦国」から逃れることはできないと考えていたのである。九月には英語の国名のみ「シャム」に戻し、ピブーンの親日時代を否定することで「反タイ」感情を和らげようとした。

タイの予想通り、アメリカとイギリスは異なる対応を取った。タイに直接的な利害関係を持たないアメリカは、八月二一日にこの無効宣言を受け入れると表明し、タイを敵国とは見なさないと明言した。一方のイギリスは、タイから受けた実害が多いことから直ちにこれを受け入れることはせず、英印軍を派遣して日本軍の武装解除とタイの占領を行おうとした。マラヤやビルマの植民地復活も含め、イギリスは東南アジアを戦前の状態に復帰させ、経済的権益を取り戻すことを望んでいたが、アメリカはタイをきたるべき対立の時代の「同盟国」として利用することを考えていたのであった。

宣戦布告無効宣言は半分成功であったが、イギリスが占領軍を派遣してくることから「敗戦国」としての扱いは避けられそうになかった。このため、タイ側はこの難局に対応するために、新たな政権を樹立することとなった。八月一七日にクアン内閣は総辞職したが、その後の政権はタイに好意的なアメリカの庇護を期待できる親米派の人物が望ましいということで、自由タイ設立の父であったセーニー駐米公使を推すことになった。セーニーは了承したものの、着任できる時期が遅れることからとりあえず八月三一日にタウィー・ブンヤケート暫定政権を樹立させ、九月一七日にセーニー政権が発足した。

国際社会への復帰

暫定政権が発足して二日後の九月二日、英印軍がタイに到着した。総勢二万七〇〇〇人に及ぶ彼らの主要な任務は日本軍の武装解除であり、タイにおける占領政策はとくに定められていなかった。終戦が知らされた際に、タイでは日本軍が降伏を認めずに混乱が生じる可能性を懸念していたが、日本軍は敗戦を素直に認め、占領軍の武装解除もスムーズに進展した。日本軍は要塞を建設したナコーンナーヨックの収容所に送られ、引き揚げ船での帰国を待った。

他方で、占領軍がタイに到着した同じ日に、セイロン島の英軍東南アジア司令部に出向いたタイ側の代表団は、イギリスから二一ヵ条の要求を通告された。それはタイ軍の連合軍による管理、連合国資産の原状復帰、一五〇万トンのコメ供出という非常に報復的色彩が強い内容であった。イギリス側は四八時間以内にこれを承諾するか否かを決断するよう迫ったが、これを知ったアメリカが迅速に対応してイギリス側に再考を求め、タイは窮地を脱した。この後、アメリカの支援を受けながらイギリスと平和条約の交渉を行い、結局一九四六年一月に宣戦布告の無効の確認、イギリス資産の原状復帰、ビルマとマラヤの領土返還、コメの一五〇万トン供与を柱とした平和条約を締結した。

一方、フランスとの交渉は難航した。フランスには宣戦布告を行ったわけではなかったが、ドイツの敗戦により自由フランスから臨時政府に昇格したド・ゴール政権はヴィシー政権時代の「失地」割譲は無効であるとして、「失地」の返還をタイに求めてきた。タイは「失地」獲得は戦争開始前であるとしてこれに反対し、フランスの要求に応じなかった。タイは「失地」のなかでもコメどころであったバッタンバンを失うことで、連合軍へのコメ引渡しに支障が出ることを懸念していた。

一九四六年五月フランス軍がタイ領を攻撃し、タイは国連の安全保障理事会に提訴した。しかし、フランスの態度も強硬であり、タイの国連加盟に拒否権を発動する構えを見せたことから、国際社会への復帰を優先させたいタイは結局「失地」を引き渡すことを了承し、同年一一月に終戦協定が成立した。これを受けて、翌一二月にタイは「敗戦国」では最初に国連加盟を実現させることができたのであった。一方で、ピブーンの「大タイ主義」に基づいて拡張した領土はすべて返還され、タイの領域は再び一九〇九年に画定された姿へと戻ったのである。

コメによる復興

タイの順調な国際社会への復帰は、アメリカのタイに対する寛大な態度がその主因ではあったが、タイの最重要産品であったコメもその復興を支えることとなった。戦争中から世界各地で深刻な食糧不足が発生し、飢饉《ききん》が発生した場所も存在したが、戦後も食糧確保は各国の緊急的課題であった。このため、かつてのコメ輸出国であるタイの余剰米が脚光を浴びることになった。タイも戦争中のコメ輸出は壊滅し、生産量も減少したものの、生産設備自体の損傷は少なく、需要が発生すればいつでも増産できる体制であった。戦時中には日本軍はタイ米をマラヤやシンガポールへ送るなど重宝していたが、日本軍の輸送能力も低下したことからその需要は低下する一方であった。

イギリスは前述のように終戦直後からタイにコメを無償供与するよう要求しており、一九四六年一月の条約でも一五〇万トンの無償供出が決められたが、世界的な食糧不足によるヤミ価格の高騰で、タイ政府による供出用のコメ買い取りは進まなかった。このため、同年五月に連携タイ米穀委員会を設置し、米英タイの三ヵ国からなる委員会がコメの供出先を決め、無償ではなく有償で年間一二〇万トンのコメを買い取ることになった。しかし、国際価格が急騰するなかで、買い取り価格との格差は拡大し、トン当たり一二ポンドの買い取り価格に対してシンガポールのヤミ市場では六〇〇ポンドに達していた。このため、商人や農民は政府への売却を渋り、目標にははるかに及ばなかった。四七年に入り買い取り価格を引き上げたものの、ヤミ価格との格差解消には到底及ばず、同年八月に委員会は解散となった。結局この間タイが供出したコメは八〇万トン程度でしかなかった。

この後、タイのコメ輸出は国際緊急食糧委員会（ＩＥＦＣ）の管理へと代わり、ＩＥＦＣ

に輸入希望国が申請し、IEFCが割当量を決めることになった。これによって販売価格もさらに引き上げられ、輸出が拡大していった。一九四九年にはその量は一〇〇万トンを超え、戦前のレベルに復活したのであった。タイはコメ輸出の拡大に必要な鉄道車両の増備を、コメと交換する形で実現させようと考えた。タイは鉄道車両が調達できればコメの輸出量を一〇万トン増やすことができるとアメリカに伝え、日本や朝鮮半島におけるコメを求めていたアメリカは、日本の復興を支援するために日本製の鉄道車両をタイに供与し、代わりに輸出余力の高まったコメを日本に運ぶことにした。このようなコメ輸出の順調な回復は、タイの戦後復興を経済面から支えることとなった。

タイが短期間に「敗戦国」としての立場から脱却できたのは、親日と親連合国の二重外交の成果であり、タイの「世渡り上手」な側面の現れでもあった。親日の態度は徐々に霞《かす》んでいくことになったものの、公式的にはこれを否定しないことで日本軍の介入を免れることができた。他方で親連合国の態度は連合国側の優勢状況とともに高まっていったが、少なくともアメリカの同情を買うことには成功し、アメリカを味方にすることで戦後の難局を乗り切った。「失地」の再喪失など犠牲も少なくなかったものの、大局的に見ればタイは最小限の犠牲でこの「危機」を脱することに成功したのであった。

【コラム】

日本との関係――知られざる日本人

タイと日本の外交関係は、二〇〇七年で一二〇周年を迎えた。さらに遡れば、琉球経由の交易が繁栄した一五世紀頃からの約六〇〇年間の関係が存在する。これまでのタイと日本の関係を考えると、近年まで日本からタイへのアクセスが圧倒的に優勢であった。東南アジアの島嶼部よりは少ないものの、戦前には少なからぬ日本人がタイへ赴き、商業などに従事していた。第一次世界大戦を契機に日本製品が徐々にタイへも浸透し、世界恐慌以降そのシェアはさらに高まった。第二次世界大戦中は多数の日本兵が駐屯し、日本の存在感は最高に達した。戦後一時的に日本はタイから姿を消すものの、一九六〇年代以降日本の工業製品が急速にタイに流入し、日系企業の工場やそこで働く日本人も増加した。その反動が、一九七〇年代はじめの反日運動となって現れていた。

この間タイからのコメやメイズ（飼料用トウモロコシ）の輸入が行われたり、留学生が日本に学びに来ていたものの、タイから日本へのアクセスは非常に限定されていた。ところが、一九八〇年代後半からの日本企業の急速なタイへの進出や、日本国内での労働力不足から、タイから日本へのモノやヒトの流入が急増した。タイの日系企業が生産した工業製品の逆輸入が始まり、食品などの開発輸入も増加した。日本国内の労働力不足を補うために、タイからも多数の労働者が日本の労働市場へと進出した。この結果、タイと日本の関係は従来の日本からタイへの一方通行的な関係から、双方向的な関係へと変化したのである。

日本人にとっては最近身近な国となった感のあるタイであるが、タイにとって日本は常に大きな影響を与えてきた。その最たるものは、やはり日本製品であろう。とくに「開発」の時代以降、タイの工業製品市場にさまざまな日本製品が流入し、タイの人びとの間に、「トヨタ」「ホンダ」などの日本ブランドが浸透していった。現在では日本ブランドの商品の多くはタイ国内で生産されているが、それでも「トヨタ」の車は「日本車」と認識されている。韓国や中国の新興ブランドの進出も甚だしいが、依然として日本ブランドの人気は衰えておらず、日本語っぽい名称の会社や商品が多数生まれている。

経済面での日本の地位は以前に比べると低下傾向にあるが、若者文化、いわゆるサブカルチュアの発信地としての地位は依然として健在である。古くは「ドラえもん」をはじめとする漫画やアニメから、最近のゲームやファッションにいたるまで、日本で生み出された新たな若者文化は瞬く間《またた》に世界中に広まり、タイもまた然りである。日本で爆発的にヒットした「たまごっち」は、タイでも同じく子どもが学校へ持っていくなどの問題を引き起こし、いつぞや日本で流行した厚底サンダルもすぐにバンコクで現れた。若い人びとにとっての日本はサブカルチュアのふるさとであり、たとえ経済面での日本の魅力が低下して中国に凌駕されようとも、当面日本の優位性が発揮される分野であろう。

『メナムの残照』VCD パッケージ　タイ政府高官の娘「アンスマリン」に抱かれる日本兵「小堀」

日本のサブカルチュアにはまるタイの若者であるが、彼らは日本との過去の歴史について少なくとも日本人よりはよく把握している。それは学校教育の影響もさることながら、『メナムの残照』という有名なラブストーリーも一役買っているものと思われる。タイの著名な作家トムヤンティの作品であるこの話の原題は『クー・カム（運命の相手）』であり、第二次世界大戦中にタイに赴任した若い日本兵「小堀」と自由タイの重鎮との疑いがかけられているタイ政府高官の娘「アンスマリン」の関係が描かれている。一九七三年に映画化されてから何度も映画やドラマの題材にされており、いまだに根強い人気がある。フィクションではあるが、設定や背景は限りなく史実に忠実である。

このため、タイで最も有名な日本人は実はこの「コボリ」であると思われる。タイ留学中はもちろんのこと、その後も若い人と話をする際には、筆者が日本人とわかると彼らは必ずといっていいほど「コボリを知っているか？」と訊《き》いてきた。同様の質問を受けたことがある方も多いかもしれないが、残念ながらこの質問に「知っている」と答えられる日本人はごく少数であろう。だが、この話がタイと同じくらい日本でも有名であると彼らは思っている。映画では日本人や日本文化の描写がおかしい点もあるが、当時のタイと日本の関係を知る上で格好の題材であるので、我々日本人もぜひ一度は見ておくべき作品であろう。

第5章

国民国家の強化

——戦後復興期～1980年代

プーミポン国王の地方行幸（1964年）

I　西側陣営のタイ

民主主義政治の混乱と国王怪死事件

戦後の難局を乗り切ったタイであったが、国内の政治状況は安定しなかった。戦後処理内閣のタウィー暫定政権、セーニー政権とも自由タイの政権であり、その背後にはプリーディーが控えていた。プリーディーが前面に出なかったのは、連合国側の反発を恐れてのことであった。そのセーニー内閣が一九四六年一月に退陣すると、クアンが再び首相の座に就いたが、議会との対立で三月に辞任してしまう。そこでついに首相の座に登場したのが、プリーディーであった。

成人を迎えたアーナンタマヒドン王が一九四五年一二月に帰国し、プリーディーは摂政を辞任していた。政治の表舞台に立った彼は、五月に民主的な新憲法を制定した。この憲法では初めて複数政党制を認め、民主的な議会制民主主義を理想としていた。この結果、多数の小政党が乱立する状況となり、二一世紀のタックシン政権成立までのタイ政治の中心であった小政党の連合体からなる連立政権の伝統が始まる。この時期に独立していく東南アジアの旧植民地でも、民主的な国家建設をめざして議会制民主主義を導入したものの、それが小政党の乱立による連立政権と政治の不安定化を招く事例が見られたが、タイも同様の道を歩んだのである。

それを決定的にしたのは、一九四六年六月のアーナンタマヒドン王の怪死事件であった。タイに帰国したばかりの国王が、王宮の寝室で額を撃ち抜かれて死亡しているのが発見された。国会は弟のプーミポン（ラーマ九世／一九二七～）を王位継承者に承認し、一八歳の新王が誕生したが、スイスで勉強中の身であったことから即位後スイスに戻った。この怪死事件に対し、プリーディーと訣別《けつべつ》したクアンを党首とする民主党はプリーディーが関与しているかのような噂を流し、八月の選挙戦に臨んだ。プリーディーがかつて社会主義的な経済計画大綱を出して、プラチャーティポック王がこれに反対を唱えたことも、この噂の信憑性を高める結果となった。

結局、総選挙の後にプリーディーは辞任して国外に退去し、後任にルアン・タムロンナーワーサワット（在任一九四六～四七）を推した。しかし、総選挙で下院の議員数が増え、野党の勢力が増したことから、政情は不安定となった。プリーディーもタイに帰国し、自由タイ時代から支援していた隣国の抗仏組織への支援を強化していた。この動きはプリーディーがタイを共産化しようと模索しているのではとの疑念をもたらし、ピブーン辞任後冷遇されてきた陸軍が危機感を持つようになっていく。

ピブーンの復活

国王怪死事件の解明を大義名分とし、一九四七年一一月に陸軍がクーデタを起こしてルアン・タムロンの政権を奪い、対外的な信用を高めるために文民のクアン内閣（一九四七〜四八）を樹立した。同時に、一九四五年一〇月に戦犯として逮捕され翌年釈放されたピブーンが、国軍司令官として復活した。クアン内閣は順調に政権を運営し、一九四八年一月の総選挙でもまずまずの成果を収めたものの、勢力を強めるクアン内閣を憂慮した陸軍は、同年四月にクーデタによりクアンを辞職させてピブーンに首相の座を与えた。一九四四年七月に総辞職して政界から身を引いていたピブーンが、再び政権の座を獲得したのであった。

ピブーンが非民主的な方法で政権を奪取した背景には、米英によるピブーン容認の姿勢があった。ピブーンは米英に宣戦布告を行ったまさに張本人であり、タイを日本の同盟国へと導いた主役であった。このため、米英から見ればピブーンはかつての敵であり、そのような人物が再びタイの指導者となることには当然懸念があった。また、彼の政権獲得方法も明らかに民主的ではなく、民主主義を理想とするこれらの国がクーデタによる政権を認める筋合いは本来ないはずであった。

ところが、急速に深化した冷戦が、ピブーン復帰を容認させることとなったのである。中国では共産党勢力が急速に拡大し、共産政権の樹立が近づいていた。共産党はベトナムでも独立闘争を繰り広げていた。このような共産主義の拡大のなかで、タイにおいても中国系を中心に共産主義運動が活発化していた。プリーディーの動向もタイの共産化を懸念させる材料となったし、ソ連もタイに接近する様相を見せていた。このような状況のなかで、反共を前面に出すピブーンは米英の信頼を勝ち取ることとなったのであった。米英の理想としては民主的な国家が望ましいものの、反共国家であれば文民政権であろうが軍事政権であろうが構わなかったのである。ピブーンは再びタイの英語名をシャムからタイ（Thailand）に戻したが、もはやそれを親日時代への復帰であると憂慮する国はなかった。

ピブーンは政権を獲得したものの、国内の対立の火種は残っていた。一九四七年のクーデタで海外に亡命したプリーディーは、一九四九年二月にピブーンに反感を持つ海軍と手を組みクーデタを起こすが、失敗して再び国外に逃亡する。プリーディーは今回で完全に失脚し、二度とタイに戻ることはなかった。一方、海軍は一九五一年六月に再びクーデタを起こし、ピブーンを人質にとって抵抗したが、結局鎮圧された。このような政情不安が続くなかで、ピブーンは一一月に共産主義の危機を根拠に自らクーデタを起こし、議会と政党を廃止して人民党の一九三二年憲法を復活させた。これは議会制民主主義の否定であり、任命議員による安定政権を確立して政情を安定化させる狙いがあった。

西側陣営への編入

このようにピブーン政権は明らかに非民主的なものへと「後退」していったが、反共姿勢をますます強めるこの政権はアメリカの意に適《かな》ったものであり、アメリカも咎《とが》めることはなかった。むしろ、タイは西側諸国の一員としての立場を明確にし、アメリカの「同盟国」として西側諸国からの支援を取り込んでいくことになる。一九四九年に中華人民共和国が成立し、ベトナムの共産化も進んでいる状況では、東南アジアへの共産化の波を食い止めるためにも、強い反共政権はアメリカの望むところであった。タイは一九五二年には戦後廃止されていた反共法も復活させ、ピブーンは反共姿勢を内外にアピールした。

チャオプラヤー・ダム　世界銀行からの借款によってつくられた

アメリカはタイを支援するために、一九五〇年に経済技術協力協定と相互防衛援助協定を結び、軍事援助や経済援助を始めた。無償資金協力の始まりであり、タイはインフラの復興や軍備増強を行って戦後復興を加速させた。また、同年タイはアジアで最初に世界銀行からの借款を受けることに成功し、灌漑設備、港湾整備、鉄道復興の三部門が対象となった。西側諸国の一員となったことで、タイは早い段階から無償資金協力や借款を利用することが可能となり、近代国家建設に必要なインフラの整備を進めていったのである。タイのインフラは戦争でかなり疲弊していたが、これらの国際協力を活用して急速に復興していった。

タイは東南アジア条約機構（SEATO）本部も誘致し、アメリカからの見返り援助をさらに期待した。SEATOは東南アジアでの共産主義の拡張に対抗する集団的安全保障機構であり、米、英、仏、豪、ニュージーランドの西側先進諸国とタイ、フィリピン、パキスタンの計八ヵ国が参加した。本部がタイに置かれたことから、駐米大使であったポット・サーラシンを事務局長とし、タイが積極的に協力する姿勢を示した。これはタイの防衛保障をアメリカの軍事力に求めるのみならず、アメリカからの軍事援助や経済援助をさらに増やす目論見であった。

一方、国交を停止していた日本とは一九五二年に国交を回復させたが、日本との間には戦時中の戦費の借金であった特別円の問題が残っていた。タイ側によると特別円の未済額は約一五億バーツであり、インフレによる上昇分を加味して一三五〇億円の支払いを日本に求めたものの、日本側は負担が大きすぎるとして合意にはいたらなかった。その後、一九五五年にピブーンと鳩山一郎《はとやまいちろう》首相が会談してようやく一五〇億円で妥結したが、そのうちの九六億円の支払い方法をめぐって双方の対立が生じたことから、完全な解決にはいたらなかった。

経済ナショナリズムと緩和政策

戦前のピブーンはナショナリズムを前面に打ち出して大タイ主義を掲げたが、戦後もナシ

王宮前広場での政治演説　緩和政策により始まった

ョナリズムの重視は変わらなかった。戦前のナショナリズムは政治面のみならず経済面でも見られたが、戦後はとくに経済ナショナリズムが重視された。

戦後復興の一環として彼はタイの工業化を推進しようと画策したが、それは民族資本の育成と連動させなければならなかった。すなわち、これまでのタイの経済活動は西洋人か中国人といった外国人に独占されており、タイ人の担い手はほとんどなかった。このため、経済ナショナリズムの下で、民族資本の育成が必要とされたのであった。

しかし、実際には工業化の担い手になるような民族資本は存在しないことから、国家主導型の国営企業がその担い手となっていく。中国系商人から経済活動を取り戻すために、彼は戦前にも国営企業を設置したが、戦後その数をさらに拡大させた。新たに設立された国営企業は工業のみならず、金融、運輸など多方面に及んだが、結果として経営能力も技術も不足している国営企業は非効率な運営を強いられることとなった。加えて軍人らが経営陣に名を連ねたことから利権や汚職の温床となり、経済発展を阻害する要因になってしまった。この国家主導型の経済ナショナリズムは結局失敗し、次の時代にタイの経済政策は抜本的に見直されることになる。

一方、一九五一年のクーデタで政治活動を厳しく制限したピブーンであったが、やがて議会制民主主義体制を回復させ、民主的に自らの地位を安定させようと考えていた。このため、次第に緩和政策を採ることとなり、一九五五年には政党法を定め政党活動を自由化した。これにともない、彼自身もセーリー・マナンカシラー党を設立し、きたる選挙に備えることとなった。また労働組合法を施行し、タイで初めて労働組合活動を合法化した。このような緩和政策によって、ピブーンは国民の信任を得て合法的に首相の座を確保しようと目論んだのであったが、実際には財政状況の悪化など政府に対する不満が高まっていった。

ピブーンの凋落

このような準備期間を経て、一九五七年二月に総選挙が行われた。何としてもこの選挙に勝利しなければならないピブーンは、内務省組織を使って不正を行った。選挙結果はピブーンのセーリー・マナンカシラー党が過半数を獲得したものの、選挙区によっては投票総数が有権者数よりも多いなどの不正が発覚した。これに対し、バンコクでは政府批判が過熱し、学生や市民の反政府デモが発生した。ピブーンは非常事態宣言で対抗したが、この機を狙ってピブーン政権を崩壊させる動きが現れた。

ピブーンは自らの政権を安定させるためにパオ・シーヤーノンとサリット・タナラットを

重用していた。前者は警察を、後者は陸軍を掌握し、双方ともその勢力を強めていったが、やがて両者間の確執が顕著となった。このため、ピブーンの腹心であるパオを出し抜く好機と見たサリットが、選挙結果に疑問を呈する発言を行い、反政府デモの市民の支持を得た。ピブーンは一旦は組閣を行って両者の均衡を図るが、対立は一層深刻化し、サリットは同派のタノーム・キッティカチョーンやプラパート・チャールサティアンとともに同年八月に辞任した。そして、再び反政府デモが発生した九月にサリットはクーデタを敢行して、ピブーン政権を崩壊させた。ピブーンはアメリカを経由して日本に亡命し、プリーディーと同じく二度とタイに戻ることはなかった。

サリットは憲法の廃止は行わず、東南アジア条約機構事務局長ポットを暫定政権の首相にして、総選挙を実施した。これは、反共政権であり西側諸国の受けのよかったピブーン政権を崩壊させたことから、西側諸国の反応を警戒したためであった。一九五七年一二月の総選挙でタノーム政権が成立し、サリットは病気療養のためアメリカに赴いたが、与党が過半数を取れず国会運営に支障をきたした。このため、サリットはかつてピブーンが行ったように再びクーデタを行って議会を停止させ、政権を安定させようとした。一九五八年一〇月に彼は「革命（パティワット）」と称するクーデタを起こし、タノーム政権に終止符を打って政権を掌握した。

ピブーン政権の終焉は、立憲革命以降の人民党とその構成員が主導の時代に終止符を打つこととなった。ピブーンも軍人であったが、立憲革命以降のタイ政治を長きにわたり導いてきたリーダーでもあった。人民党はすでにないが、いわば「人民党の時代」がここで終わったのである。続くサリットの時代は、反共路線こそ共通するものの、経済政策を中心にピブーン時代とは大きく異なった「新しい」時代となる。その意味で、タイにとっての重要なターニング・ポイントであった。

Ⅱ 「開発」の時代

タイ式民主主義

サリットの「革命」は、その名の通り大きな変革をタイにもたらした。サリットとその後を継いだタノームの時代は、「開発」を旗印に掲げた権威主義体制ということで、「開発独裁」政権と呼ばれる。権威主義体制や開発独裁という語は、恐怖政治を連想させてマイナスのイメージを与えがちであるが、政治的にも経済的にも今日のタイの原点はこの時代にあったとも捉えられている。ちなみに、彼が用いた「革命（パティワット）」という語は本来文字通り革命（revolution）を意味したが、以後はいわゆるクーデタの際に頻繁に用いられ、二〇〇六年のクーデタの際にもこの語が大々的に新聞紙上に登場した。

サリット（1908〜63）

サリットはこれまでのタイにおける民主主義を否定し、タイ式民主主義の必要性を訴えた。彼は立憲革命以降の民主主義はすべて西欧型の民主主義であり、タイの国情に合ったものではないと説明し、タイに相応しい民主主義の形をつくる必要があると主張した。民主主義を謳《うた》ってはいるものの実際の施策は非民主的であり、「革命」によって憲法と国会が廃止されてから暫定憲法が公布されるまでの三ヵ月間は、憲法すら存在しなかった。このため、彼は「革命団布告」という形で法律を代替し、あたかも絶対王政時代を髣髴《ほうふつ》とさせるような政治姿勢を採った。暫定憲法も首相に大きな権限を認めたものであり、恒久憲法はタノーム時代の一九六八年まで成立しなかった。

また、タイ式民主主義は国王を元首とした民主主義であると主張し、国王の重要性を強調した。サリットはかつて二〇世紀初頭にワチラーウット王の説いた民族、宗教、国王の三原則を持ち出して、これを国是とした。彼は今回の「革命」は政治体制の抜本的な変革であるとしたものの、国王を元首とする体制は変わらないと強調した。立憲革命以後、国王や王室の存在感は明らかに低下していたが、サリットは再び国王や王室の権威を高めることで、自らの権威主義体制の正当化を図ろうとしたのであった。サリットの国王や王室の権威高揚はさまざまな側面に現れており、大学やダムの名称が国王や王族の名前に命名あるいは改称されはじめたのもこの時代であった。

このサリットによる国王や王室の権威高揚の結果が、現在我々が目にする国民に親しまれかつ崇められているタイの国王や王室の姿なのである。サリットはかつてのラームカムヘーン王のような、国の父たる王（ポークン）が臣民たる子（ルーク）を温情主義的に統治することをめざしたが、そのポークンの役割を国王に求めたのであった。これに対し、プーミポン国王もサリットの意図を積極的に捉えた。国王や王族は頻繁に地方行幸を行い、伝統的儀式への臨席や大学での卒業証書授与などを精力的にこなした。国王や王族は地方の辺境や国境地帯へも足を運び、王室計画と呼ばれる開発計画にも積極的に関与した。これらの国王や王族の動向はメディアを通じて国民に知らされ、国民にその存在感をアピールすることとなった。サリットの意図のみならず、プーミポン国王の人格と資質も国王の権威高揚の重要な要因であった。

「開発」の推進

政治的にはタイ式民主主義に基づく国王や王室の権威復活が「革命」の大きな特徴であったが、経済的には「開発（パッタナー）」をキーワードとした民間主導型の経済開発が重要な施策であった。そもそも彼の「開発」とは、景観や秩序の維持から始まって最終的な工業開発などにいたる一連の変革であった。景観や秩序の維持は、その後に続くさまざまな変革の前段階と見なされ、「国の掃除」のごとく彼はさまざまな施策を打ち出した。この時代からすでに深刻になっていたバンコク市内の交通渋滞を緩和するため、彼はサームロー（人力三輪タクシー）や市内の鉄道や路面電車の廃止などを打ち出し、美観を回復しようとした。

経済面での開発では、経済開発を推進するための制度や計画の策定を行った。一九五九年には国家経済開発委員会が設置され、経済開発計画の策定を命じた。その結果、一九六一年に第一次国家経済開発六ヵ年計画が策定され、タイで最初の経済開発計画となった。この計画は第二次より国家経済社会開発計画と変更の上、五ヵ年計画に短縮されるが、タックシン時代にその役割は低下したものの現在にいたるまで国家レベルの開発計画の根幹をなしている。また地方開発のための地方開発計画も策定されることになり、東北部の開発計画にはサリット自らが策定委員会の長に就いた。サリットはまた国家開発省なる省も一九六三年に設置し、道路局や灌漑局など開発に携わる機関を集めて一元化した。

サリット時代の経済政策で特筆すべきことは、外資を導入し民間主導型の工業化を推進したことであった。ピブーン時代の工業化は経済ナショナリズムに基づく国営企業を中心としたものであったが、その非効率な運営により成果は芳しくなく、一九五九年の世界銀行調査団報告書でも厳しく批判された。その提言の柱の一つが前述の経済開発計画の策定であり、もう一つが民間主導型の経済開発であった。すなわち、国家は民間主導型の経済開発のための基盤整備、いわゆるインフラの整備のみを行い、経済開発、具体的には工業化には国家が直接参入しないということである。不足する資金や技術力については、外資を導入することで対応することになる。外資を積極的に導入し、民間主導で経済発展を志向するという現在の経済政策の起源も、このサリット時代にあった。

このために、政府は投資奨励委員会を一九五九年に設置し、外資進出の際のタイ側の受け皿とした。また産業投資奨励法も改定し、外資に魅力的な環境をつくり出した。この結果、タイに進出する外国企業は増加し、タイの輸入代替型の工業化が進展することとなった。たとえば、タックシン時代にタイがめざした「東南アジアのデトロイト」化、すなわち自動車産業の集積は、このサリット時代に自動車組立産業の勃興として始まっている。一九六一年のフォードの組立工場に始まり、翌年自動車産業が奨励産業に指定されたこともあって、一九六〇年代だけで日系企業を中心に八社がタイに進出した。この結果、一九六一年のタイにおける自動車組立台数は五二五台に過ぎなかったが、一九六八年には一万四〇〇〇台にまで増加した。他にも繊維や家電など多数の外資の進出が実現し、権威主義体制による政治情勢の安定化もともなって、外資導入による民間主導型の工業化は順調に進展したのであった。

「開発」の可視化

政府の役割は民間による経済発展のための基盤整備、すなわちインフラ整備となったが、このインフラはそのまま「開発」の象徴として国民に披露される「成果」となった。とくに、当面の工業化が期待できない地方においては、インフラこそが開発の成果であり、なかでもサリットは道路と水を重視した。「開発」を国民に実感させるためには、目に見える成果が必要であり、それが道路と水利施設であった。このため、道路整備とダム建設あるいは灌漑整備が「開発」の可視化の中心となった。

フレンドシップ・ハイウェー バンコクとラオスのノーンカーイを結ぶ道路

サリットは一九五八年に開通したフレンドシップ・ハイウェーという高規格の舗装道路を「開発」の象徴と捉えていた。この道路はバンコクとラオスの首都ヴィエンチャンの対岸ノーンカーイを結ぶ道路の一部であり、政情不安なラオスとその外港の役割を担うバンコクとの間の交通路の改良のためにアメリカの援助で建設されたものであった。ピブーン時代に建設が始まったものがこの時期に完成したに過ぎなかったが、タイで最初の高規格道路であり、しかもバンコクと東北部を結ぶ最初の舗装道路となったことから、バンコクと東北部の間の交通量が急増し、沿線の開拓が急速に進んだ。このため、彼はこのような高規格の舗装道路こそが開発の象徴であると捉え、全国に高規格道路を整備する計画を策定することとなった。

立憲革命以降、全国に道路網を整備する努力はなされていたが、その大半は状態の悪い未舗装の道路であり、輸送の主役は依然として鉄道であった。とくに、前のピブーン時代には新たな道路整備要求が頻繁に出されたものの、予算がともなわずに低規格の道路網のみが拡大していく状態であった。このため、時速一〇〇キロで走行可能な高規格道路は、鉄道に比べても圧倒的に優位な輸送手段となり、以後タイは道路優先政策を取り、自動車中心の社会へと進むことになる。一九五七年には二〇〇〇キロしかなかった全国の舗装道路は、「開発」の時代が終わる一九七〇年代はじめまでに一万三〇〇〇キロを超えた。急速な道路整備は、自動車の需要の拡大にも貢献し、自動車組立産業の奨励策ともなっていた。

ダムもまた、「開発」の可視化に相応しい代物であった。高規格道路と同じく、この時代はタイで最初の大規模ダムが完成する時期であり、その代表はチャオプラヤー川の支流のピン川に建設されたプーミポン・ダムであった。このダムも建設は一九五二年から始まり、サリットが死去した翌一九六四年に完成したものであった。ちなみに、建設中はヤンヒー・ダムと呼ばれていたものが、竣工《しゅんこう》時に国王の名前を取って改称されたものである。同じく支流のナーン川に建設されたダムは、王妃の名を取ってシリキット・ダムと命名され、一九七二年に完成している。これらのダムは、下流の灌漑用水の確保と水力発電を目的とした多目的ダムであり、チャオプラヤー・デルタでのコメの二期作化の推進や地方の電化に重要な役割を果たした。

「奇跡の作物」の導入

「開発」の時代は、タイの農業にとっても重要な転機となった。それは、新たな商品作物の導入であった。これまでのタイの主要な作物といえばコメのみであり、南部の天然ゴムを除けばタイの農民の大半はコメを栽培していた。ところが、一九五〇年代末から、新たな作物がタイに広まり、急速に栽培が拡大したのであった。それは、メイズ、ケナフ、そしてキャッサバであった。

メイズは飼料用トウモロコシであり、タイでは食用も含めてトウモロコシの栽培はほとんどなかった。ところが、一九五〇年代後半からその栽培が急速に拡大し、一九六五年には一〇〇万トンを超える生産量を誇るようになった。そのほとんどが輸出用であり、しかも大半が日本向けであった。メイズは輸出額で見るとコメと天然ゴムに次ぐ輸出品となり、タイの「奇跡の作物」の一つとされた。その産地は中部のチャオプラヤー・デルタ周縁の丘陵地帯であり、これまで稲作不適地として未利用のまま残されていた地域であった。

一方、同じ時期にケナフ栽培も急速に拡大した。ケナフはジュートの仲間であり、繊維を麻袋やロープの原料に使用する。ジュートのほうが品質はよいが、ケナフは栽培に水をそれほど必要としないことから、東北部での栽培に適していた。一九六〇年に東パキスタン（バングラデシュ）でジュートの不作が発生すると、ケナフの需要が高まり東北部で急速にケナフ栽培が広がっていった。一九六五年には生産量は五〇万トンを超え、メイズと同じく主要輸出品目の地位を獲得した。産地は完全に東北部であり、東北部の水田不適地はケナフ畑へと開拓された。

キャッサバは澱粉《でんぷん》を有することから、タピオカとして食用にも用いられるほか、飼料用の需要も存在した。タイでは当初タピオカの原料として東部のチョンブリー県を中心に栽培されていたが、一九六〇年代にヨーロッパ向けの飼料用の輸出が拡大すると、生産が各地に広まっていった。メイズとケナフに比べると拡大期は若干遅く、一九六〇年代末から中部と東北部で生産が拡大していった。東北部ではケナフ市場が飽和して魅力がなくなっていったことから、ケナフの代替としてもキャッサバの栽培は広まっていった。

これらの新たな商品作物の到来は、タイの農業に大きな変化をもたらした。主食でもあり重要な輸出産品でもあるコメは、戦後の管理貿易の時代を経て自由化されたものの、国際価格の高騰にともなう国内コメ価格の上昇を避けるために、政府はライスプレミアムという課徴金を導入した。このため、農民のコメ売却価格が低く抑えられ、商品作物としてのコメ栽培のうまみは減退していた。新たな商品作物はコメと比べても農民にとって手取りが多くなり、コメの代替作物としても期待された。

また、これらの作物は水をそれほど必要としない畑作物であったことから、従来は水田には不向きであるとして未利用であった丘陵地の価値を高めた。このため、東北部を中心として、数を減らしつつも残存していた森林が伐採されて畑に変わり、畑が急増していった。さらにこの時代の道路整備で奥地へのアクセスが改善されたことで、タイの未利用地、言い換えればフロンティアが喪失していく契機となった。これまで人口が増えると人びとは新たな土地を求めて奥地へと入り込んでいったが、急速な奥地の開拓で新たな土地自体が消失することとなった。こうして、従来は農村で移動を繰り返していた労働力は新たな行き場を失い、都市へと流出していくことになる。

「最後の砦」

サリットはピブーン政権を崩壊させた当初は西側諸国の出方を見守ったが、一九五八年の「革命」の理由を共産主義の浸透への対抗であると説明したように、彼はピブーン時代の反共政策を継承し、かつ強化した。それは、タイ国内外での共産主義の勢力拡大がますます顕著となる状況を憂慮する西側諸国にとっては、むしろ頼もしい存在であった。

インドシナ半島では、一九五四年にベトナムとフランスの戦争が終結し、ベトナムは南北に分断されたが、約束の統一選挙が反故《ほご》にされたことからベトナム労働党は南ベトナムの解放を目的に一九六〇年から本格的な活動に乗り出す。これに対して、アメリカは介入を決断し、一九六四年のトンキン湾事件を口実に北ベトナム攻撃を開始した。これがベトナム戦争の本格化であった。ラオスでも政情不安が続き、一九六〇年から六二年にかけて政権をめぐり三派が対立する動乱が発生した。アメリカは当初北からの共産主義の波が東南アジアに波及するのを抑える「最後の砦《とりで》」の役割を南ベトナムとラオスに求めており、そのための援助をつぎ込んでいたものの、南ベトナムでも共産勢力による活動が活発化し、ラオスでも共産派パテト・ラオが勢力を強める状況では、「最後の砦」は一歩後退させタイにせざるを得なくなった。

そのタイにも、共産主義の波は確実に到達していた。タイ共産党を中心とする共産勢力は隣国から東北部や南部の山間部に入り込んで拠点を形成し、奥地の農村を「解放」して勢力を拡大させつつあった。この共産主義の浸透に対抗するためにサリットが打ち出した施策こそが、まさに「開発」であった。すなわち、共産勢力が「解放」する前に中央からの「開発」の成果を浸透させ、農村の住民を真の「タイ国民」として取り込む必要があった。国王や王室もまた、共産主義に対抗して国民統合を強化するための手段であった。この共産主義への対抗姿勢は、一九六五年にタイ共産党が武力闘争を開始してからますます顕著となった。

このため、タイと西側諸国、とくにアメリカの利害は一致することとなり、両者は共同して共産主義に対抗することとなった。西側諸国からは無償資金協力や借款などの国際協力が多数タイに供与され、タイのインフラ整備に重要な役割を果たした。

タイは一九六四年から本格化したアメリカのベトナム戦争を支援し、国内に米軍基地の設置を認めただけでなく、タイ人兵も南ベトナムに出兵させている。ベトナムに近い東北部の空軍基地からは多数の爆撃機がベトナムへ向かっており、コーラートなどの基地の町は軍事特需で沸くこととなった。東部のウータパオ基地に程近い小村パッタヤーが、ベトナム戦争に従軍する兵士相手の歓楽街として脚光を浴びはじめたのもこの頃であった。

日本との間では、ピブーン政権時代に最終的な解決にいたらなかった特別円問題にようやく終止符が打たれた。一九六一年にサリットと池田《いけだ》勇人《はやと》首相が会談し、タイの経済開発に日本が協力することで合意し、翌年九六億円を無償で供与する形で特別円の返済とすることが決まった。無償といっても実際には日本企業への事業の発注や商品の購入などいわゆる「ヒモ付き援助」と同一の形態であり、その「ヒモ付き」の円借款も一九六八年から開始された。これらの「国際協力」はタイでの日本企業の事業拡大に貢献することとなり、政府の外資導入政策と合わせて日本企業のタイでの活動を活発化させることとなった。

西側先進国への依存のみならず、タイは域内の西側諸国と手を組んで共産化に対抗することにも積極的であった。それを推進したのは、サリット、タノーム時代に長きにわたり外務大臣を務めたタナット・コーマンであった。一九五七年のマラヤ独立を機に東南アジアでの地域協力構想が生まれ、タイもこれに同調して一九六一年にはタイ、マラヤ、フィリピンからなる東南アジア連合（ASA）が発足する。すぐにマラヤと英領ボルネオを統合するマレーシア連邦設立をめぐる問題で、フィリピンとインドネシアがこれに反対したことから利害対立が生じ、東南アジア連合は崩壊してしまう。一九六三年にマレーシア連邦は成立したものの、反対していたフィリピンとインドネシアの政権交代によって対立は解消する傾向を見せたことから、タナットは再び地域協力体の設立をめざすために各国の和解を促進し、一九六七年には、タイ、マレーシア、フィリピン、インドネシアそして一九六五年にマレーシアから分離独立したシンガポールの五ヵ国からなる東南アジア諸国連合（ASEAN）として成立させることができた。「最後の砦」であるタイは、共産化の波が最も及びやすいことから、いざというときに味方となる「友人」を周りに囲い込む必要があったのである。

Ⅲ　民主化とその反動

「開発」体制への反発と反日運動

「開発」を旗印にした権威主義体制は、マクロ的にはタイの政治の安定化をもたらし、経済発展を促進する役割を果たした。一九六〇年代の実質経済成長率は八％程度と高く、一人当たりGNPも一九六〇年の一三二八バーツから一九七〇年には三五二七バーツへと増加した。

「開発」の成果によって立派な舗装道路が各県へと到達し、沿道の村々の電化も進んだ。一見すると、「開発」は成功したかのようであった。

しかし、実際には「開発」の歪《ゆが》みは確実に拡大していた。「開発」の恩恵は国民に等しく配分されるものではなく、地域間、都市−農村間、あるいは世帯間の格差が拡大していった。商品経済化の進展により、農村でもカネのかかる生活が浸透していったが、十分な現金を獲得できない農民は、都市に出稼ぎに出ることとなった。外資導入政策によって工場はできたものの、原料や部品の輸入が拡大して貿易収支が悪化し、入超状態が拡大していった。このような「開発」のもたらす現実に対し、学生や知識人らが問題意識を持つようになった。

一方、彼らの問題意識は社会問題のみならず、政治へも向けられていった。一九六三年のサリットの死後政権を継承したタノーム(在任一九六三〜七三)は、プラパートと二人三脚で権威主義体制を継承し、一九六八年にようやく恒久憲法を制定して翌年総選挙を実施した。ピブーンと同じく議会制民主主義に基づいた政権を築く意図があったものの、結局彼の政党は過半数を確保できず、無所属議員を巻き込んでようやく政権を発足させた。ところが、前例通り議会運営に苦慮することとなり、一九七一年一一月に再クーデタを起こして憲法と国会を廃止した。翌年の暫定憲法もサリットと同じく首相の権限を大幅に認めたものであり、暫定憲法までの期間は「革命団布告」も復活した。このような民主主義の後退も、学生らの憂いを高めることとなった。

一九六八年の憲法で自由な活動を認められた学生らは、ベトナム反戦運動の盛り上がりにともなう世界的な学生運動の活発化の影響もあって、次第に勢力を強めることとなった。一九七〇年にはタイ全国学生センターが結成され、運動が組織化されていったが、タノーム政権との直接対決は回避した。その典型例は、一九七二年の反日運動であった。同年四月にタイの諸問題を取り上げるオピニオン誌『社会科学評論』が「黄禍《こうか》特集」を組んで、日本商品の氾濫《はんらん》と対日貿易赤字の拡大に懸念を表明した。その後一一月に学生センターは国産品愛用運動と日本商品不買週間を提唱し、反日ポスターを貼ったり日本大使館やタイで最初の百貨店であったタイ大丸へデモを行ったりした。これに対し、対日貿易赤字の拡大には苦慮していたものの、国際協力で多額の資金を得ている政府は、表立って日本側に抗議することはできなかったので、学生らの主張をむしろ歓迎し、弾圧することはなかった。

一〇月一四日事件

学生らの反日運動は、表向きは日本に矛先を向けていたものの、究極的には権威主義体制を批判するものであった。たしかに、「開発」の時代の急速な日本企業の進出や日本商品の氾濫は、日本のオーバープレゼンスを引き起こした。しかし、彼らの真の相手はタノーム政権であり、日本がその権威主義体制を国際協力などの形で支えていることが問題なのであった。このため、彼らが「反日」の名を借りたこの運動を成功させると、次なる矛先は本丸のタノーム政権へと向いた。

当初は学生運動を静観していたタノーム政権であったが、だんだんその勢力を増して政権との対立が顕著となると、取締りを強化せざるを得なくなった。一九七三年一〇月六日に恒久憲法の早期制定を要求するビラを配っていた学生らが逮捕されると、学生らは逮捕者の釈放と恒久憲法の制定を求めてデモを繰り広げた。その数は四〇万人を超えるまでに膨れ上がり、タマサート大学から民主記念塔付近のラーチャダムヌーン通りにかけて集結した。一〇月一四日にはついにデモ隊と軍・警察が衝突し、軍の発砲で死者七七人、負傷者四四四人を出す惨事となった。これが、一〇月一四日事件であった。

タマサート大学に集結した学生　タノーム政権打倒を訴えた

この騒動は、同日夕方のテレビとラジオで流されたプーミポン国王によるタノーム首相辞任の放送で沈静化した。国王はタノームに対して辞任を促し、自ら引導を渡したのである。三暴君と呼ばれたタノーム、プラパート、そしてタノームの息子ナロンは国外へ逃亡し、タマサート大学長のサンヤー・タンマサックが暫定政権の首相に任命された。これによって、一九五八年から続いたタイの権威主義体制、すなわち開発独裁政権は崩壊したのである。このような開発独裁政権は東南アジアや東アジアの他国でも発生したが、タイの場合は比較的短命であった。

この一〇月一四日事件で、タイの国王の新たな政治的役割が世界に知れわたることとなった。国王の権威はたしかにサリット以降の権威主義体制のなかで着実に高まっていったが、国王はそれを中立に保とうとした。すなわち、政権を争う軍人や政治家よりも高位の存在として常に普遍的であることで、いざというときに調停者の役割を果たしうるのであった。今回の事件は、国王が最終段階での調停者の役割を果たした最初の事例であった。この後一九九二年の五月の暴虐の際に、あるいは二〇〇六年のタックシン政権の崩壊直前にも、同様の役割が発揮されることになる。

「民主化」の時代

サンヤー政権は暫定内閣であったが、元最高裁判所長官でタマサート大学長であったサンヤーは清廉潔白《せいれんけつぱく》な人物であり、開発独裁体制を終結させた後の政情の安定化を図るためには相応しい人材であった。この内閣の任務は恒久憲法を公布して総選挙を行うことであり、まず国王の任命で選ばれた国民代表会議を設置し、このなかから国家立法議員を選出し、ここで新たに起草された憲法案を審議して了承された。

こうして新たな憲法が一九七四年一一月に公布され、翌年一月の総選挙へと進んだ。憲法と同時に政党法が公布されて一九七一年のクーデタで禁止された政党活動が再開されたが、再び小政党の乱立となった。その結果、「民主化」の時代の政治も不安定となっていった。一九七五年の総選挙では当初民主党のセーニーが首相に指名されたが、連立政権が議席の過半数を獲得できておらず、国会の信任を得ることなく三月に崩壊してしまう。このため、社会行動党党首でセーニーの弟のクックリット・プラーモート（在任一九七五～七六）が連立内閣を樹立し、ようやく本格政権が誕生するにいたった。クックリット政権は貧困問題の解決をめざし、タムボン（行政区）への資金還流計画や小作農への土地配分などの農村向けの施策を行った。

しかし、国内では自由を獲得したさまざまなグループが活動を始め、開発独裁政権下で抑圧されていた状況を打開すべくさまざまな要求を突きつけた。労働組合も解禁されたことから、労働者は集会やストを行い、最低賃金の引き上げなどの労働条件の改善を要求した。農民は土地改革や小作料の引き下げを求め、頻繁に集会を繰り広げた。このような労働者や農民の要求に対しては、学生らも積極的に支援した。開発独裁政権を打倒した原動力となった学生は、かつてない権力を獲得し、軍や警察も手を出しにくい状況であった。一九七四年一月に日本の田中角栄《たなかかくえい》首相が東南アジア歴訪に際してタイを訪問した際にも、全国学生センターが再び反日運動を繰り広げ、ドーンムアン空港や宿泊先のホテルにデモ隊が繰り出したばかりでなく、学生の代表との会見を急遽田中首相が受け入れざるを得なくなった。

このような状況下において、政府も彼らの要求を受け入れざるを得なかったことから、結局さらなる要求の拡大をもたらし、社会状況は混乱していった。相次ぐストや労賃の値上げは物価の上昇を招き、一九七三年のオイルショックの影響も加わり経済は停滞していった。学生運動もやがて路線の対立から分裂し、一部は「革命」を求めて過激化していった。当初は国民の支持を受けた学生運動であったが、混乱する現実と彼らの理想がますます乖離《かいり》するなかで、徐々に見放されていった。

サイゴン陥落と「民主化」の終焉

このような状況を政治の座から退けられた軍や警察は憂慮することとなったが、それに拍車をかけたのがインドシナの共産化であった。ベトナムではアメリカが手を引いたことで南ベトナムの崩壊は時間の問題となり、一九七五年四月についにサイゴンが陥落した。そして翌年には統一選挙でベトナム社会主義共和国が樹立され、全土が共産化された。ラオスではパテト・ラオが全土を掌握し、同年一二月に王制を廃止してラオス人民民主共和国が樹立された。カンボジアでは一九七〇年に親米のロンノル政権が樹立されていたが、左派が巻き返しを図って攻勢を強め、結局アメリカが一九七五年に撤退するとクメール・ルージュによる民主カンボジアが成立した。このように、一九七五年はインドシナ三国が共産化するという危機の年であり、タイがまさしく名実ともに「最後の砦」となってしまったのである。しかも、東南アジアから手を引いたアメリカ軍という後ろ盾も期待できなくなった。

このため、右派を中心に共産主義への反発が急速に強まることとなる。分裂した学生運動のなかで、職業学生らのグループは右派勢力へと変貌した。また「ナワポン（九の勢力）」、「クラティン・デーン（赤い野牛）」、「ルークスア・チャーオバーン（村落自警団）」といった右翼組織が相次いで結成され、左派政治家や労働運動、農民運動への攻撃を強めていった。彼らの活動は軍や警察の支援を受けており、急速に支持層を拡大させていった。「民主化」の時代に一時力を失った右派であったが、国内の混乱とインドシナ共産化を契機として再び勢力を強めていった。

タノーム　僧侶姿で帰国した
ククリット政権も安定せず、一九七六年一月に下院が解散されて四月に総選挙が実施された。右派のグループは左派政党を大々的に攻撃し、選挙戦ではテロや暗殺が横行した。結果は左派の大幅な後退であり、民主党が第一党となったことから再びセーニーが首相となった。しかし、この連立政権もご多分にもれず不安定であり、九月一九日にタノームが僧とな

ってバンコクに戻っていることが判明すると、彼の帰国を認めるかどうかで対立が生じ、帰国を認めると判断したセーニーは辞職した。セーニーは再び首相に選ばれ、一〇月五日に組閣する。

タノームの帰国を権威主義体制復活への前哨《ぜんしょう》と捉えた学生らは、抗議行動を過熱させた。一方で右派グループも学生らの抗議運動に対抗し、両者の緊張感が高まっていった。そのようなかで一〇月四日にタマサート大学で行われた学生らによる寸劇の写真が新聞に掲載された。これに端を発し、皇太子に似た顔の学生が首を吊《つ》られている役を演じたのは不敬罪であると右派が反発し、六日に同大学に集結していた学生らを右派グループが襲撃、無差別殺《さつ》戮《りく》が行われた。この襲撃による死者は四六人と発表され、逮捕者は三〇〇〇人以上にのぼった。これを機に国政改革評議会を名乗る軍部グループがクーデタを行い、成立したばかりのセーニー内閣を倒す。これが一〇月六日事件であり、一〇月一四日事件以来の三年間の「つかの間の民主化」の時代がここに終焉したのであった。

反動の時代

「民主化」の時代に幕をひいた軍は、元最高裁判事のターニン・クライウィチアン（在任一九七六〜七七）を首相に据えた。彼は反共主義者として有名であり、徹底的に共産主義者の弾圧を始めた。これを逃れるため、「民主化」の時代に活躍した学生や活動指導者はバンコクを離れて「森に入り（カオ・パー）」、地方で「解放」を続けているタイ共産党に合流した。このため、共産党の勢力はむしろ拡大し、政府側との衝突も増加した。タイにおける共産勢力との対立が最も顕著となったのは、皮肉にもこのターニン時代であった。

ターニンは汚職の取締りなど徹底した浄化作戦を繰り広げたが、首相に認められた「大権」を頻繁に行使した強権的な政治運営は国民や後ろ盾となる軍部の不満を買うこととなった。一九七七年九月に南部国境地帯を行幸中の国王を狙った事件が発生すると、右派グループはターニン政権批判を強め、この問題を解決するための内閣改造にも彼が応じなかったことから、軍との関係も悪化した。そして、ついに同年一〇月二〇日に前回とほぼ同じメンバーからなる国家革命評議会がクーデタを起こし、ターニン政権は崩壊する。

次いで首相の座に就いたのは、軍最高司令官であったクリアンサック・チャマナン（在任一九七七～八〇）であった。再び軍人が首相の座に就くこととなったが、彼はターニンのような対決姿勢ではなく、むしろ調整型の政治を進めようとした。一〇月六日事件の逮捕者への恩赦も一九七八年に認め、旧「民主化」の担い手らと政府との対立関係も緩和された。さらに同年には憲法も公布し、翌年四月に総選挙を実施した。彼自身は政党を設立しなかったが、選挙の結果彼が首相に再任された。しかし、議会下院での支持基盤は弱く、折しも第二次オイルショックの影響で公共料金や石油価格の引き上げが始まると、政府批判が強まった。一九八〇年二月には内閣改造を実施するも、以前に増して下院議員閣僚が減ったことから反発が強まり、国民の石油値上げ反対運動も拡大したことから、同月末に退陣することになる。

この反動の時代には、インドシナ共産化の余波として、大量の難民がタイに押し寄せていた。難民の受け入れ自体は周辺諸国の独立闘争が始まった一九四〇年代末から始まっており、当時はベトナムから東北部への流入が中心であった。この時期には、当初は共産政権から逃れる人びとが多く、ラオスやベトナムからタイに流入した。ベトナムについては、一九七九年から海路でタイ沿岸に漂着するボート・ピープルが急増し、多くは第三国への出国を希望した。その後、一九七八年末から始まったベトナムのカンボジア侵攻の影響で、戦火を逃れたカンボジア人が大量にタイに逃れてきた。タイはアランヤプラテートなど東部国境に難民収容所を設置して彼らを受け入れる。カンボジア国境では一九八〇年に入るとベトナム軍が越境侵犯を繰り返し、タイとベトナムの関係は冷え込んでいくことになる。

Ⅳ　国民国家の安定化

プレーム首相の登場

クリアンサックの退陣を受けて首相に任命されたのは、陸軍司令官であったプレーム・ティンスーラーノン（在任一九八〇～八八）であった。プレーム首相はクリアンサックの調整型政治をさらに深化させ、政治の安定化を図ろうとした。前内閣の不安定要因であった閣僚ポストの下院議員への配分を大幅に拡大し、一方で軍人も要職に就けることで軍人と政党政治家の均衡を取ろうとした。彼自身も軍の主流派とは距離を置き、清楚《せいそ》なイメージを醸成していた。軍人でありながらも権力欲に乏しい彼の中庸《ちゅうよう》な政治スタイルは、政治の安定化へと結びついた。彼は議会制民主主義の原則を重視したものの、サリットのタイ式民主主義と同じく国家の三原則を基礎とし、国王や軍の意向も重視した。このような政治スタイルについては、「半分の民主主義」と呼ばれている。

プレーム（1920～）

プレームは、共産党勢力に対しても調整型の対応を取った。彼は武力での弾圧ではなく対話による説得を重視し、投降者に対しては罪を問わず社会復帰を約束した。共産党側でも、「森に入った」学生らと武力闘争派の路線対立や、中越戦争など共産国内での対立の表面化から、内部分裂が顕著となっていた。このため、プレーム政権の発足後共産勢力の投降が相次ぎ、一九八三年頃までに共産勢力はほぼ消滅した。「太陽」と「北風」に譬えれば、ターニンの強権的弾圧という「北風」は共産党勢力の拡大を招き、プレームの寛大な融和という

「太陽」が共産勢力の崩壊を実現させたのである。

それでも、プレーム時代には二回のクーデタ未遂事件が発生した。最初は一九八一年四月に軍の若手「ヤング・タークス」が起こしたもので、「民主革命」を主張し国民の支持を求めたが、準備不足と政府側の機敏な対応で失敗した。二回目は一九八五年九月であり、元「ヤング・タークス」のメンバーらによるものであった。このときプレームは外遊中であったが、軍が鎮圧に成功した。ちなみに、筆者は一九八三〜八六年はじめまでバンコクに滞在しており、このクーデタ未遂事件の際は通っていた日本人学校が途中で授業打ち切りとなって一斉下校となったが、市内は平静であった記憶がある。

これらのクーデタ未遂事件にもかかわらず、プレーム政権が一九八〇〜八八年まで五次にわたって長期政権を担うことになったのは、調整型政治のなせるわざと言えるのであろう。そして、次に述べるように引き際も適切であり、しかもプーミポン国王の信任が厚く枢密院議員となったことから、現在にいたるまでプレーム支持者は少なからず存在する。彼の影響力の強さが再び示されることになったのが、二〇〇六年のタックシン政権崩壊前後のことであった。

経済の立て直し

プレームの調整型の政治スタイルは、経済政策でも発揮された。第二次オイルショックの影響と、国際市場での一次産品価格の低迷により、タイの経済状況は悪化していった。このため、政府は一九八二年に国際通貨基金（IMF）から救済融資を受け、翌年には世界銀行からも構造調整融資を受けることとなった。一九九七年の通貨危機後にタイはIMFからの支援を受けることになるが、一九八〇年代はじめにもすでに支援を受けていたのである。これらの国際機関からの支援はカネのみならずクチもともなうことから、政府は勧告に従いながら経済構造改革を進めることになった。タイ側でもその必要性はすでに認識しており、一九八一年からの第五次経済社会開発計画で「経済の再構築」が掲げられていた。

プレーム時代には国営企業の民営化、バーツ切り下げとドル・ペッグ制の導入などさまざまな施策がなされたが、そのなかでも一九八一年に設置された「経済問題解決のための官民合同委員会」は調整型政策の代表例であり、かつ重要な役割を担うものであった。この委員会は日本の産業構造審議会のように民間の主要経済団体の代表者と政府機関の代表者が定期的に会合を持ち、相互の情報交換の場とするとともに民間側の意向を政府に伝え、それを政策に反映させる仕組みであった。これによって、官民の利害を調整させながら経済政策を立案することが可能となったのである。経済面での調整型政治は、これまで堅持してきた外資の導入による民間主導型の経済発展路線をさらに補強し、タイの経済的優位性をさらに高めることとなった。

これらの諸改革の成果に加えて、国際的な環境の変化が、タイ経済を再び上向かせることとなる。それは、一九八五年のプラザ合意に端を発する外資流入の拡大であった。この合意で円高が容認されたことから、日本企業の輸出競争力が低下し、製造現場の海外への移転が急速に進んだ。その受け皿として、タイが注目を浴びることになったのである。アジアでは韓国、香港、台湾、シンガポールがＮＩＣｓあるいはＮＩＥＳと呼ばれるようになり、急速な経済発展を遂げていたが、これらの国も自国通貨の切り上げや人件費の高騰で輸出競争力が低下し、日本企業の受け皿になるどころか、逆にこれらの国の企業もよりよい条件の立地先を探す必要に迫られていた。

そのような状況のなか、タイへの外資の流入が顕著となる。タイは政治的にも比較的安定し、かつ必要なインフラの整備も進んでいたことから、新たな進出先を求めていた外資にとっては適地であった。タイは周辺諸国と比べても優位性が高く、フィリピンはマルコス政権からアキノ政権への移行期で政情が不安定であり、マレーシアはタイよりも物価や人件費が高く、改革開放路線を歩みはじめたばかりの中国やベトナムはまだ競争相手ではなかった。このため、タイに向かう外資は多く、タイの経済状況は急速に好転していった。

「ビュッフェ内閣」

調整型政治によってこの時期としては珍しく長期政権を維持してきたプレームであったが、彼に対する風当たりも徐々に強くなっていった。それは、経済状況の好転にともなって数を増してきた中間層といわれる都市住民からである。彼らは民主化の必要性を認識しはじめ、軍が影響力を持つ現状に不満を抱くようになった。かつての共産化の危機の時代ならばそれもある程度容認されたであろうが、タイ国内の共産勢力は消滅したのみならず、世界を二分してきた東西対立も終息に向かっていた。このため、軍人であるプレームが首相であることに対する反発が出てきたのである。

これに対し、プレームは自ら首相の座を降りることで政治の表舞台から姿を消した。一九八八年七月に行われた下院総選挙で、連立与党は引き続きプレームの続投を求めたが、彼は政党政治家が首相に就くべきであるとして固辞した。これによって、第一党となったタイ国民党の党首であるチャーチャーイ・チュンハワン(在任一九八八～九一)が首相に就任した。政党政治家の首相就任はセーニー以来一二年ぶりのことであり、当初は国民もこの政権交代を歓迎した。しかし、この政党内閣の内実は政治的実業家の集まりであった。チャーチャーイのタイ国民党は、実業界を基盤とした政党であり、バンコクや地方の実業家を政治家としてかき集めたものであった。経済状況の好転ともあいまって、このような政治的実業家の議員が増加してきたのである。

政治的実業家の目的は、利権を獲得してさらなる蓄財を達成することであった。好景気も追い風となり、チャーチャーイ政権は従来の緊縮財政を一変させ、大規模な投資計画を次々に打ち出していった。これらの計画の許認可や発注にあたってさまざまな利権が発生し、それに閣僚の座に就いた政治的実業家が喰らいついて奪い合ったのである。このような状況は、「ビュッフェ内閣」と揶揄《やゆ》された。タックシンが通信事業に参入し、莫大な利益を得る契機となったのもこの「ビュッフェ内閣」のときであった。

「インドシナを戦場から市場へ」

一方、共産化したインドシナ諸国も、世界的な東側諸国の改革開放路線の潮流のなかで、市場経済システムの導入を進めていくことになった。これは東側諸国の社会主義経済体制の行き詰まりから市場経済の導入が進んだもので、中国の改革開放政策とソ連のペレストロイカの成功を契機に他の社会主義諸国へと波及していった。ベトナムでは工業生産の停滞やカンボジア侵攻による国際的な制裁や軍事負担増で深刻な経済危機に直面し、一九八六年から「ドイモイ（刷新）」と呼ばれる市場経済システム導入のための改革が始まった。ラオスでも同年「チンタナーカーン・マイ（新思考）」と呼ばれる改革路線が採用され、同じく市場経済システムの導入をめざすこととなった。

タイへの難民の大量流入を引き起こしたカンボジア問題も、解決の方向に向かった。ベトナムの支援を受けたヘンサムリン政権はカンボジアの大半を支配したが、国境周辺に逃れたポルポトなど三派連合政府との戦闘は膠着状態になり、関係各国の大きな負担となっていった。このため、シアヌークによる調停が進められ、一九八八年のジャカルタでの非公式会談、翌年のパリでの会議を経て、ついにベトナム軍がカンボジアから撤退した。タイはカンボジア人の定住化を恐れて一九八六年までに難民キャンプを閉鎖したものの、難民らは行き場なく国境付近にとどまり、カンボジア国内の平穏化を待つこととなった。

このように、長らく戦乱が絶えなかったインドシナもようやく沈静化し、共産国の経済政策は限りなく市場経済化へと向かった。このため、「最後の砦」であったタイは、もはや共産化の波を恐れる必要はなくなったのである。タイは逆に、この新たに開かれた市場を有効に利用することを考えはじめた。その結果、一九八八年八月にチャーチャーイ首相が有名なスローガン「インドシナを戦場から市場へ」を提唱し、周辺諸国との経済関係の強化をめざすと発表したのであった。

早速ラオスとの間では、一九八八年一一月にメコン川架橋に関する共同コミュニケを発表し、最初のメコン川に架かるタイ～ラオス間の橋梁を建設することで合意した。この計画はアメリカがラオスを支援していた時代から構想されていたが、「開発」の時代には共産勢力の侵攻ルートになるとしてタイが消極的態度を取り、その後のラオスの共産化もあり長らく実現しないままであった。この橋はオーストラリアの援助で一九九四年に完成し、ヴィエンチャンとノーンカーイが陸路で結ばれた。中国国内を除けば、この橋は東南アジア最大の河川であるメコン川を跨《また》ぐ最初の橋であった。

タイの積極外交の背景は、まさにインドシナ諸国での市場確保であった。これから経済開発を進めていくこれらに国において、さまざまな開発プロジェクトが発生し、また購買力の高まりで内需拡大が想定された。この好機を逃さず、地理的近接性という地の利を活かしてタイが先頭を切ってインドシナの経済発展に関わろうとの意図であった。折しも投資ブームが始まっており、タイは好景気に沸いていたことから、新たな市場の確保はさらなる経済発展のためにも必須であった。

タイ～ラオス友好橋　中国以外でメコン川に架かる最初の橋だった

さらに、地域経済の活性化をめざして局地的な経済圏の構想も浮上した。これはタイ北部の経済界から出された、「四角経済圏」構想であった。タイ北部、ラオス北部、ビルマのシャン州、中国雲南省を結ぶ四角経済圏は、タイ、ビルマ、ラオスの三国の国境の交わる地点「ゴールデン・トライアングル」、すなわちかつてのアヘン栽培地帯の汚名を返上し、代わりに角を一つ増やして経済発展を推進しようとの構想であり、いずれもタイ族居住地域を含むことからかつての大タイ主義の形を変えた再燃とも言うことができた。この構想は、やがてカンボジア、ベトナムを含む「六角経済圏」へと拡大し、さらにアジア開発銀行が主導する「メコン圏（ＧＭＳ）」構想へと発展していくのである。

政党政治の腐敗

チャーチャーイの「ビュッフェ内閣」は、国民の政党政治に対する期待を幻滅させていった。たしかに議会制民主主義に基づいた政権であったものの、その実態は金権政治以外の何物でもなく、国民は汚職が蔓延《まんえん》する状況に不満を抱いていた。経済ブームのなかで景気はよくなったものの、プレーム首相の清楚な政治姿勢と比べると、「ビュッフェ内閣」の面々のなりふり構わぬ利権獲得は醜いものであった。このため、国民は政党政治が必ずしも最良の選択肢ではないことを悟っていった。

他方で、チャーチャーイ政権と軍の関係も不安定になっていった。当初はチャワリット・ヨンチャイユット陸軍司令官と良好な関係を持っており、チャワリットが一九九〇年三月に退役すると副首相に就任した。しかし、閣内での対立からわずか三ヵ月で彼は辞任し、新希望党を設立して政界入りを狙うこととなった。チャワリットの後任のスチンダー・クラープラユーン陸軍司令官とチャーチャーイ政権は緊張した関係となり、チャーチャーイ政権の対外政策や民営化政策が軍の権益を損ねたこともあって、次第に対立関係に発展した。国民が金権政治に対して不満を抱いている状況も、軍が介入する口実を与えることとなった。

一九九一年二月に、かつて権力欲があるとしてプレームに追放されたアーティット・カムランエークを国防副大臣に任命する動きが出たことで、軍とチャーチャーイ政権の対立は決定的となった。二月二三日に「国家秩序維持団」を名乗る軍部がクーデタを起こし、チャーチャーイ政権を崩壊させた。クーデタの理由は、汚職の蔓延、議会制独裁政権などを掲げており、国王も早急に民主政体へ戻すという条件付きでこれを了承した。久々の政党政治も、わずか三年で崩壊したのである。

今回のクーデタに対しては、国民の大半はとくに反発を見せず、これを容認していた。クーデタは非民主的な政権転覆であり、しかも最も民主的なはずの政党政治家による政権が潰《つぶ》されたのである。本来であれば、このような民主主義と一八〇度対峙するようなクーデタは許されないはずであった。それでも国民が事実上信任したのは、「ビュッフェ内閣」の金権政治に対する批判がいかに大きかったのかを示すものである。二〇〇六年のタックシン政権を崩壊させたクーデタも、同様の側面を持っていた。潰される政権に相応の問題がある場合には、たとえ議会制民主主義の原則に則《のっと》った政権であっても少なからぬ国民がクーデタという非民主的な政権交代劇を支持するという前例は、このときにつくられたのである。

【コラム】

軍──最大の政治勢力

多くの途上国の軍と同じく、タイの軍も単なる軍事力を保持する組織ではなく、タイで最大の政治勢力としての機能を保持し続けてきた。このため、立憲革命から現在にいたるまで軍は政治に密接に関与し、多くの軍人首相を輩出してきた。すなわち、軍は安全保障機構であると同時に、政治機構としての役割を果たしてきたのであった。

そもそもタイにおける軍は統一した組織ではなく、国王や有力貴族、あるいは地方領主がそれぞれ独自に配下の平民(プライ)を擁しており、平民に武器を持たせたものが兵となる程度のものであった。このため、チュラーロンコーン王の時代から徴兵制の導入などによって、軍の近代化と中央集権化が進められていった。軍の要職には王族が就いていたが、やがて非王族の将校も養成され、一九一二年には絶対王政の打倒をめざすクーデタ計画まで企てるようになった。これが軍による最初の政治への介入の試みであった。

一九二〇年代後半に絶対王政への不満から生まれた人民党にも、ピブーンをはじめとする留学中の軍人が加わっており、クーデタにあたってはプラヤー・パホンなど軍の要職とも連携を取った。このため、立憲革命後の政権運営にも軍が深く関与することになり、軍と政治の関係はこれ以降密接なものとなった。立憲革命の翌年の一九三三年にはクーデタで初代プラヤー・マノーパコーン内閣が崩壊しており、軍による政権転覆の最初の事例となった。この後首相となったプラヤー・パホンは初の軍人首相となり、ピブーンがこれを継いだ。

この後一九四四年のピブーン退陣から四七年のクーデタまでと、七三年から七六年までの「民主化」の時代に軍は政治の表舞台から手を引くことになったが、それ以外の時期は軍が政治を掌握し、軍人首相や軍の傀儡首相を擁立して政権を担った。国民の民主化要求が高まり、軍人首相への反発が強まったことから、一九八八年にはチャーチャーイ政権の成立を認め、政党政治が確立するかに見えた。しかし、チャーチャーイ政権と軍の利害対立から、腐敗政権を打倒するという大義名分のもとに再びクーデタを敢行した。このクーデタ自体は多くの国民の支持を得たものの、その後再び軍人出身のスチンダーを首相の座に据えたことで国民の反発を喰らい、一九九二年の五月の暴虐で事実上軍の政治介入が否定された。

このため、この事件を機に軍は政治の世界とは完全に縁を切り、クーデタに代表される軍の政治介入はもはや起こらないものとの見方も広まった。しかしながら、タックシン政権と軍との関係が悪化し、軍内部に反タックシン勢力が拡大すると、軍は再び政治介入を行うことになった。前回のチャーチャーイ政権と同じく国民のなかでもタックシン政権に対する反発が強まってきたことから、これを味方に付ける形で二〇〇六年九月のクーデタを断行した。これにより、政治勢力としての軍の存在があらためて認識されたのであった。

タイの軍も、他国同様に陸軍、海軍、空軍の三軍から構成されている。陸軍の兵力が最も

立憲革命後の首相（網掛けが軍人出身）

	名前	在任期間	備考
1	プラヤー・マノーパコーン	1932／06～1933／06	
2	プラヤー・パホン	1933／06～1938／12	元陸軍司令官
3	プレーク・ピブーンソンクラーム	1938／12～1944／08 1948／04～1957／09	元陸軍司令官
4	クアン・アパイウォン	1944／08～1945／08 1946／01～03 1947／11～1948／04	
5	タウィー・ブンヤケート	1945／08～09	暫定政権
6	セーニー・プラーモート	1945／09～1946／01 1975／02～03 1976／04～10	
7	プリーディー・パノムヨン	1946／03～08	
8	ルアン・タムロンナーワーサワット	1946／08～1947／11	
9	ポット・サーラシン	1957／09～12	暫定政権
10	タノーム・キッティカチョーン	1958／01～10 1963／12～1973／10	元陸軍司令官
11	サリット・タナラット	1959／02～1963／12	元陸軍司令官
12	サンヤー・タンマサック	1973／10～1975／02	暫定政権
13	クックリット・プラーモート	1975／03～1976／03	
14	ターニン・クライウィチアン	1976／10～1977／10	
15	クリアンサック・チャマナン	1977／11～1980／02	元国軍最高司令官
16	プレーム・ティンスーラーノン	1980／03～1988／08	元陸軍司令官
17	チャーチャーイ・チュンハワン	1988／08～1991／02	
18	アーナン・パンヤーラチュン	1991／03～1992／04 1992／05～09	暫定政権
19	スチンダー・クラープラユーン	1992／04～05	元陸軍司令官，退役後就任
20	チュアン・リークパイ	1992／09～1995／07 1997／11～2001／02	
21	バンハーン・シンラパアーチャー	1995／07～1996／11	
22	チャワリット・ヨンチャイユット	1996／11～1997／11	元陸軍司令官，退役後就任
23	タックシン・チナワット	2001／02～2006／09	
24	スラユット・チュラーノン	2006／10～	元陸軍司令官，退役後就任，暫定政権

出所：石井・吉川編［1993］pp.382-385，Samrut［n.d.］pp.266-267より筆者作成

大きく、その政治権力も最大となっている。海軍もかつては影響力を保持していたが、ピブーン政権下の一九四九年と五一年のクーデタに相次いで失敗し、以後完全に陸軍の権力に屈服する。軍と同様に治安維持の役割を担う警察も政治勢力としての機能を備えていたが、一九五七年のクーデタで警察のトップであったパオが失脚し、以後陸軍の政治勢力が絶大になった。このため、三軍を束ねる国軍最高司令官よりも陸軍司令官のほうが権力を持ち、これまでの軍人内閣では陸軍司令官が首相の座に就くことが普通であった。二〇〇六年九月のクーデタを首謀したソンティも、陸軍司令官であった。

軍と国民との関係は、軍の政治関与の度合いとともに変化してきた。成年男性を対象とした二年間の徴兵制は継続されているが、高校時に国土防衛義勇隊に短期間入隊して兵役を免除される者も多く、しかも徴兵される人数が少ないことから毎年対象者に対してくじ引きで徴兵者を選出している。一九九二年の五月の暴虐では、デモ隊への発砲もあり軍のイメージは大幅に低下した。その後軍が政治の前面に出ることはなく、軍に対する国民の警戒感も薄らいでいった。二〇〇六年のクーデタでは支持した国民も少なくなく、流血もなかったことから、軍へのイメージは悪化せず、むしろ出動した兵士に差し入れしたり、一緒に記念撮影をするなど和やかな雰囲気が漂っていた。だが、国民は軍の政治関与を求めておらず「民主化」回帰を希望している。軍が国民との間に今後どのような関係を構築するかは、ひとえに軍の政治への関与の度合いにかかっている。

第6章

「先進国」をめざして

――1990年代～

近代化されたメガシティー・バンコク

I　二つの「危機」

アーナン政権

国家秩序維持団のクーデタの後、首相の座を引き受けることになったのは、アーナン・パンヤーラチュン（在任一九九一～九二）であった。彼は外交官出身のエリートであり、その後民間に出て大企業サハ・ユニオン社の副社長を務め、一九九〇年よりタイ工業会議所の会長を務めていた。軍が直接政治の表舞台に出ず、しかも民間の経済人を首相に据えたことは、クーデタによる国際社会の非難を最小限に食い止め、かつ好調な経済に水を差さないようにしたいとの配慮があった。

こうして成立したアーナン政権は、国民の絶大な支持を得ることとなった。それは、彼の政治姿勢が権力欲のない実務家内閣を志向するものであり、従来の経済成長路線を変えることなくさまざまな改革を実施したためであった。彼は自らの政権を「ガラス張り内閣」と称し、優秀なテクノクラートの協力を得て大胆な規制緩和を次々に行っていった。彼の自由主義的な経済政策は流入する外資の思惑とも一致しており、タイはクーデタによる影響を受けることなく、経済成長路線を維持することができた。このため、国民はアーナン内閣を最も公正で効率的な内閣であると絶賛し、クーデタによる非民主的な政権交代の非を忘れていった。この一九九一年は大学の学部三年生であった筆者が、交換留学生としてバンコクに一年間滞在した年であったが、政治に疎い筆者でもバンコク市民やマスコミのアーナン政権への好意的な態度は理解できた。

しかし、この国民の支持絶大なアーナン政権も所詮《しょせん》暫定政権であり、総選挙を経て民主的に選出された新政権にバトンタッチすることになっていた。このため、憲法公布の準備が進められていたが、軍の意向を反映させようとする軍部と真の民主主義を求める一部市民との間での対立が生じていた。

当初の草案では軍人の政治参加を厳しく制限する内容となっていたが、やがて軍人が首相に就けるような経過規定が加わるなど草案が「修正」されると、反対運動が行われるようになった。スチンダー陸軍司令官も、「首相には就任しない」と断言して反対運動の沈静化に躍起となり、ようやく一九九一年一二月になって憲法が公布される。それでも首相問題は解決されておらず、民主党など憲法改正派の政党は、選挙後に首相は下院議員から選出されなければならないという形に憲法を改正することを公約にして選挙戦に挑んだ。

五月の暴虐

一九九二年三月の総選挙の結果、やはり過半数を制した政党はなく、連立政権は民主党など憲法改正派ではなく、軍支持派によるものとなった。そして、スチンダーを首相に指名することが決まり、四月七日にスチンダー内閣が成立した。ところが、憲法改正派の政党やその支持層は反発し、首相の座に就かないと公言したにもかかわらず彼が首相に就いたこと、およびチャーチャーイ政権時に不正蓄財があったと認められた元閣僚が三人入閣したことを非難する反対運動が広まった。五月に入りチャムローン・シームアン元バンコク都知事が反対運動に参加することで、スチンダー首相辞任要求の集会はますます盛り上がりを見せた。

その後、政府が憲法改正案を作成すると約束したことで運動はいったん沈静化したが、予定の五月一五日になっても改正案が国会に提出されなかったことから、集会が再開された。五月一七日に王宮前広場に集まったデモ隊が首相府へ向けて移動する最中に、ラーチャダムヌーン通りでデモ隊が軍・警察と衝突する事態となった。チャムローンも逮捕されたが、衝突は続き地方でも抗議集会が各地で発生した。

このため、王室が事態の沈静化を求めて動き出し、五月二〇日に国王がスチンダー首相と反対運動の指導者となったチャムローンを呼んで、拝謁《はいえつ》させて和解を呼びかけ、その報道がタイ国内のみならず世界中に流された。結果、衝突は終息し、二四日にスチンダー首相は辞任を表明して事態は沈静化した。これが、五月の暴虐（プルッサパー・タミン）であり、政府側の発表でも死者四〇人、負傷者六〇〇名以上、実際にはこれをはるかに上回る犠牲者を出す惨事となった。筆者もこの年の三月末で帰国したばかりのことであったことから、この衝突には少なからぬ衝撃を覚え、タイの知人らの安否を心配した。

この五月の暴虐は、タイの国王の政治的影響力をあらためて内外に示すこととなった。国王の前に跪拝《きはい》するスチンダーとチャムローンの姿は世界中に放映され、国王がこの対立を解消したとのイメージが広く醸成されることとなった。また、国民の間でも非常時において国王による超法規的な政治的決断が下されるとの期待感が広まることとなった。これまで歴代の指導者が掲げてきた民族、宗教、国王を三原則とするタイ式民主主義を具体化したものが、今回の国王の調停であったと見る向きもある。この非常時に発動される国王の調停は、「合法的」な追及手段を持たない反タックシン派によって二〇〇六年のタックシン政権末期にも幾度となく期待されたものであった。

国王（右）の前での跪拝　スチンダー首相（左から2人目）とチャムローン元バンコク都知事（左）

一方、軍と政治との関係も、五月の暴虐を機に大きく変化するものと考えられた。今回の事件は、軍による政治への影響力の保持に対する国民の不信から発生したものであった。一九九一年のクーデタ自体は非民主的な政権奪取であったにもかかわらず、チャーチャーイ政権の腐敗を不満とする国民はむしろこれを歓迎したし、その後のアーナン暫定政権という選択も軍には有利であった。にもかかわらず、新憲法において政治に対する軍の影響力を保持しようと画策したことが、民主化を志向する国民から否定され、その結果がスチンダー首相に対する強烈な反発であった。

このため、五月の暴虐で事実上軍の政治への介入を否定されたことで、以後軍は政治の世界から一歩退くことになったものと考えられた。すなわち、今回の五月の暴虐の契機となった一九九一年クーデタを最後に、もう軍はクーデタという形での政権奪取を行わないのではないかとの見方が広がったのである。事実、この後不安定ながらも政党政治が続き、軍は明らかに政治の表舞台から遠ざかった。これは、言い換えればタイ政治における民主主義の定着と捉えられたのかもしれない。その意味では、一九九一年のクーデタがタイで最後のクーデタとはならなかったこと、言い換えれば二〇〇六年に再び軍がクーデタを起こしたことは、一見すると「意外」な展開であった。

「人民のための憲法」

五月の暴虐後、タイ政治は再び「民主化」の方向へ向かった。しかし、相変わらずの連立政権は安定性を欠いた。選挙のたびの買収や政党政治の利権追求を不満とする都市中間層は、抜本的な政治改革を求め、そのための新たな憲法制定を要求するようになった。

スチンダー首相の辞任後、アーナンが再び暫定政権の首相に任命され、再度総選挙を実施することとなった。そして、一九九二年九月の下院総選挙で民主党が第一党となり、党首チュアン・リークパイを首相とする以前の憲法改正派政党からなる連立政権が成立した。チュアン政権は反スチンダー運動の担い手であったバンコクの中間層から歓迎され、清潔な政治をめざした。しかし、連立政権はやはり政治の不安定化を招き、チュアンも期待されたほど大胆な政治改革を実行できなかった。結局閣僚の汚職問題で追い込まれたチュアン内閣は、一九九五年に国会を解散する。

一九九五年七月の選挙で民主党は後退し、タイ国民党が第一党となったことから、バンハーン・シンラパアーチャー党首を首相とする連立政権が成立した。チュアン政権への期待感を減退させてきた都市中間層であったが、かつてスチンダーを支持した政治的実業家による内閣の出現には、さらなる幻滅感を抱いた。バンハーンは支持を拡大するために、選挙戦での公約であった憲法改正を進めるべく、政治改革委員会を設置し憲法改正を推進する姿勢を示した。しかし、バンハーン政権は金権政治の復活と揶揄され、汚職の噂が絶えない内閣となった。彼の出身地のスパンブリー県には多くの公共事業が投入され、利益誘導型の政治は誰の目にも明らかであった。このため、国会で汚職問題や彼自身の国籍が中国人ではないのかといった疑惑が噴出し、翌年再び国会の解散に踏み切ることとなる。

次いで首相の座に就いたのは、チャワリットであった。一九九六年一一月の選挙で第一党となった彼の新希望党も農村部を地盤としたものであり、中間層の評価は低いものであった。それでも、唯一とも言える希望は民主的な政治を実現させるための「人民のための憲法」制定であり、バンハーン政権から引き継がれた新憲法制定の作業は、具体的な草案段階に入った。

タイ史上最も民主的な憲法と謳ったこの憲法案は、上院議員の民選、下院議員の小選挙区・比例区併用制、下院議員の閣僚兼任禁止、議員要件を大卒以上とするなどの特徴を備えたものであり、過去における政党政治での利権獲得や汚職を防ごうという意図が見られる一方で、都市中間層の意見を代弁したような「人民のための憲法」とは言えない側面もあった。

この憲法案は一九九七年八月に国会に上程され、審議されることとなった。これまでの国会議員の既得権を奪い、かつ議員の身分まで剝奪されかねないようなこの憲法案は、本来国会で反発を受けるはずであった。ところが、同年七月から始まった通貨危機によって、経済問題が深刻化することとなった。当初IMFの支援は必要ないとしていた政府も、八月にはこれを受け入れざるを得なくなり、窮地に追い込まれる。このため、通貨危機に端を発する経済危機の元凶はチャワリット政権であるとの批判が急速に高まり、危機を脱するためには清潔な政権の樹立、すなわち憲法改正に基づく政治改革が必須であるとの認識が浸透した。もはや、誰も憲法案に反対できるような雰囲気ではなくなっていた。

結局、この窮地の最中に憲法案は一九九七年九月の国会で賛成多数で採決された。これによって、次に新憲法の下での総選挙が行われるはずであったが、国民の批判の高まりのなかでチャワリット内閣はなすすべもなく同年一一月に辞職してしまう。そして、民主党のチュアンが連立工作を行い、新内閣を成立させることに成功した。このため、新憲法による総選挙は現行議員の任期が切れる二〇〇一年までお預けとなったのである。

経済危機

偶然ながら新憲法案を成立させる役割を果たした通貨危機は、五月の暴虐と並ぶ一九九〇年代のタイのもう一つの「危機」であった。一九八〇年代後半以降の外資流入ラッシュとそれにともなう経済成長の波は九〇年代に入っても止まらず、タイの経済ブームは続いた。その傾向はアーナン政権時代から本格化した規制緩和策でさらに加速し、続くチュアン時代にも規制緩和と自由化が進められた。とくに、この時期の金融自由化とオフショア市場の設置は、外国からの資金流入を加速化させた。タイはドル・ペッグ制を取っていたことから、これまで為替レートが一ドル＝二五バーツ程度で安定しており、それが為替リスクを減らして外資の流入を促進する要因ともなった。

このようにタイの経済ブームは続き、世界銀行が『東アジアの奇跡』と称するまでにタイおよび周辺のＡＳＥＡＮ諸国の経済成長は顕著であったものの、それが経済のバブル化を招くようになった。すなわち、外国から流入する資金を元手に、これまでの経済成長を前提とした強気な需要見込みから過剰な投資が進められた。土地の価格は高騰し、新たな開発計画が雨後の筍《たけのこ》のように出現していったのである。日本でも経験したバブル経済の到来であり、膨《ふく》れ上がったバブルはいずれ必ずはじけるときが来るはずであった。

実際には、バブルがはじける前兆は一九九六年頃から見られるようになった。この年の輸出は前年とほぼ変わらず、これまで一貫して増加してきた輸出が頭打ちになったとの観測が出はじめた。また経常収支の悪化も見られ、タイのマクロ経済の指標はいずれもタイ経済の限界を想起させるものとなった。また、金融機関の破綻《はたん》も出はじめており、一九九六年のバンコク商業銀行の破綻や、翌年六月の金融会社一六社に対する業務停止命令も、それを裏付ける現象と捉えられた。

一九九七年になるとタイに流入していた短期資本の引き揚げが始まり、為替市場でのバーツ売りが顕著となった。中央銀行はこれに対抗して市場介入によるバーツ買い支えを行ったが、加速するバーツ売りに対抗することは難しくなった。このため、ドル・ペッグ制を放棄して事実上市場の自由に任せる管理フロート制への移行を検討しはじめたが、これによってバーツ価格が下落することでバーツ建て資産価値が下がることから、政治家は難色を示した。結局、買い支えが限界に達した七月二日、タイは管理フロート制への移行を発表し、予想通りバーツの価値は瞬く間に半減する。これが通貨危機の始まりであった。

ちなみに、当時筆者は資料収集のために、長期間のバンコク滞在中であった。一九九七年五月から一〇ヵ月間の滞在予定であったため、滞在資金を約一〇〇万円準備してきたが、タイの銀行の利率が定期預金で八％近くと高率であったことから、タイに来るなり早速すべてバーツに換金して預金した。ところが、通貨危機後までこれを円で保持しバーツの暴落後に換金すれば、約二倍のバーツを手に入れることができたのである。たしかに六月頃にはバーツ切り下げの噂が流れていたが、当時は本当にそこまで踏み切れるのかと楽観視していた。それでも、物価が一挙に二倍に跳ね上がるといった極端な状況にはいたらなかったことから、筆者の生活はそれほど影響を受けずに済んだ。

バンコク高架道路・鉄道計画の残骸　経済危機により頓挫した

危機の克服

バーツ暴落にともなう通貨危機は、経済危機を招いた。ドルに対するバーツの価値が半減したことで、輸入品の価格は高騰し、企業のドル建ての債務はバーツに換算すると倍増した。このため、消費の落ち込み、企業の業績悪化など経済の悪循環が起こり、経済危機へと発展したのである。もはや自力では対応できない政府は、一九九七年八月に当初否定していたIMFへの緊急支援の要請を行わざるを得なくなった。このIMFの処方箋《しょほうせん》が、第一段階として緊縮財政による収支の改善を求めたことから、不況がさらに悪化するという悪循環に陥り、タイに続いて通貨危機と経済危機に見舞われた東南アジアや東アジアの他国とともに大きな問題となった。

このIMFの処方箋に基づく経済改革は、チュアン政権の担うところとなった。政府はまず不良債権処理と金融改革に乗り出し、金融機関再建庁を設置して金融会社五六社の清算や不良債権を抱える商業銀行下位行の国有化と売却を推進した。債務の拡大した企業は、新規投資を中止したり海外資産を売却するなどして対応を進めた。第二段階では雇用を確保するための公共投資や、競争力や生産性の向上のための公的資金投入が盛り込まれていたが、これも並行して進めることで、落ち込んだ経済の立て直しを図った。この雇用確保には、日本によるアジア諸国の経済回復に対する支援策、「新宮澤構想」の資金が投じられ、公共事業や公共サービスの拡充という形で一時的な雇用創出が行われた。

経済危機の影響は、都市部ほど大きくなった。金融会社をはじめとする企業の倒産や清算で職を失った中間層は多く、脱サラし屋台や行商などのいわゆるインフォーマル・セクターに参入した者も少なからずいた。また、タイの場合は農業部門が依然として農村部でそれなりの存在感を持っていることから、都市で職を失った人びとが一時的に故郷の農村に戻ることで、農村がセーフティー・ネットの役割を果たしたとの指摘もある。たしかに現在のタイ農村は、子弟などの都市や外国への出稼ぎ労働からの仕送りで生計を維持している世帯が大半であり、決して農業のみで食べていけるわけではない。それでも、農民の大半は自給用のコメを栽培していることから、農村に引き揚げれば職こそなくとも「食うに困る」状況からは逃れることができた。

チュアン政権は基本的にIMFの助言に従って、経済危機からの脱却を試みた。その結果、タイの経済状況は危機を脱し、経済成長率も一九九八年に大幅に下落したものの、翌九九年には回復し、いわゆる「V字型回復」を見せるまでにいたった。バーツ切り下げによる輸出競争力の強化は輸出の拡大を引き起こし、一九九八年には一九五一年以来四七年ぶりの出超を記録した。にもかかわらず、雇用は順調には回復せず、株価も低迷したことから、チュアン政権の時代には犠牲が大きかった割には成果が少ないとの不満感を国民に醸成することとなった。そして、これがタックシンの台頭を招く素地の一つとなったのである。

II　タックシン帝国の興亡

タックシンの台頭

二〇〇一年のタックシン政権の成立は、さまざまな点において新たなタイの出現を期待させるものであった。この年の総選挙での圧勝は大政党による政党政治の安定化を予想させ、わかりやすい政策を掲げた迅速な政策決定は、新たなタイ政治のスタイルを構築するものと思われた。また、彼自身が一九八〇年代から増加した政治的実業家の典型であり、かつタイで最も裕福であると言われるほどにビジネスで成功した人物であったことから、経済危機の後遺症から脱却できないタイ経済の立て直しも期待された。二一世紀の幕開けとともに、タイも新たな飛躍を遂げるものと誰もが夢見たのであった。

タックシン（1949〜）

タックシン・チナワットは一九四九年に北部チエンマイで生まれた典型的な中国系タイ人であった。チナワット家はシルク販売で成功してチエンマイでも有名な一族であり、現在でもタイで有数のシルク・ブランドの地位を誇っている。彼は当初警察学校から警察局に入ったが、一方で家業のビジネスを拡大させ、一九八〇年代に入ると政府機関へのコンピューターのリース事業を始め、やがて警察局へのコンピューター納入にも成功し事業を拡大させた。一九八七年には警察局を辞職し、ビジネスに没頭することとなる。

タックシンがビジネスを飛躍させたのは、チャーチャーイ政権下の利権政治の時代であった。この時期にはさまざまな大規模投資計画が浮上し、その利権に政治的実業家が喰いついたが、タックシンは警察時代のコネクションも活用して通信事業の免許獲得に躍起となった。当時急速な経済発展にともない、電話回線の拡充が急務となっていたが、国営企業の独占状況ではそれに対応できず、免許方式で民間に門戸を開放したのである。

チナワット系企業はチャーチャーイ政権下で付与された二二件の通信事業免許のうち七件を獲得し、データネット、カード電話、衛星通信、移動電話などの新事業に参入した。この通信事業がチナワット家のビジネスを急成長させ、一九九六年にはシン・コーポレーションという持株会社の下に改組した。

タックシンは、やがて政界に進出しはじめる。一九九四年にはチャムローンの法力党（パランタム党）の一員としてチュアン連立政権の外務大臣に就任し、次のバンハーン政権では副首相の座に就いた。彼の政界入りは、自らのビジネスに有利な形に規制緩和や政策変更を行うためであるとの批判もなされた。実際には、通信事業を管轄する運輸大臣によって彼の利益は左右され、必ずしも当初の目論見通りにはいかなかった。それでも、通信事業の拡大、とくに移動電話から発展した携帯電話事業の拡大はシン・コーポレーションの成長に大きく貢献し、携帯電話事業のＡＩＳ社はタイで最大の携帯電話シェアを誇るようになった。また、国内のみならずラオス、カンボジアなど周辺諸国でも携帯電話事業に参入し、東南アジアの一大通信事業者の地位を獲得した。

一九九八年になると、タックシンはタイ愛国党（タイ・ラック・タイ党）、直訳すると「タイ人はタイを愛する」党を結成し、新憲法に基づいた次なる選挙に向けての基盤づくりを始めた。彼のタイ愛国党はチナワット家からの多額の政治献金で潤い、二〇〇一年はじめの選挙戦に向けて地方の有力議員を引き抜いていった。二〇〇〇年八月までに、その数は一〇〇人程度にのぼったものと見積もられている。そして、選挙戦では地方の農民層に受ける負債の返済猶予、村落基金の設置、三〇バーツ医療制度の三本柱を公約として掲げた。これは、いわゆる大衆迎合政策（ポピュリズム政策）であり、経済危機の痛みから内向きになっていた国民の受けを狙ったタイ愛国党という党名と有力議員の引き抜きもあいまって、支持は急増した。

「タックシノミックス」

新憲法下における最初の総選挙となった二〇〇一年の選挙は、タイ愛国党の圧勝であった。新憲法による小選挙区制の導入の成果もあって、タイ愛国党は小選挙区で四〇〇議席中二〇〇議席、比例区で一〇〇議席中四八議席を獲得し、対するチュアン政権の民主党はそれぞれ九七議席、三一議席しか獲得できず、タイ愛国党は民主党の倍の議席を獲得することに成功した。それでも、過半数にはいたらなかったことから、タイ愛国党はバンハーンのタイ国民党とチャワリットの新希望党と連立を組んで、タックシン政権を発足させた。

タックシンの経済政策は、タックシンとエコノミックスをつないだ造語「タックシノミックス」と呼ばれるようになった。その骨子は、国家を企業、首相を最高経営責任者（CEO）と捉えたトップダウン的な経済成長促進政策であった。具体的には、「デュアル・トラック（複線）」路線と称される、経済成長路線と貧困解消を同時にめざす政策であった。経済成長を推進するためには、世界的なグローバル化にともなう自由化、規制緩和の潮流のなかで、タイの国際的競争力を高める必要がある。このため、タックシン政権は国家競争力計画を策定し、食品産業、自動車産業、ファッション産業、ソフトウェア産業、観光産業の五部門に重点を置いて輸出競争力を高めることとなった。そして、「世界の台所」、「アジアのデトロイト」などのキャッチフレーズを設定し、国内外での宣伝を推進した。

一方、貧困解消は、これまでの経済成長の恩恵が十分浸透しなかった農村部のボトムアップを図る政策であり、前述の選挙戦での公約であった三年間の負債の返済猶予、村落ごとに一〇〇万バーツずつ配分する村落基金、三〇バーツの負担で受診できる三〇バーツ医療制度は次々に実行に移された。他にも日本の事例からヒントを得た行政区単位での特産物の開発計画である「一村一品運動（OTOP）」、土地使用権の証券化、マイクロ・クレジットの導入などの施策を推進し、デュアル・トラックの両路線のバランスを図った。こうした施策によって、負債の返済を一時的に猶予され、マイクロ・クレジットで資金源を得た農民の可処分所得は向上し、農村の購買力は増すこととなった。これは、地域経済の活性化と内需拡大を意図したものであり、経済危機で収縮した国内市場の拡大と、それにともなう企業活動の活発化にも重要な役割を果たした。すなわち、これらの貧困解消策は消費拡大策でもあった。ただし、他方で世帯の負債の拡大を招き、バブル期に顕著となったクレジット経済の再燃ともなった。

タックシンは、これら一連の「タックシノミックス」によって、タイを「先進国」に仲間入りさせると豪語していた。隣のマレーシアでは二〇二〇年までに先進国入りすることを目標にしていたが、タイはより早くそれを実現させると彼は主張し、タックシン内閣の二期目、すなわち二〇〇五年からの四年間で経済協力開発機構(OECD)の加盟国にしてみせるとの自信を示した。実際に、タイの経済状況も順調に推移し、この時期にはタックシンの「夢」も実現するかもしれないとの希望的観測も広まっていた。

ポピュリズム的な要素を盛り込んだ「タックシノミックス」は、農村部を中心に圧倒的な支持を得ることとなった。その結果は、二〇〇五年二月の総選挙におけるタイ愛国党の圧勝という形で証明された。直前の二〇〇四年末のスマトラ沖地震による津波でタイは大きな被害を受けたものの、その復興に奮闘する首相の姿がアピールされたこともあり、選挙戦はより有利なものとなった。結果は五〇〇議席中三七七議席をタイ愛国党が獲得する圧倒的な勝利であり、これによって史上初の文民単独政権が成立したのである。わずか四年間で、タイはタックシン帝国に変貌したのであった。

権威主義の再来

しかし、タックシンのトップダウン的な政治運営は、権威主義の再来と見なされていた。彼はタイ愛国党をマレーシアの統一マレー人国民組織（UMNO）やシンガポールの人民行動党（PAP）のような強固な基盤を持つ絶対与党に仕立て上げ、自らはマレーシアのマハティール前首相のようなリーダーシップを発揮できる「最高経営責任者」になることを望んでいた。このため、彼は地方での閣議の際にその地域の開発プロジェクトに予算を付けたり、あるいはタイ愛国党の議員が敗れた選挙区への予算配分を止めると脅すなど、きわめて強権的かつ恣意《しい》的な政治運営を行った。

その行き過ぎた強権政治が問題となったのは、二〇〇三年から始まった麻薬撲滅戦争である。かつてアヘンの栽培で有名であった「黄金の三角地帯」は、覚醒《かくせい》剤の生産拠点に変貌し、タイと国境を接するミャンマー側で生産された覚醒剤が大量にタイに流入し、大きな社会問題となっていた。服用すると馬のように興奮して眠気が覚めるとして、主として運転手らに広まっていた「馬の薬（ヤー・マー）」は、「馬鹿の薬（ヤー・バー）」と改称されることでその有害性が強調されたが、覚醒剤は学生や青年にまで広く浸透していた。

このため、政府は二〇〇三年二月から麻薬撲滅戦争を開始し、麻薬密売人のリストを県ごとに作成させて、県ごとに「成果」を競わせた。その結果、末端の密売人の「口封じ」が相次ぎ、わずか一ヵ月の間に一〇〇〇人近くの死者を出す状況に陥った。結局、同年末までに五万人以上をタックシンは逮捕し戦争への勝利宣言を出したものの、他方で二六〇〇人の死者を出す惨事もともない、無関係な逮捕や殺害などから人権侵害との批判が高まった。

また、以前から反政府活動が散発していた南部国境三県(パッターニー、ヤラー、ナラーティワート)での治安悪化が顕著となり、タックシンはこれを力で制圧する構えを見せた。このマレーシアに隣接したマレー系住人の多い地域では、かつてパッターニー王国というムスリムの小マンダラが存在していたことから、仏教徒のタイ族による支配に反対する人びとが分離独立を求めてときどきテロ活動を繰り広げていた。タックシン政権が成立すると、この地で反政府活動が活発化した。二〇〇四年に入ると大規模なテロが増え、テロ活動とその鎮圧で多数の死者を出すようになった。同年四月にはパッターニーなどでの警察署襲撃事件とその鎮圧で一〇〇人以上が犠牲となり、一〇月には逮捕された住民が八七人死亡するという事件も発生した。

他にも、タックシン政権に批判的なメディアの買収やNGO(非政府組織)の口封じなど、タックシンの強権的な政治姿勢が顕著となり、批判の声も高まっていった。近年政治的な発言を控えてきたプーミポン国王も、タックシンの強権的な政治姿勢に対する苦言を呈するようになり、二〇〇三年の国王誕生日のスピーチでは、国王といえども過ちを犯すことがあり、それに対する批判には耳を傾ける必要があるとし、タックシンに対しても自らに対する批判に耳を貸すよう暗に促した。

「売夢政策」の現実

タックシン首相は、最初の選挙戦から目新しい政策を打ち出し、三〇バーツ医療制度のように実現した政策もあったが、一方で思い付きのような政策が結局実現しない事例も少なからず存在した。いずれも国民に対して夢を売る政策であり、「売夢政策（ナョーバーイ・カーイ・ファン）」と称されるようになった。この「売夢政策」は主としてインフラ整備が中心であり、南部へのバイパスとなるタイ湾上の海上高架道路（レームパックビア道路）計画や、ナコーンナーヨック新都計画は、大々的に構想が披露されて調査がなされたものの、投資価値がないという結論にいたり、いずれも中止された。

バンコク市内の都市鉄道整備計画も、「売夢計画」として大々的に打ち出されたものの、結局計画が二転三転して進展せず、逆に政府に対する信頼を下げる結果となった。バンコク市内には一九九九年末に開通した高架鉄道（BTS）と、二〇〇四年に開通した地下鉄が存在するが、総延長は四〇キロ程度しかなく、その延伸が強く望まれていた。タックシンは当初この都市鉄道整備計画には積極的な姿勢を示さなかったが、二〇〇五年の総選挙を控えて支持が翳りつつあるバンコクでの形勢打開のために、二〇〇四年二月に総延長二九二キロに及ぶ都市鉄道網を二〇〇九年までに完成させるという野心的な計画を表明した。選挙戦の進展とともに計画は肥大化し、最終的に対象路線は三五一キロにまで拡大した。

しかし、ポピュリズム的政策の一環として運賃を低廉《ていれん》に抑えようとしたことと、それゆえに民間の参入が期待できないことから、莫大な建設費を政府が負担しなければならず、その工面方法が定まらなかった。それでも二〇〇五年八月には最初に整備する路線建設の入札の告示まで漕《こ》ぎつけるが、収支が合わないことが判明したとの理由で突然入札は中断されてしまった。この後、場当たり的な計画変更が朝令暮改のように連日報道されたことから、都民の不信感をますます増長させることとなった。次に述べる民主党主導のバンコク都との確執からさらに劣勢となったタックシンは、年末に都市鉄道計画も含めた大規模インフラ整備計画である「メガ・プロジェクト」構想を大々的に披露し、国際入札で民間資本を用いた整備を行うと国際社会に訴えかけた。ようやくこれで計画が進展すると思いきや、反タックシン運動の高まりで結局頓挫《とんざ》してしまう。

一方、高架鉄道を管轄するバンコク都は、延伸計画を早くから煮詰めていたが、政府の協力が得られず進展が見られなかった。その傾向は二〇〇四年に民主党のアピラック・コーサヨーティンが知事に就任してから顕著となり、政府は高架鉄道の運賃水準が高すぎるなどの難癖をつけて、延伸事業へのゴーサインを出さずにいた。このため、業を煮やしたアピラックは、政府の都市鉄道計画が二転三転して混乱した二〇〇五年一〇月に、都が全額出資して延伸計画を前進させることを決断し、都民の圧倒的な支持の前に政府も容認せざるを得なくなった。結局、これらの「売夢政策」は機能せず、逆に国民の失望を買うことになってしまったのであった。

反タックシン運動

このように、二〇〇五年の総選挙に圧勝したタックシンであったが、権威主義体制から発生する諸問題の浮上と、「売夢政策」への不信感の拡大から、早くも帝国に翳りが見えはじめてきた。それが急速に拡大したのは、二〇〇六年一月のシン・コーポレーションの株式売却に端を発する反タックシン運動であった。

他の政治的実業家の政権と同じく、タックシン政権も利益追求型政治を行い、規制緩和を行ってシン・コーポレーションの事業拡大に便宜を図ってきた。たとえば、世界的な潮流となった格安航空会社の参入を認めると、シン・コーポレーションはマレーシアの格安航空会社と手を組んで新たな航空会社タイ・エアー・アジアを設立し、航空事業にも参入した。それらももちろん批判されてきたが、ついに家族名義のシン・コーポレーションの株式を売却し、七三〇億バーツ（当時約二二〇〇億円）にのぼる巨額の売却益を得たことが明らかになると、国民の不満が爆発した。首相たるものは、倫理観を持たねばならないとの批判が噴出し、タックシンの倫理観の欠如が批判されたのであった。

この反タックシン運動は、二月に入ると大規模化した。週末ごとに開催された集会は徐々に規模を拡大していった。さらに、かつて一九九二年の五月の暴虐の際に反スチンダー運動の先頭に立ったチャムローンも加わったことで、反タックシン派は勢力を拡大させ、民主主義市民連合を名乗りタックシンの辞職を求めた。これに対し、タックシンは二月二四日に下院を解散し、総選挙を実施する形で対応したが、民主主義市民連合は国会には非はないとしてあくまでも首相の辞職を求めた。野党もこれに呼応して選挙のボイコットを決め、四月二日の総選挙は事実上タイ愛国党の信任投票となる異常事態となった。

選挙結果は予想通りタイ愛国党の圧勝であり、主要野党がボイコットしたことから野党は一議席しか獲得できなかった。だが一方で、憲法の規定で、単独出馬の場合は有権者の二〇%の信任を得る必要があり、タイ愛国党の議員がこれに達しなかった選挙区が計四〇〇区のうち約四〇区も出現した。また、バンコクでは白票を投じる有権者が多く、三六の選挙区のうち二八区でタイ愛国党の議員の得票数を白票が上回る事態となった。このタイ愛国党への逆風は、タックシンの予想をはるかに超えたものであり、ついに彼は四月四日に一時的な退陣を宣言した。

規定により再選挙が必要となった選挙区では再選挙を行うことになったが、野党は相変わらずボイコットを続けており、再び候補者を確定できない可能性が高まった。この異常事態のなかで、国王は一党しか出馬しない選挙は民主的とは言えないとして、裁判所に対して今回の選挙が正当なものか判断すべきであるとのコメントを出した。このため、憲法裁判所がこれを審議した結果、五月八日にこの選挙は無効であるとの判断を下した。これによって、総選挙自体が一〇月にやり直しとなり、二月から続いていたタックシン暫定政権の任期はさらに長くなった。

反タックシン運動のデモ

タックシン政権の崩壊

一時首相の職務を離れたタックシンであったが、五月に入り首相の職務に復帰し、再び内外でその存在感をアピールしはじめた。一方の反タックシン派はこれに反発したが、六月に国王の即位六〇周年記念式典を行うことから、それが終わるまでは活動を控えることとなった。高齢の国王はその後体調を崩し、八月に手術を行ったことから、再び活動は延期された。一方で、タックシンも依然として選挙後の自らの身の振り方を曖昧《あいまい》にしたことから、反タックシン派の批判は再び高まり、ついに九月二〇日から反タックシン集会を再開することになった。親タックシン派によるタックシン擁護運動も各地で勃発し、国内が二分される状況のなかで両者の衝突が懸念される事態となった。

他方で、タックシンと軍の関係も悪化していった。五月の暴虐以降、軍は政治権力とは距離を置いていたが、タックシンは身内を軍の要職に置いたり、同期生を重用したりするなど、親タックシン勢力を軍内に築いていった。これに対し、いまだに影響力を持つプレーム枢密院議長のグループが巻き返しを図り、二〇〇五年にプレーム派のソンティ・ブンヤラッカリンを陸軍司令官に据えることに成功した。この軍内のタックシン派とプレーム派の確執は二〇〇六年に入ってさらに拡大し、クーデタの噂が流れるようになる。実際、この状況を打破るためには国王による下賜《かし》内閣を望む声もあったものの、それが実現しないなかではクーデタしか選択肢はないという待望論が、徐々に増えていった。

このように国民がタックシン派と反タックシン派に二分され、総選挙を前に膠着状況に陥ったことと、軍内部での勢力争いの結果、タイは再びクーデタという〝禁断〟の選択肢を用いることになった。二〇〇六年九月九日からタックシン首相はタイを離れており、二〇日には国連総会で演説する予定であった。他方で九月二〇日は反タックシン集会が久々に再開される日でもあり、再び対立が国内を二分することが予想された。九月一九日深夜、このタイミングで、ソンティを中心とする軍がクーデタを決行したのであった。一九九一年のクーデタから一五年目の、予想外でもありかつ期待通りでもあったクーデタが発生したのである。これがタックシン帝国の崩壊であった。

III　インドシナの「先進国」へ

メガシティー・バンコク

タックシンはタイを「先進国」にするべく経済発展を推進すると豪語したが、ＯＥＣＤに加盟するレベルまで達するかどうかはともかく、少なくとも東南アジア、あるいはインドシナ半島においては、十分に「先進国」としての機能を発揮するようになった。それは一方ではこれまでのタイの順調な経済成長の成果でもあったが、他方で「先進国」ならではの苦悩も抱え込むことになる。インドシナの「先進国」となったタイには、新たな責任が求められることになったからである。

タイの首都バンコクは東南アジアでも有数のメガシティーへと成長した。バンコクを訪れる人は誰でも、多数の高層ビルが立ち並び、高速道路や都市鉄道が延びる近代都市の姿と、その狭間《はざま》に残された伝統的な寺院や住居に囲まれた低層の空間のコントラストを目の当たりにするであろう。現在のバンコクは一面では東京やニューヨークなど他のメガシティーと同じ様相を持ち、伝統的な景観は徐々に薄れつつあるものの、市場や繁華街の独特の「活気」は依然として健在である。

バンコクは、伝統的に典型的な首位都市である。二〇〇六年末の人口は統計上五七〇万人程度であり、近郊都市を含めたバンコク首都圏は一〇〇〇万人規模の大都市圏である。ところが、これに続く都市となると、バンコク近郊の衛星都市を除けば北部のチェンマイ、東北部のコーラート、南部のハートヤイ、東部のチョンブリーがそれぞれ三〇万人程度の都市規模しかなく、バンコクの首位都市としての規模が突出している。世界的に見ても、首位都市と次位の都市規模にこれだけの格差がある国は珍しい。この結果、政治面でも経済面でも、バンコクへの一極集中は顕著であった。

バンコクは東南アジアでのメガシティーとしての機能を向上させるため、拠点（ハブ）機能を高めてきた。バンコクの海の玄関口は第二次世界大戦直前から整備されたクローントゥーイ港であったが、バンコク自体が河口からチャオプラヤー川を直線距離で約二〇キロ遡った場所に位置していたことから、この港も河川港であった。このため、船舶の大型化と過密化で港湾能力が逼迫《ひっぱく》し、タイ湾東岸の東部臨海地域に新たな深水港であるレームチャバン港を一九九一年に開港し、バンコクの海の玄関口を強化した。現在はこのレームチャバン港が、海上輸送の中心となっている。

一方、空の玄関口としては、同じく戦前から存在するドーンムアン空港が長らくその機能を果たしていた。レームチャバンと同じく「開発」の時代に新たな商業空港の整備が計画され、市街地の東三〇キロに位置するノーングーハオ（コブラ沼）に場所も決定した。その後しばらく計画は進まなかったが、航空需要の拡大にともない、ようやくタックシン時代に計画が実行に移され、タックシン帝国崩壊直後の二〇〇六年九月二八日にスワンナプーム（黄金の土地）空港として新空港が開港し、ドーンムアンはその役目を終えた。しかし、汚職や突貫工事のためスワンナプーム空港の欠陥が露呈し、補修工事のために二〇〇七年三月には再びドーンムアン空港が復活し、バンコクの空の玄関口は二空港体制となった。今後もこの状態で、東南アジアの空路の拠点をめざすことになろう。

地方経済の発展

バンコクへの一極集中が顕著であることに変わりはないものの、「開発」の時代以降、とくに一九八〇年代後半からの経済ブームのなかで、地方経済の発展も進んでいった。「開発」の時代には、地方においても電力や道路などのインフラ整備が進展した。当時は地方への工業化の波はまだ限られており、商品畑作物の導入が地方での大きな変化であったが、その後の経済発展の基盤はある程度整備されることとなった。

地方での工業化は、東部臨海地域から始まった。ここはバンコクからも近く海岸に立地していることから、海上輸送に依存する工場が集積することとなった。一九六〇年代に建設されたタイ最大の石油精製工場を皮切りに、臨海工業地帯としての開発が一九八〇年代から本格化していった。とくにレームチャバン港の開港や、さらに南のマープタープット工業港の整備で重化学工業の集積が顕著となり、多数の工業団地も建設された。バンコク近郊の工場立地が飽和したことから、新たに進出する外資系企業もこの地域に工場を建設することが多く、レームチャバン港に最寄りのシーラーチャーにはこれらの工場に勤務する日本人も増えている。バンコクとの間には高速道路も二本整備され、バンコクから東部臨海地帯にかけてはタイ最大の経済回廊になっている。

さらに、工業化の波は周縁部の地方にも波及した。一九八五年には北部のチエンマイ近郊に位置するラムプーンに工業団地が設置され、輸出加工区も設置されて外資の投資を奨励した。東部臨海地帯以外ではタイで最初の地方への工業団地の設置は成功し、日本からの電子機器産業や農産物加工工業など多数の工場が立地した。さらに東北部のコーラートなど工業団地の建設は続き、地方の工業化が進んでいった。中部でもバンコクを中心とする工業団地の外延的拡大は続き、かつての古都アユッタヤーやその東隣のサラブリーなども工場が急速に増加した。これらの地方における工業化は土地や労賃の安さを求める企業側と、工業化による地方経済の発展を目論む政府側の思惑が一致したものであり、政府の投資奨励策でも地方への投資を優遇したことから、地方への工場の拡散は順調に進んだ。

この結果、地方の拠点都市の近代化は進み、統計上の人口規模こそまだ貧弱であるものの、明らかに都市機能は拡大している。チエンマイやコーラートの市街地は拡大を続け、大規模ショッピングセンターも増加した。バンコクと地方を結ぶ交通需要も急増し、一九九〇年代以降バンコクと各地方を結ぶ幹線道路が拡幅され、拡大する交通量に対応して車線数も増やされていった。市街地を迂回するバイパスが整備される地方都市も増え、日本と同じくバイパス沿いに新たな商業施設が進出するようになった。地方都市の生活も、もはやバンコクと同じレベルとなったのである。

しかし、これらの地方経済の発展が、必ずしも農村にまで十分に波及していたわけではない。減少したとはいえ、タイには農林水産業、いわゆる第一次産業に従事する人口が依然として四割以上存在するが、彼らの大半は天水に依存した不安定な稲作に依存している。近年の内需拡大策で、彼らの現金へのアクセスは増えたものの、これを十分に活かしきれず、負債のみが膨らむ人も多い。地方経済の発展は、たしかに地方都市の発展を引き起こしたものの、農村すべてにその恩恵が広まったわけではない。これが都市と農村の格差を存置させ、タックシン時代に両者の対立が顕著となるような事態へと波及したのである。

「メコン圏」の地域協力

一九九二年から始まった「メコン圏」構想は、メコン川流域に位置するインドシナ半島の五つの国と中国雲南省が協力して経済発展を志向することをめざすものであった。この「メコン圏」の国々は、インドシナ三国にせよミャンマーと改称したビルマにせよ、長らくの戦闘や独自の社会主義路線から経済的に停滞しており、タイが明らかに「先進」していた。このため、「メコン圏」の地域協力構想にも、タイは積極的に関与していった。

「メコン圏」構想には、交通部門から観光部門にいたるまでさまざまな開発計画が盛り込まれていたが、なかでも最も基本的な基盤整備として国際交通網の整備を進めることとなった。具体的には三つの経済回廊を設定し、その回廊を構築する道路網の整備を優先することとなった。すなわち、バンコク～昆明（雲南省）間および昆明～ハイフォン（ベトナム）間の南北回廊、モールメイン（ミャンマー）～ダナン（ベトナム）間の東西回廊、そしてバンコク～ホーチミン（ベトナム）間の南回廊である。いずれもタイが関係しているが、タイ国内の区間はすでに立派な道路が整備されてお

メコン圏の3経済回廊

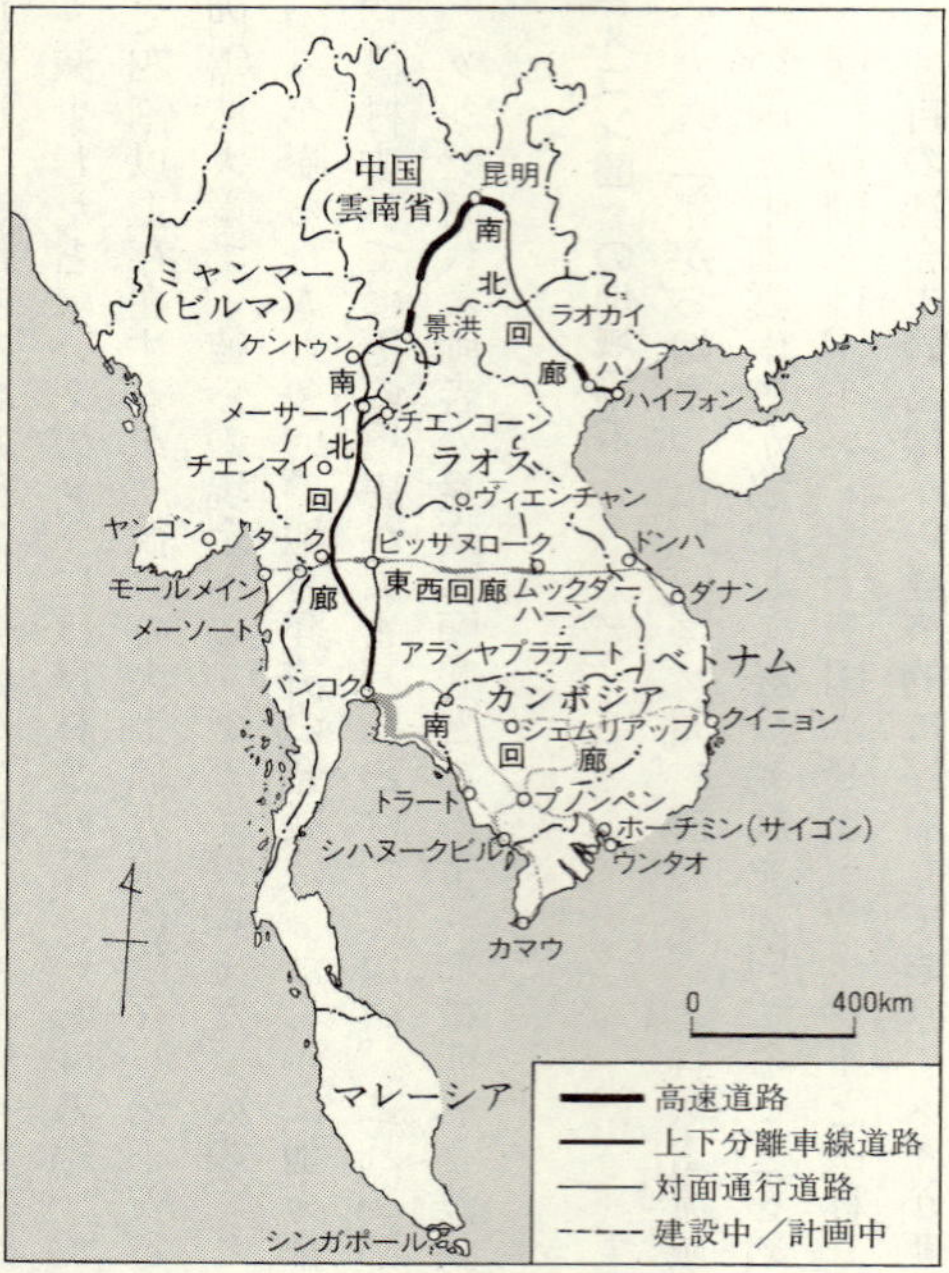

り、中国国内もすでに道路が存在し、しかも急速に高速道路の建設も進んでいることから、整備すべき区間はラオス、カンボジア、ミャンマーといったタイの周辺国に存在した。

これらの道路整備には、日本などの国際協力やアジア開発銀行の借款なども供与されたが、タイも技術協力や資金協力を行うことになった。南北回廊では、ラオス国内の区間約二三〇キロの道路工事が行われており、中国、タイ、そしてアジア開発銀行が三分の一ずつ区間を分担し、それぞれラオス政府に借款を供与して建設を進めている。東西回廊のミャンマー区間の一部でも、タイは一億バーツの無償資金協力を行って道路整備を進めており、カンボジアでも無償資金協力や借款での道路整備に協力している。すなわち、タイはこれまで西側先進国から多額の国際協力を得て、それによって国内のインフラ整備を進めてきたのであったが、もはやタイは周辺諸国に対して国際協力を行う国へと変わったのである。事実、タックシンもかつて「タイはもはや被援助国を卒業した」と述べたことがあった。

また、「メコン圏」とは別に、タイは周辺国への支援の枠組みを整備してきた。二〇〇三年にタックシンがラオス、カンボジア、ミャンマーへの経済協力構想を披露し、やがてエーヤワディー・チャオプラヤー・メコン経済協力戦略（ＡＣＭＥＣＳ）と呼ばれるようになった。これはタイが資金を拠出して基金をつくり、これを周辺諸国への協力活動に使用するもので、二〇〇五年には隣国経済開発協力事務所（ＮＥＤＡ）を設置して担当機関とした。「メコン圏」構想はアジア開発銀行や中国とも協調する必要があるが、このＡＣＭＥＣＳは完全にタイのイニシアチブで進めることが可能であり、タックシンはむしろこちらを重視した。

タイの隣国支援は、依然として自国の利益に適うような分野に制限されている。タイが支援している道路整備は、いずれもタイ国境に接続する道路であり、完成した暁にはタイ製品の輸送に、あるいはタイからの投資の受け皿として利用される。支援もいわゆる「ヒモ付き」であり、いずれもタイ企業が事業を請負っている。かつての日本の国際協力がそうであったように、国際協力に拠出された資金はタイ企業に還元されるような仕組みが存在する。それでも、タイが「援助される側」から「援助する側」へと変化したことは、タイの「先進国」化の証であった。

そして、「メコン圏」構想に見られる国際交通網の整備は、従来の国民国家単位の外港－後背地関係を再編する役割を担うこととなる。これまでタイをはじめ各国民国家では自らの領域内に外港－後背地関係を構築するべく、交通網の整備を行ってきた。タイではバンコクをタイの外港にするべく、バンコクから放射状に鉄道や道路を整備して、バンコクの後背地をタイの領域内各地に広げ、かつモールメインやサイゴンなど他の外港との関係性を断ち切ってきた。ところが、「メコン圏」構想ではモールメインやベトナムのダナンなどの外港を活用してタイの地域開発を促進しようという発想が見られるのである。すなわち、国民国家単位に構築されてきた外港－後背地関係が、再び地理的近接性に基づく外港－後背地関係へと再編される可能性を秘めているのである。もちろん、タイはこれを積極的に活用して、開発の遅れている国境周辺地域の「売り」にしようと画策しているのである。

オーバープレゼンス

タイがインドシナで「先進国」となったことは、タイからのヒト、モノ、カネが周辺諸国に大量に流れ込むことを意味した。それはあたかも、「開発」の時代の外資導入政策や特別円、あるいはそれを引き継いだ円借款によって、日本からタイへの輸出や投資が急増し、タイに日本からのヒト、モノ、カネが溢れた一九六〇年代を髣髴とさせるものである。すなわち、周辺諸国におけるタイのオーバープレゼンスが発生したのであった。

タイから周辺諸国へのヒトやモノの流れも、急速に拡大している。かつては国境を越えるのは商人が中心であったが、近年は観光客も増加しており、東西回廊経由でタイからラオスを通ってベトナムへ向かう観光客も出現している。また、カンボジア国境ではカンボジア側に雨後の筍のように出現したカジノへ向かうタイ人ギャンブラーが増加し、タイでもカジノを合法化する議論に拍車をかけた。モノの輸出も大きく拡大しており、国境交易はいずれもタイからの輸出が輸入を上回る出超状態となっている。タイからの輸出品はタイ国内で製造された雑貨から家電製品、自動車にいたるさまざまな工業製品が中心であり、周辺諸国では「メイド・イン・タイランド」の製品が溢れている。最近は中国やベトナムの製品との競合も加速しているものの、タイ製品は価格こそ高いが品質面では依然優位である。ちなみに、タイから周辺諸国への主要輸出品の一つにエネルギー・ドリンクがあり、最近日本に入ってきた「レッド・ブル」もその一例である。

タイからの投資は、周辺諸国でも大きな比率を占めた。シン・コーポレーションの周辺諸国での通信事業参入が象徴するように、タイ資本は競って新興市場での事業拡大に乗り出した。なかでもラオスへのタイ資本の進出シェアは高く、一九八八〜二〇〇四年までのラオス向け投資件数に占めるタイの比率は二八％、投資額は四三％といずれも第一位を占めていた。ラオスは文化的にも同じタイ族であることからタイの優位性は高く、近年ではタイに進出した日系企業も新たな工場進出先としてラオスを選ぶ場合もある。カンボジアやミャンマーでも進出する外資のなかでのタイ資本の比率は高く、タイ資本の工場や商業施設が多数出現している。カンボジアやミャンマーでも国境周辺ではバーツが流通しており、ラオスにいたってはかなり奥地でもバーツが通用する。このため、一時はインドシナ半島に「バーツ経済圏」が成立するとの期待も見られた。

一方、「先進国」タイには、周辺諸国から外国人労働者が流入している。タイ自身も外国人労働者の送り出し国であり、一九七〇年代の中東への出稼ぎの急増以来、アジア各地を中心に海外出稼ぎは続いている。しかし、タイの経済発展にともない、いわゆる「3K」（きつい、汚い、危険）と呼ばれる下層の労働市場への供給が不足し、それを周辺国からの外国人労働者が埋める形になっている。二〇〇七年段階で少なくとも一〇〇万人以上の外国人労働者が働いており、その大半がミャンマーからの労働者である。彼らは建設現場、水産物加工場、漁船などで働き、合法的な労働者ではないものの登録をさせることで政府は追認している。このような外国人労働者の流入面から見ても、タイは「先進国」と言えるのである。

反タイ感情の醸成

ところが、タイのオーバープレゼンスは、周辺諸国での反タイ感情を醸成することとなった。それが最も顕著であったのは、二〇〇三年一月のカンボジアの首都プノンペンでの反タイ運動であった。これは、タイの有名女優がカンボジアの重要な観光資源であるアンコール・ワットはかつてタイのものであったと発言したという噂が広まったことから、反発したカンボジア人がプノンペンのタイ大使館やタイ系ホテルなどを襲撃したものである。大使館が焼き討ちに遭い、プノンペンのタイ人を救出するためにタイから軍用機が派遣された。

この事件は、カンボジア国内の政治的対立から発生したものであり、タイ女優のそのような発言は実際にはなかった。それでも、カンボジア人のなかにあるタイに対する劣等感が利用されたのは、紛れもない事実である。カンボジアでもタイのオーバープレゼンスは顕著であり、タイの人気ドラマがテレビで放映されていたことから、カンボジアではこの女優は有名であった。アンコール・ワットを訪れるタイ人も多く、学校の歴史の授業で「失地」喪失

国旗を燃やすカンボジア人　プノンペン，2003年

を学んだ彼らは、その地が少なくとも一九〇七年にフランスに割譲される時点ではタイの支配下にあったことを知っており、それをカンボジア人に確認するという。また、「先進国」の人間が陥りがちな優越感を抱くタイ人も少なからず存在し、それが周辺国への蔑視へとつながる。この事件の後、タイ人の周辺諸国での尊大な態度を戒《いまし》めるような、「タイ人よ驕《おご》るべからず」的な報道がタイの新聞でもなされたが、このような問題が取り上げられたのはおそらく初めてのことであろう。

それでも、似たような問題は依然として起きている。二〇〇一年にアユッタヤー時代の四大女傑の一人でありビルマ軍と果敢に戦って王を助けたシースリヨータイを主人公とした映画『スリヨータイ』が大成功を収めると、同じく四大女傑の一人で、アヌウォン王の反乱を食い止めた『スラナーリー』の映画化が検討された。ところが、アヌウォン王はタイから見れば中マンダラの領主の反乱であったが、ラオスから見れば中マンダラの危機を救おうとした英雄であったことから、この映画化に反対の声が上がった。

また、二〇〇六年五月に、ラオス代表チームがワールドカップに出場するというタイで製作されたコメディー映画『サッカー（マーク・テ）』の公開直前に、ラオス側はラーオ人を侮辱していると抗議を行い、急遽内容を改めて公開する事態となった。ラオス語はタイの東北方言と同一であり、その東北方言はバンコクの人間からは蔑視の対象となるが、他方ラオスでは正式な国語となる。このため、タイのバラエティー番組で東北方言あるいはラオス語が蔑視的に用いられることが多く、タイ側からメコン川を越えてくるタイのテレビを日常的に視聴するラーオ人は、それを不快に思うのである。タイ人の優越感は、実に根深いのである。

日本でもそうであるが、歴史認識の問題は隣国との関係に大きな影響を与える。隣国同士はたいてい攻めたり攻められたりの歴史を共有しており、同じ事件でも双方でその評価は一八〇度変わることも少なくない。このため、東南アジアにおいても共通の歴史認識を醸成するような歴史教育を行うための教科書の作成が進められている。とくに、タイのように「先進国」の立場である場合は、「後発国」への配慮が欠かせない。日本もかつて第二次世界大戦という過去を忘れて無頓着に東南アジアに復帰し、その結果発生した日本のオーバープレゼンスから反日運動というしっぺ返しを喰った。まだ十分とは言えないものの、日本はこれを機に東南アジアに対する態度を改め、謙虚に相手の文化を尊重する必要を学んだ。

現在のタイも、まったく同じ状況に直面しているのである。これまで「世渡り上手」に国際社会のなかで自国に有利な道を歩んできたタイであったが、「先進国」としての立場に到達した以上、「後発国」への配慮が求められるのである。それを克服したときにこそ、真の「先進国」に達することができるのではなかろうか。

【コラム】

経済――顕在化する都市と農村の格差

かつてはタイの主要産品といえばコメを連想するように、第二次世界大戦まではコメをはじめとする農産物や南部の錫鉱などいわゆる一次産品の生産がタイの主要な産業であり、工業製品の大半を輸入する植民地型経済が成立していた。わずかに存在した工業は精米業や製材業など農林産品加工業がほとんどであったが、セメントやビールなど若干の製造業は誕生した。

第二次世界大戦直前のピブーン時代に入ると、ナショナリズムの高揚から国営企業が設立され、伝統的な担い手であった中国人の手から経済活動を「取り戻す」ことをめざした。戦後もこの路線は踏襲され、いわゆる国家主導型の輸入代替工業化が模索された。しかし、国営企業による工業化は非効率な経営を招き、政治家や軍人に権益をもたらすこととなった。実際の経営も中国人資本家が担い手となり、真の「民族資本」の育成は実現しなかったものの、中国人のタイ人化は着実に進み、経済発展の担い手が形成されていった。

この国家主導型の輸入代替工業化が、民間主導型へと変化したのが、一九五〇年代末からの「開発」の時代であった。これにより、外資導入による民間主導型の輸入代替工業化が推進され、政府の役割はそのための基盤整備、いわゆるインフラ整備に限定されることになった。一九六〇年代は日本をはじめとする先進国の企業が海外進出を積極化する時期であり、政府は投資奨励法などの外資優遇策を打ち出して、外国企業を誘致した。この結果、自動車組立、家電組立、縫製などの工場が多数タイに進出することとなり、タイの工業化は順調に推移することとなった。

一九七〇年代に入ると、オイルショックや政治的要因の影響で一時的に経済状況は悪化する。一九八〇年代前半までその停滞期は続いたものの、八〇年代後半に入ると再び外資の流入が拡大し、輸出志向型の工業化が進むこととなった。その契機は一九八五年のプラザ合意による日本や東アジア諸国の通貨高であり、タイを生産拠点とし外国市場への輸出を主目的とするような工場の進出も進んだ。また、自動車産業に典型的に見られるように部品製造などの裾野《すその》産業の成熟も進み、それがさらなる産業集積を促進することとなった。この急速な工業化によって、タイ経済は高成長を続けることとなり、同時期に進められた金融自由化とも連動し多数の資金がタイに流入した。

ところが、この好景気と潤沢な資金がタイ経済のバブル化を進め、やがてその矛盾が露呈する結果となった。一九九〇年代後半に入るとバブル経済がはじける様相が見えはじめ、タ

タイの実質 GDP 成長率の推移（1971～2005年）

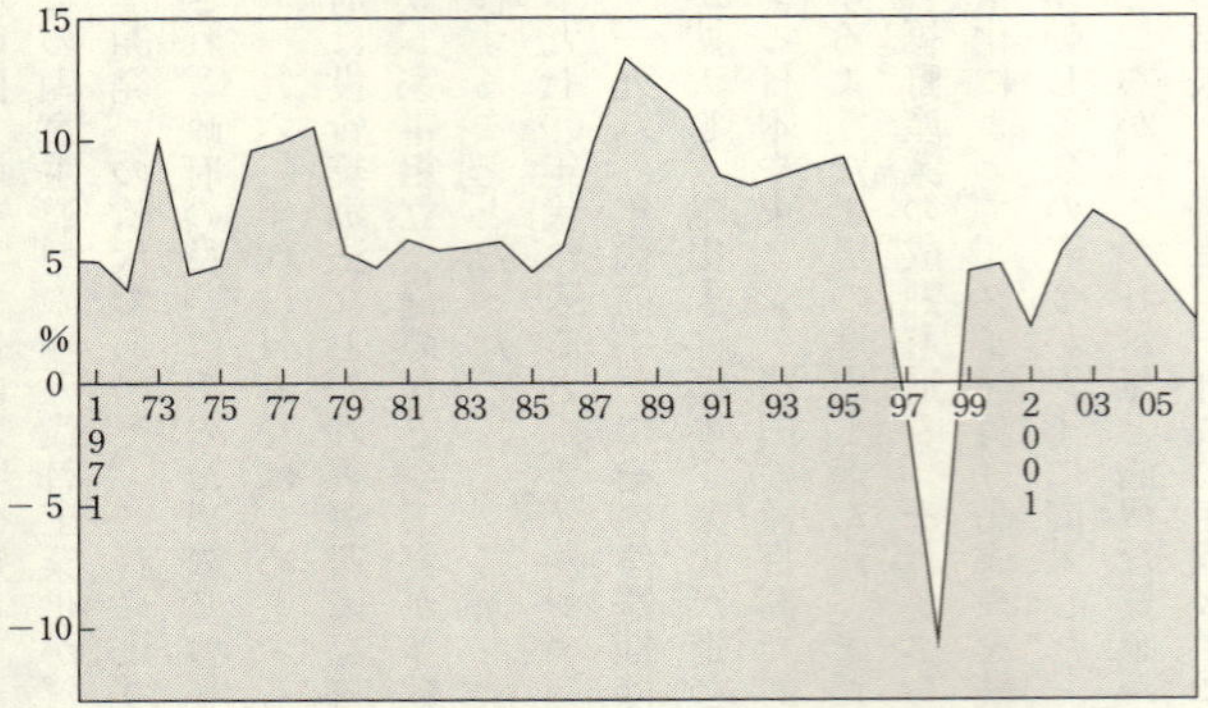

出所：末廣［1998］p.17，総務省統計研究所［2007］表3－4より筆者作成

イに流入していた外資が急速に流出しはじめた。ついに一九九七年七月、バーツを事実上の変動相場制に移行させると、バーツの暴落という通貨危機が発生し、やがて経済危機へと進展した。国内の消費は大きく落ち込み、企業の業績悪化も顕著であった。この結果、タイの実質GDP成長率は一九九八年には前代未聞のマイナス一〇％程度にまで落ち込んだ。

その後タイはIMFなどの支援を受けながら経済状況の回復に努め、好調な輸出に支えられたことからいわゆる「V字型」の回復を見せるにいたった。二〇〇〇年代に入るとタックシン政権の内需拡大策の効果もあって再びタイ経済は上向き、経済危機を脱したかに見えた。タックシンは経済成長と貧困解消を同時に進める「デュアル・トラック」路線を取り、そのトップダウン的な経済政策は「タックシノミックス」と呼ばれるようになった。彼は自動車産業などの輸出競争力を高めることをめざし、世界的なグローバル化、自由化のなかでタイの国際競争力を強化することを目論んだのであった。

このような順調な工業化の結果、タイの主要な産業は農業から工業へと変化した。二〇〇四年の産業別ＧＤＰを比較すると、農業の比率が一〇％であったのに対し工業（製造業）は三五％に達していた。〇六年の輸出額に占める割合も農水産物は一〇％程度でしかなく、かつての最重要輸出品であったコメはわずか二％でしかない。コメの輸出量自体は二〇〇〇年代には七〇〇万トン台に達しており、一九七〇年代の一〇〇万〜二〇〇万トン程度と比べて大きく増加したが、急速な工業化による工業製品の生産と輸出の拡大のなかで重要性を減退させたのである。

それでも、タイにおける第一次産業従事者数は二〇〇四年で約二〇〇〇万人であり、経済活動人口に占める比率は五三％に達している。急速な工業化にもかかわらず、タイ人のおよそ半分は依然として農業を生業としているのである。「開発」の時代以降の新たな商品作物の導入や、コメ輸出量の大幅な拡大にもかかわらず、農業自体の生産額は全体の一〇％でしかないことは、国内で生産される富が公平に分配されていないことを意味している。いわゆる都市と農村の格差が歴然としているのであり、農家の多くも家族の非農業部門への出稼ぎによる仕送りに依存した生活を営んでいる。タックシンの「デュアル・トラック」路線自体は、この格差是正をもたらすものであり、彼の方向性は決して間違いではなく、タイで初めて格差是正に本格的に取り組んだ首相とも言えた。今後の経済発展により農村部のボトムアップが図られるとの楽観論もあるが、タックシン時代に拡大した都市部と農村部の対立を緩和させるためにも、この問題に真剣に取り組まねばならない。

終章　試練を越えて

「世渡り上手」なタイ

これまで見てきたように、「優等生」タイの出現の背景には、「世渡り上手」なタイの姿が存在した。すなわち、タイは有能な人物を誰でも登用し、大国の勢力をうまく拮抗させてバランスを取り、しかも大国と運命をともにせざるを得ないときにはより有利なほうを見極めてから選択したのであった。もちろん、個々の時代において「世渡り上手」に判断を下すのはその時代の為政者であり、そこには「タイ」としての固有の意思が働いたわけではない。だが結果として、これまで何世代にもわたって継承されてきた為政者たちは偶然にも同じような「世渡り上手」な判断を下したのであった。

有能な人物を誰でも登用するという特徴は、アユッタヤー時代から見られたものであり、その典型例が山田長政であった。アユッタヤー時代には出身にかかわらずさまざまな国から来た外国人が官吏として雇われており、政治的権力を高める者も存在した。その登用が最も増えたのは一九世紀末からのチャックリー改革の時代であり、多数のお雇い外国人がタイの近代化のために登用された。その後も外国人アドバイザーや専門家の受け入れは現在にいたるまで続いており、その伝統は脈々と受け継がれている。見方を変えれば、日系企業の駐在員の方々もこの伝統の延長線上に位置づけられよう。

大国の勢力の拮抗も、同じくアユッタヤー時代から見られた。アユッタヤー時代にはオランダを利用してポルトガルを牽制したり、あるいはオランダを牽制するためにフランスとの関係構築を模索したが、後者の場合はバランスが悪くなりすぎて結局フランスとの関係を断ち切ってしまった。帝国主義の時代にはフランスとイギリスとの関係に苦慮しながらも、鉄道建設にドイツ人を利用するなど可能な限り勢力のバランスを取ることに努め、特定の一国の権力が高まりすぎることを警戒した。第二次世界大戦に巻き込まれる前も同様であり、日本と英米を天秤《てんびん》にかけて模様眺めをした。

大国と手を結ぶ際の見極めは、第一次世界大戦では成功し、第二次世界大戦では結局失敗した。もっとも、後者の場合は見極める前に巻き込まれてしまったのであったが、幸運なことに失敗した場合の伏線を張っておいたことで、その失敗を解消することができた。さらに、この場合は自由タイという「敵国」と手を結ぶ組織が勢力を拡大させたことも、失敗を成功へと変える重要な要因であった。戦後の西側陣営への参加も熟考の末の決断ではなかったが、結果としてこの判断はタイの順調な経済発展を保障することとなった。

このように、タイの「世渡り上手」は必然的なものばかりとは言えず、むしろ偶然の積み重なりの観もある。だが、大局的に眺めるとタイという国が意思を持ってうまく立ち回ってきたかのように見えてくる。当然ながらそのような意思は存在しないのではあるが、あたかもそれが存在するかのように見える点が、タイの歴史の大きな特徴であろう。

「世渡り上手」の試練

ところが、この「世渡り上手」なタイも現在大きな試練のときを迎えている。「世渡り上手」は基本的には国際社会のなかで発揮されてきたものであり、近年ではその成果とも言える「先進国」化がもたらす問題にも直面することとなった。しかし、他方では「世渡り上手」の内面的な問題、すなわち国内の対立構造の急速な顕在化が、新たにタイの前に立ちはだかるようになったからだ。この傾向はタックシン時代末期に顕著となってきたものであるが、タックシン帝国の崩壊後も解消するどころか、さらに深刻化しているのが現状である。

タックシン帝国の崩壊後、タイはこれまで何度も繰り返してきた「民主化」への道を再び歩むこととなった。それは、クーデタ後に続く暫定政権の樹立と暫定憲法の公布、制憲議会の設置、恒久憲法の公布、そして新憲法に基づいた総選挙とその結果に基づく民主政体への復帰という一連のプロセスであった。これはクーデタといういわば「リセットボタン」によって、「民主化」への道を歩んでいたタイが、再び「振り出し」に戻ったことを意味した。

マクロ的視点から見れば、このプロセスは順調に推移しているように見える。二〇〇六年一〇月一日には暫定政権の首相に元陸軍最高司令官のスラユット・チュラーノンが選出され、クーデタによりあっけなく廃止されてしまった一九九七年の「人民のための憲法」に代わる暫定憲法も公布された。間もなく暫定内閣も発足し、制憲議会となる国民立法議会も設立された。また別に設けられた国民会議は憲法起草委員会を選出し、起草委員会が作成した新憲法の草案は二〇〇七年四月に公表された。七月に憲法草案が確定され、八月の国民投票でこれが信任されたことから、当初の二〇〇七年一〇月の予定よりやや遅れて一二月にも総選挙が行われることとなっている。タックシン政権への反省から、新憲法案では首相権限の制限やチェック機能の強化が盛り込まれており、「人民のための憲法」が政治の安定化をめざしたのとは対照的に、タックシン政権のような強権的な政権の出現を阻止することをめざしている。

しかし、この一見順調な道程とは裏腹に、国内の対立問題は解決するどころかむしろ再燃している。タックシン時代に急速に顕在化した南部国境三県での治安悪化は、スラユット首相が前政権の非を謝罪したにもかかわらず、一向に改善の兆しが見られない。反発勢力の全容はいまだに解明されず、攻撃の対象もかつての軍人、警察などの公権力者から一般市民へと拡大し、無差別攻撃が顕著となっている。さらに南部の問題と直接的な関係はないと思われるが、二〇〇六年末にバンコクで起きた爆弾事件も国内外で大きな波紋を呼んだ。バンコク市内での警戒も非常に強化され、筆者が二〇〇七年三月に訪れた際もショッピングセンターや地下鉄の入口で荷物検査が行われていた。

親タックシン派の動向もまた、国内の対立構造の先鋭化に拍車をかけている。クーデタにより反タックシン勢力はその役割を終え、事実上活動を中止した。一方、親タックシン勢力はクーデタによる戒厳令が部分解除されると次第に活動を活発化させるようになり、二〇〇七年三月からはかつて反タックシン派が気勢を上げたバンコクの王宮前広場で、親タックシン派による反政府集会も開かれている。タックシンもクーデタ後イギリスに拠点を構えながら中国、シンガポール、日本などタイの周辺を徘徊《はいかい》してその影響力を誇示しようと画策しており、あたかも「反撃」の好機を待っているかに見える。現在は沈静化している反タックシン派ではあるが、タックシンの出方次第によっては再び反発を強める可能性も否定できない。

一方、当初は国民の高い支持を得たスラユット政権であったが、前回のアーナン暫定政権のような絶大な人気を保つことはできなかった。南部の治安悪化は一向に改善せず、バンコクでの爆弾事件を機にその支持率は大きく低下した。暫定政権の課題であったタックシン時代の不正や汚職の追及も遅々として進展せず、その解明に期待した国民も徐々に疑いの目を持つようになっていった。ところが、選挙違反を根拠とする二〇〇七年五月のタイ愛国党解党判決や、六月のタックシン夫妻の預金凍結、国有地不正取得疑惑に対する起訴など、ここにきて急速に〝タックシン潰し〟が鮮明になってきた。これに対し、親タックシン派は反発を強めており、新憲法案の否決を声高に唱えていた。その結果、新憲法案への反対票が少なからず発生した。ますます顕在化する国内の対立構造の先鋭化に対し、政府による十分な対応がなされていないとの国民の不満は高まっている。

「タイ」から「シャム」へ

タイはこのような内外の課題をどのように克服するのであろうか。その答えは、これまで見てきたタイの歴史から見出せるであろうか。

たしかに、近隣諸国との関係にしても、国内の対立にしても、いずれもその起源は歴史のなかに見出せることは確認できた。タイと近隣諸国との格差は第二次世界大戦後の双方の歩んだ道の違いが生み出したものであり、国内の対立にしても南部国境三県の問題は帝国主義の波のなかでの領域国家建設の負の遺産とも言えるものであった。親タックシン派と反タックシン派の対立も、「開発」の時代以降の経済発展における都市と農村での不平等な恩恵の分配が根底にあった。それでは、これまで見てきたタイの歴史は、「優等生」タイの試練に対し何らかの答えを示唆できるのであろうか。

筆者は、その答えを「タイ」から「シャム」への国名改称論に求めてみようと思う。二〇〇七年に入って新憲法に関する議論が活発化するなかで、国名を「タイ」から「シャム」へ戻すべきであるという主張が出されるようになった。これはタマサート大学の歴史学者チャーンウィット・カセートシリが提唱しているものであり、新憲法に国名をシャムと規定する条文を盛り込むことを主張した。これまでのところ、賛同者はごくわずかしかなく、その実現可能性は限りなくゼロに近い。

彼の主張によると、「シャム」という語はタイの文化的、民族的多様性を包含する語であったにもかかわらず、大タイ主義を唱えるピブーンが独断的に民族名である「タイ」に改称したとする。それまでの「シャム」は、タイ人のみならず中国人、マレー人、クメール人など多様な民族が共存する社会であったが、「タイ」への改称により「タイ」の文化的優位性が強調され、それが「タイ」とそのほかの対立構造を生み出したのである。このため、「シャム」という国名に戻すことによって多民族で多文化なタイ社会内の調和がもたらされ、現在南部の治安悪化に見られるような民族間、あるいは異宗教間の対立を緩和する役割があると彼はその意義を説明している。

ピブーンの大タイ主義は、当時の枢軸国の優位な状況に見習ったものであったが、いささか「シャム」の「タイ」化を強調しすぎた観はあった。タイ語、タイ文化などの「タイ〇〇（タイ語では〇〇タイ）」が盛んに唱えられるようになったのはおそらくこれ以降であり、現在もさまざまな場面でこの言葉が使われている。タックシンのタイ愛国（タイ・ラック・タイ）党などという政党も、その典型例であった。グローバリゼーションの進展とそれにともなうさまざまな社会問題の発生とともに、タイ・ナショナリズムの高揚も一部では発生しており、二〇〇七年の新憲法制定過程では「タイ」の象徴でもある仏教の国教化を憲法に盛り込むような要求も出された。

このような「タイ」の強調は、国内外の問題の解決に悪影響をもたらしかねないことから、タイ・ナショナリズムの見直しとベクトルを同じくする「シャム」への国名改称論は非常に興味深い議論である。「タイ」への国名改称は強固な国民国家構築のための手段であり、戦後の東西冷戦や共産化の危機の時代には「タイ」を前面に出して国民統合をする必要性が強調されたが、タイを含めかつては「想像の共同体」であった東南アジアの国民国家も成熟してきた。前述したメコン圏の国際交通路も国民国家単位の外港－後背地関係の再編を前提としているが、それが可能となったのはよかれ悪しかれ国民国家の存在が十分に確立されたからである。次なる課題は、その確立された国民国家間の良好な関係性の構築と、確立された国民国家内での対立の解消であろう。「タイ」から「シャム」への改称、すなわちピブーン以来タイが進めてきた「タイ」化のベクトルの向きを変えることは、国内の対立解消の一助となるはずである。

決して長い期間ではないが、これまで一貫して「タイ」と付き合ってきた筆者とて、「タイ」が「シャム」に変わる日が来ることを想像することは難しい。「タイ」化のなかで育ってきた大半のタイの人びとは、なおさらであろう。それでも、「シャム」への改称議論は、単に「タイ」をかつての「シャム」の時代へと引き戻すという懐古的なものではなく、歴史的視点に立って新たな「タイ」を志向するという建設的な意図を感じさせる。国内外の対立に直面する「世渡り上手」タイの試練に際して、「シャム」への国名改称論はタイが進むべき新たな方向性を示唆しているように思われてならないのである。

あとがき

筆者がタイと関わるようになったのは、いまから約四半世紀前のことであった。父の転勤によって偶然タイで中学生時代を過ごしたことがその理由であったが、当時は特段タイに関心を持たなかった。ところが、帰国後タイを懐かしく思うようになり、大学進学を決める際にタイ語を専攻しようと決意するにいたった。大学でタイ語を学びながら、元来の趣味であった鉄道を組み合わせ、タイの鉄道ないし交通について調べるようになり、そのまま研究テーマにしてしまった。最終的にはこのテーマで博士論文まで執筆し、現在にいたるのである。

このような筆者が、本書のような「通史」を執筆することになるとはまったく予想外のことであり、かつ無謀なことであった。事の発端は、大学時代の同期生で東京財団の吉原祥子氏から本書の編集を担当していただいた白戸直人氏を紹介されたことであった。二〇〇四年頃であったと思うが、白戸氏がタイ関係の研究者を探していたらしく、旧知の吉原氏に誰か心当たりがないか尋ねたところ、私の名前が挙がったのであった。白戸氏は新書担当になったばかりで、新書の執筆者を探していると聞いたことから、筆者もタイの鉄道や交通に関する新書でも書けるかと思い、白戸氏と面会することになった。そこで出てきたのが、予想外にも『物語　○○の歴史』シリーズの一環としての「タイの歴史」の執筆の話であった。『物語　タイの歴史』となれば、いわゆるタイの「通史」でなければならず、筆者のような若輩者にとうてい書けるはずがない。本来ならば丁重にお断り申し上げるべきであったが、二つの要因から軽々しくも引き受けてしまった。一つはタイの歴史を一冊でまとめた適当な本がなく、学生時代に非常に苦労した経験があったためである。当時大学の図書館で見つけた唯一のタイの歴史を概説した本は、たしか戦時中の出版物であったと記憶している。このため、新書でタイの歴史を概観できる本があれば、便利に違いないと思ったのである。

もう一点は、たまたま二〇〇三年度から所属大学の「国際関係史」という授業で、「タイの国際関係史」というテーマの講義を始めたことから、その授業の準備のためにある程度タイの通史について勉強したつもりになっていたことであった。当時筆者の大学では大学改革の嵐が吹きはじめ、「オンリーワン」の大学をめざすことが声高に唱えられるようになった。このため筆者も「オンリーワン」の「国際関係史」の授業として、「タイの国際関係史」を取り上げてみたのであった。さらに慶應義塾大学文学部の「東洋史特殊」という授業を二〇〇四年度から二年間行うことになっており、そこでもこの「タイの国際関係史」を取り扱う予定であった。このため、授業の準備のためにそれなりに調べておいたことから、新書の執筆くらい何とかなるであろうと高を括《くく》っていたのである。

二〇〇四年の時点で目次案も作成し、編集部の企画会議を無事に通過したものの、二〇〇五年度で終了する科学研究費補助金の研究成果報告書を先に完成させる必要があり、二〇〇六年度に執筆することになっていた。その後、報告書のタイ語訳の作成などで二〇〇六年度に入っても着手できずに予定は遅れ、執筆に取りかかったのが、二〇〇七年一月であった。ちょうど二〇〇七年は日タイ修好一二〇周年であり、タイミングは相応しいものであったが、他方で二〇〇六年に入ると反タックシン運動が始まり、同年九月のクーデタでタックシン政権が崩壊するにいたったことから、タイでの一連の動向が執筆への不安材料となった。

実際に執筆を始めると、とんでもない仕事を引き受けてしまったと後悔するようになった。自分では授業の準備のためにそれなりに調べたつもりであったが、実際に書きはじめると自分の無知さに驚愕《きょうがく》した。幸い先行研究は豊富にあるのであるが、今度はともすると先行研究の焼き直しになってしまう。とくに、山川出版社『東南アジア史Ⅰ　大陸部』（石井米雄・桜井由躬雄編）のタイの部分をつなげると、ちょうど新書一冊分くらいの分量になり、しかも「通史」としての必要最低限の情報を網羅していることから、下手をすると単なる「ものまね」に終わってしまう可能性もあった。普段学生には「オリジナリティーが重要」と言っておきながら、自分自身の本でそのオリジナリティーを出すことの難しさを思い知らされたのであった。これまで自分の専門の論文は執筆してきたが、このような困難に直面したことはなかった。専門書よりも概説書のほうがはるかに難しいことを、初めて理解した次第である。

しかしながら、引き受けてしまった以上は、何とか完成させるしかない。当初準備していた講義内容が「タイの国際関係史」であったことから、本書では国際関係のなかのタイに焦点を当て、とくに周辺諸国との関係を重視して執筆したつもりである。また、筆者の関心が鉄道や交通手段の整備、そしてそれにともなう領域の統合や地域間関係の変遷にあることから、そのような視点も強調している。このように何とか自分なりのオリジナリティーを出すよう努力したが、結局大半はこれまでの先行研究の蓄積に頼ってしまった。本書の存在意義が見出せるならば、それはひとえに先行研究の成果によるものであるが、その非はすべて筆者が負うものである。

二〇〇六年以降、タイの政治情勢は急速に不安定になってきた。本書ではタックシン政権の崩壊までを対象期間としたが、この先どのような道をタイが辿るか、筆者には予測しかねる。それでも、根底にある国内の対立が解消しない限り、この問題の抜本的な解決は難しいように思われる。これまでの人生のなかで少なくともその六分の一の時間を過ごし、現在も年に二ヵ月は滞在する筆者の第二の「ふるさと」でもあるタイが、一刻も早く安定することを望むばかりである。もし筆者が将来本書を改訂することがあるならば、いかにしてタイがこの試練を乗り越えたのかという「歴史」をぜひ付け加えたいものである。

筆者が本書を完成させるまでに、数多くの方々のお世話になった。まだまだ未熟ながら筆者がなんとか研究者の仕事をこなしていられるのは、かつての指導教官である東京外国語大学の斎藤照子先生、事実上の副指導教官であった東京外国語大学前学長・池端雪浦《せっほ》先生、東京大学社会科学研究所副所長・末廣昭先生をはじめ、多くの先生方のご指導のおかげである。また、本書を執筆するにあたっては、前大阪外国語大学長・赤木攻《おさむ》先生、前大阪外国語大学の吉川利治先生、龍谷大学の北原淳先生、早稲田大学の村嶋英治先生、京都大学の玉田芳史先生、前シーナカリンウィロート大学のウティチャイ・ムーラシン先生をはじめ、多くの先生方からいただいたタイに関する知識を総動員することとなった。さらに、筆者の「国際関係史」や「東洋史特殊」を受講して下さった学生諸君の貴重な意見も重宝したし、快適な研究環境を提供していただいた横浜市立大学および同僚の先生方にも大変お世話になった。すべての方々のお名前を挙げることはできないが、この場を借りてお礼申し上げたい。

最後に、本書を執筆するきっかけを与えていただいた東京財団の吉原祥子氏、煩わしい編集作業を担当していただいた中公新書編集部の白戸直人氏、間違いだらけの原稿を丁寧にチェックしていただいた同校正の方々に深く感謝するとともに、不在がちな筆者に代わり家庭を支えてくれた妻と、二人の子どもに本書を捧げたい。

二〇〇七年八月

柿崎一郎

主要図版出所一覧

Anek［2000］ p. 135, 139, 160
Carter［1988］ p. 73, 103, 110, 125
Chat Tham Raingan Sadaeng Phon Kan Damnoenkan khong Khana Ratthamontri Tam Naeo Nayobai Phunthan haeng Rat［2004］ p. 254
de la Loubre［1986］ p. 61
Delaporte & Garnier［1998］ p. 93
Kobkua［1995］ p. 180
Lekhathikan Nayok Ratthamontri［1986］ p. 226
Munlanithi Sinlapa Watthanatham haeng Krungthep Mahanakhon［2002］ p. 88, 106
Phaibun［1997］ p. 153, 171, 198, 200
Phanom［1996］ p. 218, 222
RFT［1997］ p. 193
Sarit［1964］ p. 204
Seksan［2003］ p. 278
Tachard［1981］ Fig. XXV p. 67
Thai nai Patchuban［1940］ p. 149
Thang Luang［1996］ p. 208
Tuck［1995］ p. 119
Wichakan［1984］ p. 83, 151
Wuthichai［2004］ p. 52
タイ国立公文書館 p. 131

AP Images p. 245
共同通信社 p. 2
読売新聞社 p. 265

Thawip, Toyota Thailand Foundation, 2004.
Thang Luang, Krom, *84 Pi Krom Thang Luang*（道路局84周年記念集）, Krom Thang Luang, 1996.
Thida Saraya,（*Si*）*Thawarawadi: Prawattisat Yuk Ton khong Sayam Prathet*（シャム国の古代ドゥヴァーラヴァティー）, Muang Boran, 1989.
Thongbai Taengnoi, *Phaenthi Phumisat Chan Matthayom Suksa Ton Ton lae Ton Plai*（中高等学校地図帳）, Thai Watthana Phanit, 1991.
Thongchai Winichakul, *Siam Mapped: A History of the Geo-body of a Nation*, University of Hawaii Press, 1994.（石井米雄訳『地図がつくったタイ　国民国家誕生の歴史』明石書店，2003年）
Tuck, Patrick, *The French Wolf and the Siamese Lamb: The French Threat to Siamese Independence 1858-1907*, White Lotus, 1995.
Van Beek, Steve, *Bangkok: Then and Now*, AB Publications, 1999.
Vella, Walter F., *Siam under Rama III 1824-1851*, J. J. Augustin, 1957.
Wichakan, Krom, *Naeo Phraratchadamri Kao Ratchakan*（国王９代のお言葉）, Krom Wichakan, 1984.
Wilson, Constance M., *Thailand: A Handbook of Historical Statistics*, G. K. Hall, 1983.
Win, May Kyi & Harold E. Smith, *Historical Dictionary of Thailand*, Scarecrow, 1995.
Wuthichai Munlasin, *Prawattisat Thai Chaloem Phrakiat*（タイの歴史）, Munlanithi Katawethin nai Phraborommarachupatham, 2004.
Wyatt, David K., *Thailand: A Short History, 2nd Edition*, Yale University Press, 2003.

2004.
Phanom Iamprayun ed., *20 Pi 6 Tula*（10月6日事件20周年記念集）, Thammasat University, 1996.
Phiman Chaemcharat, *Songkhram nai Prawattisat Thai*（タイ史のなかの戦争）, Sangsan, 2000.
Reynolds, E. Bruce, *Thailand and Japan's Southern Advance 1940–1945*, MacMillan, 1994.
Reynolds, E. Bruce, *Thailand's Secret War: OSS, SOE, and the Free Thai Underground during World War II*, Cambridge University Press, 2005.
Rotfai haeng Prathet Thai, Kan (RFT), *100 Pi Rotfai Thai*（タイ鉄道100周年）, Kan Rotfai haeng Prathet Thai, 1997.
Samrut Miwong-ukhot ed., *Sayam Almanac Pho So 2535, 2536, 2537*（シャム年鑑　1992～1994年）, Sayamban
Sanphet Thammathikun, *Tam Phonling Siwichai: Anachak thi Thuk Lum*（忘れられた国ターンプラリンガ・シュリーヴィジャヤ）, Matichon, 1995.
Saratsawadi Ongsakun, *Prawattisat Lanna*（ラーンナーの歴史）, Amarin, 1996.
Sarit Thanarat, *Prawat lae Phonngan khong Chomphon Sarit Thanarat*（サリット元帥の生涯と業績）, Cremation Volume for Sarit Thanarat, 1964.
Seksan Sukkhawatthano ed., *Ni Tai chak Khamen*（カンボジアからの死の逃避）, Siam Inter Books, 2003.
Sisak Wanliphodom, *Aeng Arayatham Isan*（文明の盆地イサーン）, Matichon, 1990.
Sisak Wanliphodom, *Sayam Prathet*（シャム国）, Matichon, 1991.
Sombat Thamrongthanyawong, *Kan Muang Kan Pokkhrong Thai: Pho So 1762–2500*（タイ政治統治史1219～1957年）, Sathaban Bandit Phatthana Borihansat, 2004.
Sompop Manarungsan, *Economic Development of Thailand, 1850–1950: Response to the Challenge of the World Economy*, Institute of Asian Studies, Chulalongkorn University, 1989.
Sorasan Phaengsapha, *Wo: Chiwit nai Fai Songkhram Lok Khrang thi 2*（第2次世界大戦戦火の中の生活）, Sarakhadi, 1996.
Suchit Wongthet, *Khwaen Sukhothai: Rat nai Udomkhati*（理想の国スコータイ）, Matichon, 1988.
Tachard, Guy, *A Relation of the Voyage to Siam*, White Orchid Press (reprint), 1981 (1688).
Tej Bunnag, *The Provincial Administration of Siam 1892–1915*, Oxford University Press, 1977.
Thai nai Patchuban（現在のタイ）, 1940.
Thamrongsak Phetloeta-nan, "Ratchakan thi 5 kap Farangset lae Kamphucha."（ラーマ5世とフランス・カンボジア）in Chanwit Kasetsiri & On-anong Thipphimon ed., *Ratchakan thi 5: Sayam kap Usakhane lae Chomphu*

ムからタイへ：名前はいかに重要であるか？), Matichon, 2005.
Chat Tham Raingan Sadaeng Phon Kan Damnoenkan khong Khana Rathamontri Tam Naeo Nayobai Phunthan haeng Rat, Khana Kammakan, *4 Pi Som Prathet Thai Phua Khon Thai Doi Ratthaban Phan Tamruat Tho Thaksin Chinawat* (タックシン内閣によるタイ人のためのタイ修復の4年間), Khana Kammakan Chat Tham Raingan Sadaeng Phon Kan Damnoenkan khong Khana Ratthamontri Tam Naeo Nayobai Phunthan haeng Rat, 2004.
de la Loubre, Simon, *The Kingdom of Siam*, Oxford University Press (reprint), 1986 (1693).
Delaporte, Louis & Francis Garnier, *A Pictorial Journey on the Old Mekong*, White Lotus (translation & reprint), 1998 (1869-1885)
Fineman, Daniel, *A Special Relationship: The United States and Military Government in Thailand, 1947-1958*, University of Hawaii Press, 1997.
Kan Tangprathet, Krasuang, *Thai* (タイ国), Krasuang Kan Tangprathet, 1940.
Khotsanakan, Krom, *Prathet Thai Ruang Kan Sia Dindaen kae Farangset* (タイ：フランスへの領土喪失), Krom Khotsanakan, 1940.
Kobkua Suwannathat-pian, *Thailand's Durable Premier: Phibun through Three Decades 1932-1957*, Oxford University Press, 1995.
Lekhathikan Nayok Ratthamontri, Samnak, *Chotmaihet Kitchakam khong Phana Nayok Ratthamontri Phon Ek Prem Tinsulanon Pi Phutthasakkarat 2524* (1981年プレーム首相公務記録), Samnak Lekhathikan Nayok Ratthamontri, 1986.
McCargo, Duncan & Ukrist Pathmanand, *The Thaksinization of Thailand*, Nordic Institute of Asian Studies, 2005.
Munlanithi Sinlapa Watthanatham haeng Krungthep Mahanakhon, *Krungthep Phra Mahanakhon nai Samai Ratchakan thi 4* (ラーマ4世王期のバンコク), Munlanithi Sinlapa Watthanatham haeng Krungthep Mahanakhon, 2002.
Nangsu Thai Ku Kiat Sak (タイの威厳回復), Cremation Volume for Luang Wichit Samanthakan, 1941.
Nithi Iaosiwong, *Kan Muang Samai Phrachao Krung Thonburi* (トンブリー王時代のタイ政治), Matichon, 1993.
Nithi Iaosiwong, *Krung Taek Phrachao Tak lae Prawattisat Thai* (王都陥落, タークシン王, タイの歴史), Matichon, 1995.
Pasuk Phongpaichit & Chris Baker, *Thaksin: The Business of Politics in Thailand*, Silkworm Book, 2004.
Phaibun Kanchanaphibun ed., *Anuson Khrop Rop 100 Pi Phana Chomphon Po Phibunsongkhram 14 Krakkadakhom 2540* (ピブーンソンクラーム元帥生誕100周年記念集), Sun Kan Thahan Pun Yai, 1997.
Phaladisai Sitthithanyakit, *Prawattisat Thai 1* (タイの歴史1), Sukkhaphapchai,

形成」山本達郎編『原史東南アジア世界』(岩波講座　東南アジア史1)岩波書店, 2001年
深見純生「古代の栄光」池端雪浦編『東南アジア史II　島嶼部』山川出版社, 1999年
深見純生「マラッカ海峡交易世界の変遷」山本達郎編『原史東南アジア世界』(岩波講座　東南アジア史1)岩波書店, 2001年
増田えりか「トンブリー朝の成立」桜井由躬雄編『東南アジア近世国家群の展開』(岩波講座　東南アジア史4)岩波書店, 2001年
村嶋英治「タイ近代国家の形成」石井米雄・桜井由躬雄編『東南アジア史I　大陸部』山川出版社, 1999年
村嶋英治『ピブーン－独立タイ王国の立憲革命』岩波書店, 1996年
村嶋英治「タイの歴史記述における記念顕彰本的性格－1942 - 43年におけるシャン州外征の独立回復救国物語化をめぐって」『上智アジア学』第17号, 1999年
山影進『ASEAN－シンボルからシステムへ』東京大学出版会, 1991年
吉川利治編『近現代史のなかの「日本と東南アジア」』東京書籍, 1992年
吉川利治『泰緬鉄道－機密文書が明かすアジア太平洋戦争』同文舘出版, 1994年

Aldrich, Richard J., *The Key to the South: Britain, the United States, and Thailand during the Approach of the Pacific War, 1929-1942*, Oxford University Press, 1993.
Alpha Research, *Tua Lek Tong Ru khong Muang Thai 2548-2549* (タイ必須統計　2005〜2006年版), Alpha Research, 2006.
Anderson, Benedict, *Imagined Communities: Reflections on the Origin and Spread of Nationalism, Revised Edition*, Verso, 1991. (白石さや・白石隆訳『増補　想像の共同体－ナショナリズムの起源と流行』NTT出版, 1997年)
Anek Nawikkamun, *Samut Phap Muang Thai Lem 1-2-3* (タイ写真集), Nora, 2000.
Baker, Chris & Pasuk Phongpaichit, *A History of Thailand*, Cambridge University Press, 2005.
Barme, Scot, *Luang Wichit Wathakan and the Creation of a Thai Identity*, Institute of Southeast Asian Studies, 1993.
Carter, A. Cecil ed., *The Kingdom of Siam 1904*, The Siam Society (reprint), 1988 (1904).
Chanwit Kasetsiri, *Prawat Kan Muang Thai* (タイ政治史), Dokya, 1995.
Chanwit Kasetsiri, *Ayutthaya: Prawattisat lae Kan Muang* (アユッタヤーの歴史と政治), Munlanithi Khrongkan Tamra Sangkhommasat lae Manutsayasat, 1999.
Chanwit Kasetsiri, *Chak Sayam Pen Thai: Nam Nan Samkhan Chanai?* (シャ

I　大陸部』山川出版社，1999年
小泉順子『歴史叙述とナショナリズム－タイ近代史批判序説』東京大学出版会，2006年
桜井由躬雄・石井米雄「メコン・サルウィン川の世界」石井米雄・桜井由躬雄編『東南アジア史I　大陸部』山川出版社，1999年
桜井由躬雄「ベトナム世界の成立」石井米雄・桜井由躬雄編『東南アジア史I　大陸部』山川出版社，1999年
桜井由躬雄「植民地下のベトナム」石井米雄・桜井由躬雄編『東南アジア史I　大陸部』山川出版社，1999年
末廣昭『タイ－開発と民主主義』岩波新書，1993年
末廣昭『タイ国情報（別冊）タイ－経済ブーム・経済危機・構造調整』日本タイ協会，1998年
末廣昭「『国の開発』－タイの試み」石井米雄・桜井由躬雄編『東南アジア史I　大陸部』山川出版社，1999年
末廣昭『キャッチアップ型工業化論　アジア経済の軌跡と展望』名古屋大学出版会，2000年
末廣昭「日本の新たなアジア関与」末廣昭・山影進編『アジア政治経済論－アジアの中の日本をめざして』NTT出版，2001年
末廣昭「工業化政策の新動向」北原淳・西澤伸善編『アジア経済論』（現代世界経済叢書4）ミネルヴァ書房，2004年
末廣昭『ファミリービジネス論－後発工業化の担い手』名古屋大学出版会，2006年
鈴木基義，ケオラ・スックニラン「進出と撤退からみるラオス外国直接投資」天川直子・山田紀彦編『ラオス一党支配体制下の市場経済化』アジア経済研究所，2005年
総務省統計研修所編『世界の統計2007』総務省統計局，2007年
タイ王国大使館『微笑みが心をつなぐ愛のかけ橋－日タイ修好120周年』タイ王国大使館，2007年
玉田芳史「タイの近代国家形成」斎藤照子編『東南アジア世界の再編』（岩波講座　東南アジア史5）岩波書店，2001年
玉田芳史『民主化の虚像と実像－タイ現代政治変動のメカニズム』京都大学学術出版会，2003年
玉田芳史編『民主化後の「新しい」指導者の登場とグローバル化－アジアとロシア』（科学研究費補助金研究成果報告書）京都大学，2007年
チャーンウィット・カセートシリ他著，中央大学政策文化総合研究所監修，柿崎千代訳『タイの歴史－タイ高校社会科教科書』（世界の教科書シリーズ6）明石書店，2002年
トムヤンティ著，西野順治郎訳『メナムの残照（上・下）』（財）大同生命国際文化基金，1987年
西野順治郎『新版増補　日・タイ四百年史』時事通信社，1984年
林謙一郎「『中国』と『東南アジア』のはざまで－雲南における初期国家

主要参考文献

赤木攻『タイの政治文化－剛と柔－』勁草書房，1989年
浅見靖仁「タイ－開発と民主化のパラドクス」末廣昭編『「開発」の時代と「模索」の時代』（岩波講座　東南アジア史９）岩波書店，2002年
浅見靖仁「タイ－非「国家主導型」発展モデルの挑戦」片山裕・大西裕編『アジアの政治経済・入門』有斐閣，2006年
飯島明子・石井米雄・伊藤勝利「上座仏教世界」石井米雄・桜井由躬雄編『東南アジア史Ｉ　大陸部』山川出版社，1999年
飯島明子「植民地下の『ラオス』」石井米雄・桜井由躬雄編『東南アジア史Ｉ　大陸部』山川出版社，1999年
飯島明子「「タイ人の世紀」再考－初期ラーンナー史上の諸問題」石澤良昭編『東南アジア古代国家の成立と展開』（岩波講座　東南アジア史２）岩波書店，2001年
石井米雄「シャム世界の形成」石井米雄・桜井由躬雄編『東南アジア史Ｉ　大陸部』山川出版社，1999年
石井米雄『タイ近世史研究序説』岩波書店，1999年
石井米雄他監修『東南アジアを知る事典　新訂増補』平凡社，1999年
石井米雄「前期アユタヤとアヨードヤ」石澤良昭編『東南アジア古代国家の成立と展開』（岩波講座　東南アジア史２）岩波書店，2001年
石井米雄編『東南アジア近世の成立』（岩波講座　東南アジア史３）岩波書店，2001年
石井米雄・吉川利治『日・タイ交流六〇〇年史』講談社，1987年
石井米雄・吉川利治編『タイの事典』同朋舎出版，1993年
市川健二郎『日本占領下タイの抗日運動－自由タイの指導者たち』勁草書房，1987年
伊東利勝「帝国ビルマの形成」石井米雄・桜井由躬雄編『東南アジア史Ｉ　大陸部』山川出版社，1999年
糸賀滋編『バーツ経済圏の展望－ひとつの東南アジアへの躍動』アジア経済研究所，1993年
柿崎一郎「タイの商品流通の多様化とインドシナの交通センターへの模索」『アジア経済』第40巻第１号，1999年
柿崎一郎『タイ経済と鉄道』日本経済評論社，2000年
柿崎一郎『戦後期タイの交通政策と物流構造の変容』（科学研究費補助金研究成果報告書）横浜市立大学，2006年
柿崎一郎「メコン圏の交通開発―新たな外港－後背地関係の構築へ向けて」白石昌也編『インドシナにおける越境交渉と複合回廊の展望』（科学研究費補助金研究成果報告書）早稲田大学，2006年
加藤和英『タイ現代政治史－国王を元首とする民主主義』弘文堂，1995年
北川香子「ポスト・アンコール」石井米雄・桜井由躬雄編『東南アジア史

2007	開港（9月） タイ愛国党解党判決（5月）．新憲法草案国民投票により可決（8月）

1971	タノームのクーデタで議会停止（11月）
1972	『社会科学評論』に「黄禍特集」（4月）．全国学生センターの反日運動（11月）
1973	10月14日事件によりタノーム失脚，サンヤー内閣成立（10月）
1974	田中首相訪タイで再び反日運動拡大（1月）
1975	セーニー内閣成立（2月）．クックリット内閣成立（3月）
1976	セーニー内閣成立（4月）．10月6日事件を契機に軍がクーデタ，ターニン政権成立（10月）
1977	クーデタによりクリアンサック内閣成立（10～11月）
1980	プレーム内閣成立（3月）
1981	「ヤング・タークス」のクーデタ失敗（4月）
1985	元「ヤング・タークス」メンバーらによるクーデタ失敗（9月）
1988	チャーチャーイ内閣成立（8月）
1991	クーデタによりアーナン内閣成立（2～3月）
1992	スチンダー内閣成立（4月）．5月の暴虐（5月）．チュアン内閣成立（9月）
1994	タイ～ラオス友好橋開通（4月）
1995	バンハーン内閣成立（7月）
1996	チャワリット内閣成立（11月）
1997	バーツ暴落による通貨危機（7月）．IMFへの緊急支援要請（8月）．「人民のための憲法」成立（9月）．チュアン内閣成立（11月）
1998	タイ愛国党結成（7月）
1999	「新宮澤構想」による雇用創出事業開始（4月）．バンコク初の都市鉄道（BTS）開通（12月）
2001	タックシン内閣成立（2月）
2003	プノンペンで反タイ運動（1月）．麻薬撲滅戦争開始（2月）
2004	南部パッターニーなどで大規模襲撃事件（4月）．バンコク初の地下鉄開通（7月）．スマトラ沖地震による大津波被害（12月）
2005	総選挙でタイ愛国党圧勝，第2次タックシン内閣成立（2月）．「メガ・プロジェクト」構想発表（12月）
2006	タックシン一族によるシン・コーポレーションの株式売却（1月），反タックシン運動の活発化（2月～）．野党ボイコットの総選挙，タックシンの一時退陣表明（4月）．憲法裁判所による総選挙無効宣言（5月）．クーデタによりスラユット内閣成立（9～10月）．スワンナプーム新空港

1940	英仏日と不可侵条約を締結（6月）．フランスとの間に「失地」返還をめぐる紛争勃発（11月）
1941	日本の調停でメコン川右岸とカンボジア西北部の「失地」回復（5月）．日本軍がタイ領に侵入，日タイ同盟条約を締結（12月）
1942	英米に対して宣戦布告（1月）．アメリカで自由タイ結成（3月）．タイ軍のシャン州進軍（5月）．泰緬鉄道着工（6月）．バーンポーン事件（12月）
1943	東条首相が訪タイしシャン2州とマラヤ4州をタイに「割譲」すると発表（7月）．国内外の自由タイが連絡成功（9月）．泰緬鉄道完成（10月）．ピブーン首相大東亜会議欠席（11月）
1944	自由タイ隊員のタイ密入国開始（3月）．ピブーン内閣総辞職，クアン内閣成立（7月）
1945	日本ポツダム宣言受諾，プリーディーの宣戦布告無効宣言，タウィー内閣成立（8月）．占領軍到着，セーニー内閣成立（9月）
1946	クアン内閣成立（1月）．プリーディー内閣成立（3月）．アーナンタマヒドン王怪死，プーミポン（ラーマ9世）現国王即位（6月）．ルアン・タムロン内閣成立（8月）．国際連合加盟（12月）
1947	クーデタによりクアン内閣成立（11月）
1948	ピブーン内閣成立（4月）
1949	プリーディー派と海軍によるクーデタ失敗（2月）
1950	アメリカと経済技術協力協定，相互防衛援助協定を締結（9～10月）
1951	海軍によるクーデタ失敗（6月）．ピブーンのクーデタで議会停止（11月）
1952	日本との国交回復（4月）
1954	東南アジア条約機構設立（9月），本部をバンコクに設置
1955	特別円問題解決に関する協定に調印（8月）
1957	総選挙でピブーンが大勝するも不正発覚により市民が大反発（2月）．クーデタによりピブーン失脚，ポット内閣成立（9月）
1958	タノーム内閣成立（1月）．フレンドシップ・ハイウェー開通（7月）．サリットのクーデタ（「革命」）（10月）
1961	第1次経済開発計画開始（1月）．特別円問題解決に合意（11月）
1963	サリット死去によりタノーム政権成立（12月）
1967	東南アジア諸国連合（ASEAN）成立（8月）
1969	総選挙で第2次タノーム内閣成立（2月）

タイの歴史　略年表

1821	イギリス使節クロフォードの来訪，イギリスのペナン領有をタイが了承
1824	モンクット出家，ラーマ３世即位
1826	バーネイ条約締結
1827	アヌウォン王の「反乱」
1851	モンクット王（ラーマ４世）即位
1855	バウリング条約締結，王室独占貿易の終焉
1863	カンボジアのフランス保護国化
1868	チュラーロンコーン王（ラーマ５世）即位
1885	ホー征伐隊の派遣
1887	「修好条約締結方ニ関スル日暹宣言書」調印により日本との国交樹立
1888	シップソーンチュタイをフランスへ「割譲」
1892	チャックリー改革の一環として，中央官庁の再編
1893	パークナーム事件によりメコン川左岸をフランスへ「割譲」，フランスによるチャンタブリー占領
1896	英仏宣言にてタイを「緩衝国」化
1897	初の官営鉄道バンコク～アユッタヤー間開通
1898	日暹修好通商航海条約締結
1900	官営鉄道バンコク～コーラート間全通
1904	メコン右岸をフランスへ「割譲」，チャンタブリーの返還
1907	カンボジア北西部（バッタンバン，シェムリアップ）をフランスへ「割譲」
1909	マレー４州（クダー，ペルリス，クランタン，トレンガヌ）をイギリスへ「割譲」
1910	ワチラーウット王（ラーマ６世）即位
1912	若手将校によるクーデタ未遂事件
1914	ワチラーウット王による論説「東洋のユダヤ人」発表
1917	第１次世界大戦に参戦．国旗を３色旗に定める
1920	アメリカとの新条約締結によって不平等条約を解消
1925	プラチャーティポック王（ラーマ７世）即位
1927	パリにて人民党結成．すべての不平等条約改正により関税自主権回復
1932	立憲革命，プラヤー・マノーパコーン内閣成立（６月）
1933	クーデタによりプラヤー・パホン内閣成立（６月）．ボーウォーラデート殿下の反乱（10月）
1935	プラチャーティポック王退位，アーナンタマヒドン王（ラーマ８世）即位（３月）
1938	ピブーン内閣成立（12月）
1939	国家信条（ラッタニヨム）により国名を「シャム」から「タイ」に変更（６月）

タイの歴史　略年表（スコータイ朝以降）

西暦	主な出来事
1240頃	シーインタラーティット王が即位，スコータイ朝成立
1279	第３代ラームカムヘーン王即位
1296	ラーンナー王国のマンラーイ王がチエンマイに王都を建設
1351	ウートーン王がアヨータヤーに王都建設，アユッタヤー朝成立
1353	ファーグム王がルアンプラバーンで即位，ラーンサーン王国成立
1378	アユッタヤーの遠征によりスコータイ属国化
1431	ボーロマラーチャー２世のアンコール遠征によりアンコール朝終焉
1438	スコータイ朝滅亡
1463	ラーンナー王国攻略のため王都を一時的にピッサヌロークに移す
1558	ラーンナー王国がビルマのタウングー朝により陥落，以後断続的にビルマの属国へ
1569	ビルマのタウングー朝による攻撃でアユッタヤーが陥落，ビルマの属国へ
1584	ナレースアンがビルマから独立を回復
1590	ナレースアン王即位
1612頃	山田長政が朱印船でアユッタヤーへ
1630	山田長政がナコーンシータマラートで死去
1656	ナーラーイ王即位
1684	２回目の使節をフランスに派遣
1687	フランス使節がバンコクを占拠
1688	ペートラーチャー王即位，バンコクのフランス軍を追放
1767	コンバウン朝ビルマによりアユッタヤー陥落，アユッタヤー朝終焉（４月）．タークシンがトンブリーの要塞を奪還(10月)
1768	タークシン王即位，トンブリー朝成立
1782	タークシン王処刑，トンブリー朝終焉，チャオプラヤー・チャックリーがラーマ１世として即位，ラッタナコーシン朝成立
1785	ビルマ軍，タイを再攻撃
1791	クダー領主がイギリスのペナン島租借を了承
1809	ラーマ２世即位

柿崎一郎（かきざき・いちろう）

1971年静岡県生まれ．1993年東京外国語大学外国語学部卒業．1999年東京外国語大学大学院地域文化研究科博士後期課程修了（博士〔学術〕）．同年より横浜市立大学国際文化学部専任講師，2003年より同助教授，05年より同国際総合科学部准教授，15年より同教授．専攻・タイ地域研究．

著書『タイ経済と鉄道 1885～1935年』（日本経済評論社，2000年，第17回大平正芳記念賞受賞）
『鉄道と道路の政治経済学――タイの交通政策と商品流通 1935～1975年』（京都大学学術出版会，2009年，第2回鉄道史学会住田奨励賞受賞）
『王国の鉄路――タイ鉄道の歴史』（京都大学学術出版会，2010年）
『東南アジアを学ぼう――「メコン圏」入門』（ちくまプリマー新書，2011年）
『都市交通のポリティクス――バンコク1886～2012年』（京都大学学術出版会，2014年，第40回交通図書賞受賞）
Laying the Tracks : The Thai Economy and its Railways 1885-1935, Kyoto University Press, 2005.

物語《ものがたり》 タイの歴史《れきし》
中公新書 *1913*

2007年9月25日初版
2018年8月30日8版

著　者　柿崎一郎
発行者　松田陽三

本文印刷　三晃印刷
カバー印刷　大熊整美堂
製　本　小泉製本

発行所　中央公論新社
〒100-8152
東京都千代田区大手町 1-7-1
電話　販売 03-5299-1730
　　　編集 03-5299-1830
URL http://www.chuko.co.jp/

Published by CHUOKORON-SHINSHA, INC.
Printed in Japan ISBN978-4-12-101913-4 C1222

中公新書刊行のことば

いまからちょうど五世紀まえ、グーテンベルクが近代印刷術を発明したとき、書物の大量生産は潜在的可能性を獲得し、いまからちょうど一世紀まえ、世界のおもな文明国で義務教育制度が採用されたとき、書物の大量需要の潜在性が形成された。この二つの潜在性がはげしく現実化したのが現代である。

いまや、書物によって視野を拡大し、変りゆく世界に豊かに対応しようとする強い要求を私たちは抑えることができない。この要求にこたえる義務を、今日の書物は背負っている。だが、その義務は、たんに専門的知識の通俗化をはかることによって果たされるものでもなく、通俗的好奇心にうったえて、いたずらに発行部数の巨大さを誇ることによって果たされるものでもない。現代を真摯に生きようとする読者に、真に知るに価いする知識だけを選びだして提供すること、これが中公新書の最大の目標である。

私たちは、知識として錯覚しているものによってしばしば動かされ、裏切られる。私たちは、作為によってあたえられた知識のうえに生きることがあまりに多く、ゆるぎない事実を通して思索することがあまりにすくない。中公新書が、その一貫した特色として自らに課すものは、この事実のみの持つ無条件の説得力を発揮させることである。現代にあらたな意味を投げかけるべく待機している過去の歴史的事実もまた、中公新書によって数多く発掘されるであろう。

中公新書は、現代を自らの眼で見つめようとする、逞しい知的な読者の活力となることを欲している。

一九六二年一一月

1353 物語 中国の歴史 寺田隆信
2392 中国の論理 岡本隆司
2303 殷―中国史最古の王朝 落合淳思
2396 周―理想化された古代王朝 佐藤信弥
2001 孟嘗君と戦国時代 宮城谷昌光
12 史記 貝塚茂樹
2099 三国志 渡邉義浩
7 宦《かん》官《がん》(改版) 三田村泰助
15 科《か》挙《きょ》 宮崎市定
1812 西《せい》太《たい》后《こう》 加藤 徹
166 中国列女伝 村松 暎
2030 上海 榎本泰子
1144 台湾 伊藤 潔
925 物語 韓国史 金 両基
1367 物語 フィリピンの歴史 鈴木静夫

1372 物語 ヴェトナムの歴史 小倉貞男
2208 物語 シンガポールの歴史 岩崎育夫
1913 物語 タイの歴史 柿崎一郎
2249 物語 ビルマの歴史 根本 敬
1551 海の帝国 白石 隆
1866 シーア派 桜井啓子
1858 中東イスラーム民族史 宮田 律
2323 文明の誕生 小林登志子
1818 シュメル―人類最古の文明 小林登志子
1977 シュメル神話の世界 岡田明子 小林登志子
1594 物語 中東の歴史 牟田口義郎
2496 物語 アラビアの歴史 蔀 勇造
1931 物語 イスラエルの歴史 高橋正男
2067 物語 エルサレムの歴史 笈川博一
2205 聖書考古学 長谷川修一

中公新書

世界史

2050 新・現代歴史学の名著 樺山紘一編著
2223 世界史の叡智 本村凌二
2267 世界史の叡知 悪役・名脇役篇 本村凌二
2253 禁欲のヨーロッパ 佐藤彰一
2409 贖罪のヨーロッパ 佐藤彰一
2467 剣と清貧のヨーロッパ 佐藤彰一
1045 物語 イタリアの歴史 藤沢道郎
1771 物語 イタリアの歴史 II 藤沢道郎
1100 皇帝たちの都ローマ 青柳正規
2413 ガリバルディ 藤澤房俊
2152 物語 近現代ギリシャの歴史 村田奈々子
2440 バルカン―「ヨーロッパの火薬庫」の歴史 M・マゾワー 井上廣美訳
1635 物語 スペインの歴史 岩根圀和
1750 物語 スペインの歴史 人物篇 岩根圀和
1564 物語 カタルーニャの歴史 田澤耕

1963 物語 フランス革命 安達正勝
2286 マリー・アントワネット 安達正勝
2466 ナポレオン時代 A・ホーン 大久保庸子訳
2027 物語 ストラスブールの歴史 内田日出海
2318 2319 物語 イギリスの歴史(上下) 君塚直隆
2167 イギリス帝国の歴史 秋田茂
1916 ヴィクトリア女王 君塚直隆
1215 物語 アイルランドの歴史 波多野裕造
1546 物語 スイスの歴史 森田安一
1420 物語 ドイツの歴史 阿部謹也
2304 ビスマルク 飯田洋介
2490 ヴィルヘルム2世 竹中亨
2434 物語 オランダの歴史 桜田美津夫
2279 物語 ベルギーの歴史 松尾秀哉
1838 物語 チェコの歴史 薩摩秀登
2445 物語 ポーランドの歴史 渡辺克義
1131 物語 北欧の歴史 武田龍夫

2456 物語 フィンランドの歴史 石野裕子
1758 物語 バルト三国の歴史 志摩園子
1655 物語 ウクライナの歴史 黒川祐次
1042 物語 アメリカの歴史 猿谷要
2209 アメリカ黒人の歴史 上杉忍
1437 物語 ラテン・アメリカの歴史 増田義郎
1935 物語 メキシコの歴史 大垣貴志郎
1547 物語 オーストラリアの歴史 竹田いさみ
1644 ハワイの歴史と文化 矢口祐人
2442 海賊の世界史 桃井治郎
518 刑吏の社会史 阿部謹也
2451 トラクターの世界史 藤原辰史
2368 第一次世界大戦史 飯倉章

中公新書

現代史

f1

2105 昭和天皇　古川隆久
2309 朝鮮王公族―帝国日本の準皇族　新城道彦
2482 日本統治下の朝鮮　木村光彦
765 日本の参謀本部　大江志乃夫
632 海軍と日本　池田　清
2192 政友会と民政党　井上寿一
377 満州事変　臼井勝美
1138 キメラ―満洲国の肖像（増補版）　山室信一
2348 日本陸軍とモンゴル　楊　海英
1232 軍国日本の興亡　猪木正道
2144 昭和陸軍の軌跡　川田　稔
76 二・二六事件（増補改版）　高橋正衛
2059 外務省革新派　戸部良一
1951 広田弘毅　服部龍二
1532 新版　日中戦争　臼井勝美

795 南京事件（増補版）　秦　郁彦
84
90 太平洋戦争（上下）　児島　襄
2465 日本軍兵士―アジア・太平洋戦争の現実　吉田　裕
2387 戦艦武蔵　一ノ瀬俊也
2337 特攻―戦争と日本人　栗原俊雄
244
248 東京裁判（上下）　児島　襄
2015 「大日本帝国」崩壊　加藤聖文
2296 日本占領史 1945-1952　福永文夫
2175 残留日本兵　林　英一
2411 シベリア抑留　富田　武
2471 戦前日本のポピュリズム　筒井清忠
2171 治安維持法　中澤俊輔
1759 言論統制　佐藤卓己
828 清沢《きよさわ》洌《きよし》（増補版）　北岡伸一
1711 徳富蘇峰　米原　謙
1243 石橋湛山　増田　弘

中公新書 現代史

f 2